LARS DISTELHORST, geboren 1972 in Georgsmarienhütte, hat an der Universität Bremen Politikwissenschaft studiert und promovierte an der FU Berlin über Geschlechterpolitik. Er ist Professor für Sozialwissenschaft an der Fachhochschule des Mittelstands Berlin. Im Frühjahr 2025 erscheint die Flugschrift *Dekonstruiert Identitätspolitik*.

LARS DISTELHORST
KULTURELLE ANEIGNUNG

EDITION NAUTILUS

Edition Nautilus GmbH
Schützenstraße 49 a
D - 22761 Hamburg
www.edition-nautilus.de
info@edition-nautilus.de

Umschlaggestaltung: Maja Bechert
www.majabechert.de

Satz: Corinna Theis-Hammad
www.cth-buchdesign.de

Porträt des Autors auf Seite 2:
© Die Hoffotografen GmbH

Druck und Bindung:
CPI – Clausen & Bosse, Leck
3. Auflage Februar 2025
ISBN 978-3-96054-268-1

Inhalt

Einleitung

Wenn meine Studierenden mich fragen, ob sie ihre Hausarbeiten in der Ichform schreiben können, rate ich ihnen in den meisten Fällen ab. Das Ziel des Schreibens über gesellschaftliche und politische Fragen sollte darin bestehen, Aussagen und Argumente mit überindividueller Gültigkeit zu formulieren, schließlich verhandeln wir in solchen Auseinandersetzungen Fragen, die eine Vielzahl von Menschen betreffen und nicht nur uns selbst. Geben wir diesen Anspruch auf, funktionieren unsere Gespräche irgendwann nur noch so, als würden wir uns darüber unterhalten, ob wir Hunde oder Katzen lieber mögen.

Mit Blick auf dieses Buch wäre es allerdings vermessen, sich auf eine universelle Position zurückzuziehen und zu behaupten, es käme immer nur auf die Qualität der Argumente an, nicht aber darauf, wer sie von welchem Ort aus formuliert. Das Thema kulturelle Aneignung ist ebenso tief in die Dynamik des Kapitalismus wie in die des (Post-)Kolonialismus und Rassismus eingebettet und verweist damit auf einen Graben, diesseits und jenseits dessen sich das Leben für Menschen sehr unterschiedlich gestaltet, insofern die einen Privilegien erfahren, wo die anderen diskriminiert werden. Oder einfach ausgedrückt: Als nicht-*weißer* Mensch, also als BIPoC (Black, Indigenous, People of Color), über ein solches Thema zu schreiben, ist etwas anderes, als es als *weiße* Person zu tun. Deswegen möchte ich am Anfang ein wenig über mich selbst sagen und wie ich auf die Idee zu diesem Buch gekommen bin.

Ich bin ein *weißer* Mann Ende vierzig. Politisch halte ich an der Möglichkeit einer Welt jenseits von Kapitalismus und Rassismus fest, in der Menschen frei von Ausbeutung, Entfremdung und Diskriminierung zusammen ihr Leben gestalten und dabei lebendige soziale Beziehungen führen können. Marx hat dies in der zum Bonmot gewordenen Formulierung aus *Die deutsche Ideologie* eine Welt genannt, in der es möglich sei, morgens dies und abends das zu machen, zu jagen, zu fischen und Viehzucht zu treiben oder nach dem Essen zu kritisieren, ohne dabei jemals Jäger*in, Fischer*in, Hirt*in oder Kritiker*in zu werden.

Und hier fangen die Probleme an. Auf Marx bin ich früh gestoßen, habe in jungen Jahren Lektürekurse besucht und mich zusammen mit anderen durch Das Kapital gebissen. Kapitalismuskritik hat meine intellektuelle Biografie stets begleitet. Aber wie war das mit Rassismuskritik? Rassismus habe ich stets als Unrecht kritisiert, zumindest im Rahmen meiner damaligen Möglichkeiten, die sich in Umfang und Reflexionsniveau gegenüber meiner Kapitalismuskritik mehr als bescheiden ausnahmen. Dass ich als Linker kein Rassist sein konnte, war für mich lange Zeit eine ausgemachte Sache, über die ich mir entsprechend wenig Gedanken gemacht habe. Bis ich dann irgendwann anfing, diese Selbstverständlichkeit infrage zu stellen und mich näher mit Rassismus auseinanderzusetzen.

Das war und ist nicht unbedingt eine schmeichelhafte Angelegenheit. Ich kann mich noch sehr genau an meine erste Lektüre des Buches *Deutschland Schwarz Weiß*[1] der afrodeutschen Autorin Noah Sow erinnern. Wer das Buch nicht kennt, aber es zu lesen plant, sollte diesen Absatz vielleicht am besten überspringen. Die Autorin veranstaltet zu Anfang ihres Buches ein kleines Ratespiel zur Frage, wo sie als Schwarzer Mensch denn eigentlich »wirklich herkommt«. Dazu schreibt Sow, es gebe in ihrem Land schon seit einiger Zeit eine Episode stabiler Demokratie, auch Telefonanschlüsse seien mittlerweile fast überall zu finden und von den vielen Dialekten sei einer zur Amtssprache ausgewählt worden. Das Land ist - Deutschland. Bin ich auf die Antwort gekommen? Natürlich nicht. Ganz im Gegenteil kramte ich in meinem Kopf nach Namen afrikanischer Länder, auch wenn ich kaum welche kannte. Bei einem Rassismusworkshop ein paar Jahre und Bücher später wurden wir gebeten, aus einer langen Liste von Adjektiven diejenigen auszuwählen, die für unser Leben besonders wichtig seien. Habe ich das in der Liste enthaltene Wörtchen

»*weiß*« angekreuzt? Natürlich nicht. Schließlich war das für mich normal.

Was ich mit Beispielen wie diesen sagen will, ist nicht, wie sehr ich mich schäme, denn Scham bringt einen hier nicht wirklich weiter, auch wenn sie in der Auseinandersetzung mit dem eigenen Rassismus nicht vermieden werden kann. Sondern: Kann man in einer massiv von Rassismus geprägten Gesellschaft aufwachsen, die sich durch eine kaum aufgearbeitete Kolonialgeschichte auszeichnet und die Erinnerung an den nationalsozialistischen Holocaust im Namen einer Schlussstrichmentalität langsam zur Seite legt, kann man in einer solchen Gesellschaft aufwachsen, ohne von rassistischen Wahrnehmungs-, Denk-, und Handlungsmustern geprägt zu sein? Angesichts dieser Frage gibt es kein Taktieren. Die Antwort lautet schlicht und einfach: Nein. Diesen Mist wieder aus dem Kopf zu bekommen, setzt als allererstes voraus, zu erkennen, wie tief man als weißer Mensch des globalen Nordens in ihn verstrickt ist, gerade wenn man Rassismus ablehnt und sich als Linke*r bezeichnet.

Das betrifft auch kulturelle Aneignung. In meinen Zwanzigern trug ich Dreadlocks, die mir bis über den Hintern reichten, und ließ mir als Belohnung für die Beendigung meines Studiums ein großes Tribal auf den Oberarm stechen. Noch vor zehn Jahren hätte ich in keinem von beidem ein Problem gesehen. Ich wanderte voll Bewunderung durch das Pergamon- und das Ägyptische Museum in Berlin, ohne mich zu fragen, wo die Exponate eigentlich herkommen (angesichts der Anwesenheit eines ganzen Stadttores eine reife Leistung) und ergriff durchaus auch mal beherzt das Wort, um im Namen unterdrückter Minderheiten zu sprechen (oder im Namen von Menschen, die ich dafür hielt), weil ich mich in sie hineinversetzen zu können glaubte. Die Dreads habe ich mir mit Ende zwanzig abgeschnitten. Tattoos sind leider etwas hartnäckiger. Ins Museum gehe ich noch immer, habe heute aber eher das Gefühl, durch eine Beutekammer zu wandeln, und bevor ich mich im Namen anderer zu Wort melde, denke ich mittlerweile (hoffentlich) länger nach als früher oder halte auch einfach mal den Mund.

Bewusst mit dem Thema »kulturelle Aneignung« konfrontiert wurde ich das erste Mal 2016, als ich im Internet über den Artikel *Fusion Revisited: Karneval der Kulturlosen* von Hengameh Yaghoobifarah stolperte,[2] der die Diskussion in Deutschland wesentlich mit angestoßen hat. Da dieser noch ausführlich besprochen werden wird, an dieser Stelle nur ein paar kurze Worte: Yaghoobifarah, iranisch-deutsch, gewinnt ein Ticket für die Fusion (ein großes Festival für elektronische Musik), stößt dort an jeder Ecke auf kulturelle Aneignung in all ihren Spielarten und kritisiert das mit überaus deutlichen Worten. Mein Urteil stand damals schnell fest – und es war so unberechtigt wie von ungetrübter *Weißheit*: Der Artikel war in meinen Augen von einem im Kern rassistischen Kulturverständnis getragen, und deswegen Teil des Problems und nicht der Lösung. Ich fühlte mich sehr im Recht, klopfte mir für meinen Antirassismus auf die Schulter und befand mich zudem in Gesellschaft vieler anderer *weißer* Menschen mit der gleichen Auffassung. Doch irgendwie konnte ich den Artikel nie wirklich ad acta legen. Er ging mir einfach nicht aus dem Kopf. Meine feste Überzeugung, ein Antirassist zu sein, hielt mich davon ab, den Artikel sauber zu durchdenken, weil ich ihn dazu auch auf mich beziehen musste, was mir lange Zeit wirklich schwerfiel und noch in der ersten Niederschrift dieses Buches Probleme machte.

Bin ich also in alles verstrickt, worüber ich hier schreibe? Sicherlich. Gerade deswegen schreibe ich dieses Buch. Vielen *weißen* Menschen dürfte es ebenso gehen wie mir: In der festen Überzeugung, Antirassismus verstünde sich von selbst, verdrängen wir für uns unangenehme Fragestellungen und machen uns zu Kompliz*innen des täglichen Rassismus. Gerade in vermeintlichen »Kleinigkeiten« wie Prozessen kultureller Aneignung klebt der Rassismus an uns wie altes Kaugummi und wir weisen alle Vorwürfe von uns. Kulturelle Aneignung? So ein Quatsch. Als ob irgendein Schwarzer Mensch in den USA weniger von der Polizei verprügelt wird, wenn ich mir hier die Dreadlocks abschneide. Noch vor wenigen Jahren hätte dieses Argument durchaus von mir sein können. Sollte ich als *weiße* Person also ein Buch über kulturelle Aneignung und damit auch über den Zusammenhang zwischen Rassismus und Kapitalismus schreiben? Schließlich bin ich von kultureller Aneignung ebenso wenig betroffen wie von Rassismus. Sollten *weiße* Menschen nicht besser einfach den Mund halten und zuhören? Doch das kann auch zu einer bequemen Haltung verkommen, in der sich hinter scheinbar achtsamem Zuhören die Gleichgültigkeit versteckt und langsam wieder auf Normalbetrieb umschaltet. Nein, *weiße* Menschen können sich nicht darauf beschränken, sich von Schwarzen Menschen und People of Color ihren Rassismus erklären zu lassen, sondern müssen selbst eine Haltung zu dieser Problematik entwickeln und verstehen, was Rassismus auch mit ihnen macht. Schließlich ist Rassismus eine *weiße* Erfindung und wird maßgeblich von *weißen* Menschen aufrechterhalten.

Doch es ist nicht nur die eigene Rolle, die es als *weißer* Mensch zu beachten gilt. Nicht von Rassismus betroffen zu sein, bedeutet, erkenntnistheoretisch betrachtet, vor einem Graben zu stehen, der nicht zu überwinden ist und große Bedeutung für die Frage hat, was man als *weiße* Person eigentlich wissen, sagen und schreiben kann. Ich werde aufgrund meiner *Race* niemals verstehen können, wie sich Rassismus anfühlt und kann mir das auch nicht ausreichend aus anderen Diskriminierungserfahrungen wie beispielsweise Klassismus herleiten, weil diese aller scheinbaren Parallelen zum Trotz letztlich eben anders funktionieren (man kann die Klasse z. B. durch sozialen Aufstieg wechseln). Aber auch jedem *weißen* Menschen ist die Erkenntnis zugänglich, dass Rassismus Menschen massiv beschädigt und im Zweifelsfall tötet. Es gilt also im Sprechen und Schreiben über Rassismus aus *weißer* Sicht eine sehr heikle Grenze zu beachten: Als *weißer* Mensch kann man wissen, welche objektiven Konsequenzen Rassismus hat, nicht aber wie diese sich auf subjektiver Ebene anfühlen. Ich habe mich beim Schreiben dieses Buches sehr bemüht, diese Grenze zu wahren.

Doch was ist denn nun eigentlich kulturelle Aneignung? Im weiteren Verlauf des Buches werden einige Definitionen des

Begriffs eingehend analysiert, und es wird auch eine eigene Definition entwickelt, weswegen an dieser Stelle nicht vorgegriffen werden soll. Eine einleitungstaugliche Arbeitsdefinition könnte aber lauten: Als kulturelle Aneignung wird gemeinhin ein Vorgang verstanden, bei dem Menschen aus einer dominanten Kultur sich, ohne die Haltung der Betroffenen dazu zu beachten, Kulturelemente aus einer diskriminierten oder unterdrückten Kultur aneignen, wodurch deren Bedeutung verschoben oder verflacht wird. Falls sich während der Lektüre des Vorhergehenden jemand gewundert hat, warum kulturelle Aneignung über den Rassismus hinaus auch mit dem Kapitalismus verknüpft wurde, wird dies durch die gegebene Definition vielleicht ein wenig deutlicher. Was das Machtgefälle zwischen der »Dominanzkultur«[3] und der unterdrückten Kultur begründet, ist die Geschichte des Kolonialismus und Kapitalismus, deren wesentliche Säule stets der Rassismus war, sei es als Legitimation von Herrschaft oder zur Erklärung von Ungleichheit (der Zusammenhang dieser Begriffe wird im Laufe des Buches deutlich herausgearbeitet werden).

Dementsprechend hat die Debatte um kulturelle Aneignung ihre Ursprünge in der postkolonialen Theorie. In Aufsätzen über kulturelle Aneignung wird öfter der 1976 auf einer Konferenz der »Association Internationale des Critiques d'Art« als Vortrag gehaltene Aufsatz *Some General Observations on the Problem of Cultural Colonialism* des britischen Kunstkritikers und -professors Kenneth Coutts-Smith als eine der ersten dezidierten Auseinandersetzungen mit der Problematik genannt.[4] Der Aufsatz spannt einen großen geschichtlichen Bogen und endet mit dem Plädoyer für die Etablierung eines neuen Forschungsprogramms. Ein genauer Blick ist sehr lohnenswert, da in den Ausführungen des Autors so ziemlich alles vorweggenommen wird, was auch heute noch für die Debatte um den Begriff kulturelle Aneignung zentral ist. Coutts-Smith schreibt vor dem Hintergrund der Dekolonisierung des afrikanischen Kontinents und beginnt mit der Feststellung, Kunst existiere nicht in einer universellen Blase fernab von Geschichte und Geografie, sondern sei von der Bourgeoisie in diesen Rang gehoben worden, weil sie ihr bei der Legitimation der abstrakten und naturfernen Gesellschaft des entwickelten Kapitalismus helfen würde (marxistisches Vokabular genoss damals noch eine andere Selbstverständlichkeit).[5]

Interessant an dem Aufsatz und prägend für die Debatte um kulturelle Aneignung ist vor allem die Rekonstruktion, wie es zur Verschiebung der Kunst auf ein angeblich universelles Terrain jenseits von Geschichte und Kultur gekommen ist. In der Renaissance hätten die Herrschenden sich die Geschichte Roms angeeignet und sich zu deren Nachfolgern erklärt, um ihre eigenen Interessen mitsamt ihrer Kultur zu einer universellen Zivilisation zu verklären und zu rechtfertigen. Mit dem Aufstieg der Geschichtswissenschaft Ende des 18. Jahrhunderts aber sei dies immer schwieriger geworden, da nun auch einfache Menschen die Möglichkeit hatten, sich Wissen über die Geschichte anzueignen und diese nicht mehr nach Belieben verklärt und umgeschrieben werden konnte. Während Napoleons Ägyptenfeldzug seien dann das erste Mal kulturelle Güter nicht nur als ein Akt der Unterwerfung entwendet worden, sondern mit dem Ziel der Aneignung ihres künstlerischen Stils.[6] Aus diesem Ereignis habe sich das spezifisch europäische Streben entwickelt, sich die Kulturen der Welt zu eigen zu machen, um so als die höchste Verkörperung der Kultur überhaupt zu erscheinen, in die alle sonstigen Zweige und Varianten einmünden, um in ihr zur Vollendung zu gelangen.[7] Deswegen brauche die europäische Kultur immer wieder neues Futter und dringe dazu stets aufs Neue bis in die letzten Winkel der Welt vor, um neue Objekte und Wissensbestände aufzuspüren, wie Coutts-Smith anschaulich anhand der Geschichte der Malerei von Delacroix bis Gauguin nachzeichnet. Würden wir diese Linien eingehend studieren, so der Autor, kämen wir schließlich zu dem Schluss, die europäische Kunstgeschichte sei weniger eine Schöpfungs- als eine Aneignungsgeschichte.[8]

In den achtziger Jahren wurde die Debatte über kulturelle Aneignung in den USA mit Blick auf die Situation der Native Americans und Schwarzer Menschen weitergeführt. Der gemeinsame Bezugspunkt war dabei die Aneignung von Kultur-beständen nicht mehr nur in der Kunst, sondern durch die Medien- und Modeindustrie, um sie als Waren auf den kapitalistischen Markt zu werfen, wo sie von der *weißen* Mehrheitsbevölkerung konsumiert werden. Als problematisch galten (und gelten bis heute) hier vor allem zwei Punkte. Zum einen könnten *weiße* Menschen sich risikofrei zu eigen machen, was für andere Menschen zu Diskriminierung und Ausschließung führen könne, wie sich etwa an der Geschichte Schwarzer Frisuren in den USA zeige.[9] Zum anderen komme von den erwirtschafteten Profiten in der Regel nichts bei den Communitys an, deren Geschichte und Kultur als Inspirationsquelle für Filme, Musik oder Mode herhalten müsse. Filme wie *Pocahontas* bringen einem Konzern wie Disney viel Geld ein, während die indigenen Gemeinschaften in den USA gleichzeitig massiv benachteiligt und in ein werbetaugliches Klischee verwandelt werden, mit dem sich diverses Merchandise ebenso gut verkaufen lässt wie Essen und Softdrinks von Burger King.[10] Bekannt geworden ist auf diesem Gebiet der Sammelband *Everything but the Burden* des afroamerikanischen Schriftstellers und Musikers Greg Tate von 2003. In der Einleitung rekurriert der Herausgeber auf den marxschen Begriff der Ware, deren idealtypische Verkörperung für ihn die Figur des aus Afrika in die USA verschleppten Sklaven darstellt, die die amerikanischen Phantasien über *Race* heimsuchen würde und in den Augen von *Weißen* bis heute entweder besessen oder ausgelöscht werden müsse. Aus dieser Ambivalenz heraus sei die amerikanische Musikindustrie stets auf der Suche nach *weißen* Künstler*innen, die eine glaubwürdige Schwarze Performance abliefern könnten, angefangen vom »King of Swing« Paul Whiteman in den zwanziger Jahren bis zu modernen Interpret*innen wie Eminem.[11] Das Geld bleibe bei den *Weißen*, die sich der Ideen von Schwarzen Menschen bedienen, um damit zu Berühmtheit und Reichtum zu gelangen, während die Musik von Minderheiten langsam in ihren Besitz übergehe.[12]

Von hier hat sich die Debatte um kulturelle Aneignung wieder auf den Bereich der Kunst ausgedehnt, wobei die Kapitalis-

muskritik von Kenneth Coutts-Smith zugunsten eines ausschließlich kulturphilosophischen Ansatzes entsorgt wurde.
Auf diesem Gebiet hat der (*weiße*) US-amerikanische Philosoph James O. Young mehrere Bücher und zahlreiche Aufsätze
veröffentlicht, in denen die Rolle kultureller Aneignung im
Rahmen des künstlerischen Schaffensprozesses hinterfragt
wird.[13] Zwar ist er sich über die potentielle Problematik kultureller Aneignung im Klaren, versteht die meisten Fälle aber als
kulturgeschichtlich »normales« Phänomen und vertritt aus
diesem Grund keine sonderlich kritische Perspektive.[14] Abgesehen von diesen Höhepunkten der Diskussion setzt sich der
wissenschaftliche Diskurs über kulturelle Aneignung überwiegend aus zerstreuten Artikeln zusammen, die über den Zeit-
raum der letzten dreißig bis fünfunddreißig Jahre in Zeitschriften erschienen sind. Das Thema ist also eher ein Nebenschauplatz der weiteren Diskussionen über Kapitalismus, Kultur,
(Post-)Kolonialismus und Rassismus. Für einige Autor·innen
geht kulturelle Aneignung denn auch in ihrer Meinung nach
größeren Themen auf und bedürfe deswegen keiner eigenstän-
digen Analyse. So erklärt der ghanaisch-britische Philosoph
Kwame Anthony Appiah beispielsweise in seinem Buch *Identitäten*, die mit kultureller Aneignung verbundenen Formen
der Ungerechtigkeit ließen sich sehr viel besser als Missachtung oder Ausbeutung verstehen, und verwirft auf diese Weise
gleich den ganzen Begriff.[15] Kenneth Coutts-Smiths leiden-
schaftlicher Appell zu weiteren Forschungsanstrengungen
blieb auf akademischem Gebiet also leider bis heute weitgehend wirkungslos.

Ganz anders sieht es mit der Präsenz des Begriffs in Zeitungen, Blogs und sozialen Medien aus. Hier gibt es eine schier unüberschaubare Zahl an Beiträgen, die kulturelle Aneignung
kritisieren und den richtigen Umgang mit ihr diskutieren.
Doch als journalistische Artikel lassen sie – bei all ihrer Wichtigkeit für die Öffentlichkeit des Problems – naturgemäß eine
detaillierte Analyse vermissen und setzen ihren Gegenstand
in vielen Fällen eher voraus, als ihn systematisch zu entwickeln. Unter dem Strich entsteht so eine recht ambivalente Si-

tuation: Der Begriff ist zugleich omnipräsent und in aller Munde, gleichzeitig aber unzureichend theoretisch entwickelt und in vielen Aspekten tendenziell unklar. Zur Schließung dieser Lücke soll das vorliegende Buch etwas beitragen.

Das erste Kapitel veranschaulicht anhand der Vorfälle in einer Hamburger Kita und eines kurzen Abrisses der deutschen Kolonialgeschichte den im Begriff der kulturellen Aneignung liegenden Zusammenhang zwischen gesellschaftlicher Mikro- und Makroebene (eine seiner wesentlichen Stärken). Das zweite Kapitel beschäftigt sich mit verschiedenen Definitionsmöglichkeiten des Begriffs, analysiert deren Stärken und Schwächen, fragt nach dem oft unterstellten Zusammenhang mit essentialistischen Kulturkonzeptionen und geht der Frage nach, warum der Begriff auch angesichts des heute so einflussreichen Konzepts der Transkulturalität nicht aufgegeben werden sollte. Daran anschließend versucht das dritte Kapitel, ein näheres Verständnis kultureller Aneignung zu entwickeln, indem es mit kolonialem Kulturraub, ungefragter Repräsentation anderer (bzw. dazu stilisierter) Kulturen und dem täglichen Konsum von Kultur als Ware drei Dimensionen kultureller Aneignung analysiert und nach ihren Gemeinsamkeiten fragt. Das vierte Kapitel nimmt diesen Faden auf und geht dem Thema Identität nach. Identität und Identitätspolitik werden hier als Bestandteil von Kämpfen um Hegemonie verstanden und anschließend wird dafür plädiert, den Begriff der kulturellen Aneignung gegenüber seinen bisherigen Definitionen stärker ins Politische zu verschieben. Im Anschluss fragen das fünfte und sechste Kapitel nach dem Zusammenhang von kultureller Aneignung und Kapitalismus und Rassismus. Dabei wird nachzuzeichnen versucht, wie Kapitalismus und Rassismus sich wechselseitig stützen, weshalb der eine nicht ohne Einbezug des anderen sinnvoll verstanden und bekämpft werden kann, auch wenn beide natürlich nicht ineinander aufgehen und die Kritik des einen nicht die des anderen ersetzen kann. Das letzte Kapitel schließlich versucht auszuloten, was Antirassismus für *weiße* Menschen über ein moralisches Engagement für Andere hinaus bedeuten kann.

Nun noch ein paar Worte zu den Begrifflichkeiten in diesem Buch. Im Laufe der Argumentation tauchen immer wieder Begriffe auf, die erst später ausführlicher analysiert werden. Das liegt in der Logik des Schreibens und auch in der des Lesens, da man sich bei beidem von vorne nach hinten durch einen Text bewegt, obwohl der Beginn einer Argumentation sich in vielen Fällen erst von ihrem Ende her erhellt. Die wohl wichtigsten dieser Begriffe sind Rassismus und Identität, die gegenwärtig intensiv diskutiert und im Laufe des Buches einer ausführlichen Analyse unterzogen werden. Mit Blick auf ersteren stütze ich mich auf die in meinen Augen hervorragende Definition des tunesisch-französischen Schriftstellers und Soziologen Albert Memmi aus seinem Buch *Rassismus*, die im siebten Kapitel dieses Buches ausführlich diskutiert werden wird:

»Der Rassismus ist die verallgemeinerte und verabsolutierte Wertung tatsächlicher oder fiktiver Unterschiede zum Nutzen des Anklägers und zum Schaden seines Opfers, mit der seine Privilegien oder seine Aggressionen gerechtfertigt werden sollen.«[16]

Identität verstehe ich mit dem deutschen Soziologen Lothar Krappmann als Voraussetzung, die das Individuum erfüllen muss, um an »Kommunikations- und Interaktionsprozessen« teilnehmen zu können.[17] Wichtig ist im Zusammenhang mit diesem Verständnis von Identität vor allem die Frage der Anerkennung durch andere. Ohne sie bleibt Identität ein nicht einlösbarer Anspruch des Individuums, der gesellschaftlich zurückgewiesen werden kann, was für die Betroffenen zu Diskriminierung und sozialem Ausschluss führt.

Lange nachgedacht habe ich über die Verwendung der Begriffe »Hautfarbe«, »Rasse« und *Race*. Vor dem Hintergrund der über Eltern und Großeltern gegebenen Verstrickung meiner Generation in die Geschichte des nationalsozialistischen Holocaust und der ihn tragenden Nürnberger Rassengesetze geht mir der Begriff »Rasse« auch in seiner auf den Konstruktionsaspekt verweisenden kursiven Schreibweise nicht über die Lippen. »Hautfarbe« ist allerdings auch keine Alternative, schließlich sind Menschen nicht aufgrund ihrer »Hautfarbe« von Rassismus betroffen, sondern weil ihnen auf die eine oder andere Weise eine *Race* zugesprochen und zum Indiz bestimmter Eigenschaften stilisiert wird – sie werden als einer *Race* zugehörig »gelesen«. Deswegen verwende ich den englischen Begriff *Race*, um kritisch auf dessen Konstruktionscharakter sowie seine Verflechtung mit Macht und Rassismus hinzuweisen. Mit Blick auf nicht-*weiße* Menschen gebrauche ich in diesem Buch die Abkürzung BIPoC, also Black, Indigenous, People of Color (groß geschrieben aufgrund des politischen Charakters als widerständige Identitätskategorien), die sowohl die Differenz der durch sie bezeichneten Gemeinschaften als auch deren gemeinsame politische Identität markiert.

Oft gebrauche ich in diesem Buch auch den Begriff Hegemonie. Er wird im Kapitel über Identität ausführlich analysiert, allerdings auch vorher schon vereinzelt verwendet. Zusammengefasst bezeichnet Hegemonie eine Vorstellung von politischer Herrschaft, die einerseits zwar auf dem Machtmonopol des Staates fußt, sich andererseits aber (und dies ist hier wichtiger) auf die Zustimmung seitens der Bevölkerung stützt. Aus dieser Sicht ist jede politische Ordnung darauf angewiesen, den öffentlichen Diskurs zu dominieren und eine ihrer Herrschaft dienliche Interpretation der sozialen Wirklichkeit durchzusetzen.

Der*die eine oder andere könnte vielleicht auch über den von mir benutzten Begriff »Verletzlichkeit« stolpern. Verletzlichkeit wird im normalen Sprachgebrauch oft auf Individuen und ihre Befindlichkeiten bezogen: Jemand ist verletzt, hat allemal ein Recht dazu, soll sich nicht so haben und so weiter. Das ist hier nicht gemeint. Ich verstehe Verletzlichkeit ausgehend von der feministischen Theoretikerin Judith Butler als Konsequenz der wechselseitigen Verbundenheit von Menschen, die als körperliche Wesen einander ausgesetzt sind und die anderen brauchen, um Anerkennung für ihre Identität zu finden und ein sicheres Leben führen zu können. Menschen sind zwar alle verletzliche Wesen, von Verletzungen allerdings in sehr unterschiedlicher Weise betroffen, abhängig von *Race*,

Geschlecht, Status, Religion, Herkunft, Kultur und anderen Faktoren. Genau das meine ich, wenn ich von Menschen spreche, die verletzt wurden oder von Verletzung bedroht sind. Verletzung ist aus dieser Sicht keine subjektive Befindlichkeit, sondern ein aus Rassismus und anderen Diskriminierungsformen resultierender objektiver Tatbestand.

***

Mittlerweile ist es 2024 und ich schaue mit fast drei Jahren Abstand auf diesen Text zurück. Würde ich dieses Buch heute noch einmal schreiben, wäre mir vor allem eine Sache wichtig: Der Begriff »kulturelle Aneignung« hat in Deutschland viel Widerspruch ausgelöst und das zu einem Teil durchaus zu Recht. Denn wie mir seit der Vollendung des Buches immer deutlicher geworden ist, geht er bis zu einem gewissen Grad auf eine nachlässige bis falsche Übersetzung zurück. Die Wortbedeutung des englischen »appropriation« verweist auf die Widerrechtlichkeit des zur Verhandlung stehenden Vorgangs und würde z. B. verwendet, wenn jemand den Text eines anderen ohne dessen Zustimmung veröffentlicht. Das deutsche Wort »Aneignung« ist demgegenüber in seiner Wortbedeutung neutraler und lässt sich auch auf Situationen anwenden, die von einem Konsens getragen werden und mit denen niemand ein Problem hat. Dass viele Menschen angesichts dessen die Frage stellen, was an kultureller Aneignung problematisch wäre, weil Kulturen sich doch schon immer untereinander ausgetauscht hätten, ist angesichts dieser semantischen Feinheit nur folgerichtig. Für die deutsche Diskussion über kulturelle Aneignung wäre es in meinen Augen deswegen produktiv, statt von »Aneignung« von »Enteignung« zu sprechen. Der Begriff der »kulturellen Enteignung« wäre nicht nur präziser. Er würde auch weniger Missverständnisse provozieren, klar das Problem benennen und damit letztlich die Debatte vereinfachen. Doch der Ausdruck »kulturelle Aneignung« ist nun einmal eingeführt, und daher wird er auch in dieser 3. Auflage weiter verwendet.

Kita und Kolonialismus

Bei näherem Hinsehen verklammert der Begriff kulturelle Aneignung die zahllosen kleinen Gedanken, Äußerungen und Handlungen, bei denen wir nichts Böses im Sinn haben, von denen unser Alltagsleben getragen ist, mit dem wesentlich größeren Horizont von Kapitalismus, Rassismus und der Geschichte des Kolonialismus. Deswegen reicht es nicht, über individuelle Fälle zu sprechen, anschließend die moralische Aufladung der Politik zu bedauern und das Thema dann ad acta zu legen. Stattdessen muss kulturelle Aneignung vor ihrem jeweils konkreten Hintergrund betrachtet und dadurch in eine Perspektive gerückt werden, die den Blick auf die im Begriff liegende innige Verflechtung von Mikro- und Makroebene freigibt. Beginnen wir also in einer Hamburger Kita und begeben uns von da zum deutschen Kolonialismus und seinen bis heute währenden Folgen.

Deutsche Alltagsszenen

Die Kita Eulenstraße in Hamburg legte den Eltern 2019 in einem Elternbrief nahe, mit Blick auf die Verkleidungswahl ihrer Kinder kurz innezuhalten, ein wenig nachzudenken und von Kostümen Abstand zu nehmen, die geeignet sein könnten, andere Menschen zu beleidigen oder Kinder auf diskriminierende Stereotype zu eichen. Als Beispiel wurden »Indianer« und »Scheich« genannt.[18] Im Grunde eine so unaufgeregte wie naheliegende Bitte, denn wer möchte schon andere Menschen verletzen oder seinen Kindern unterkomplexes Denken mit auf den Weg geben? Zudem handelte es sich um nicht mehr als eine Empfehlung.

Der mediale Aufschrei erfolgte sogleich in Form eines brüskierten Artikels in der *Hamburger Morgenpost*. Es sei kein Witz, sondern wirklich wahr, brach sich die Empörung des Autors Mike Schlink gleich in den ersten Zeilen Bahn, der Fasching in der Kita Eulenstraße in Ottensen habe am Montag doch allen Ernstes ohne »Kostüm-Klassiker« stattgefunden. Keine »Indianer«, keine Scheichs, kein Nichts. Stattdessen nur der Verweis auf den Versuch, sich im Kitaalltag um eine »kultursensible, diskriminierungsfreie und vorurteilsbewusste Erziehung« zu bemühen.[19] Dass eine vom deutschen Presserat wegen Verstoßes gegen die journalistische Sorgfaltspflicht gerügte Boulevardzeitung wie die *Hamburger Morgenpost* das Vorgehen der Kita Eulenstraße einer marktschreierischen Meldung für wert befindet, erstaunt kaum. Durchaus erstaunen können aber die zahlreichen Reaktionen in Zeitungen von der *Bild* bis zum *Spiegel*, die sich an die Meldung in der *Morgenpost* anschlossen und Wellen bis hin nach Österreich schlugen.[20] So sprach auch die *Leipziger Volkszeitung* von den »Kostüm-Klassikern«, die in diesem Jahr im Schrank hätten bleiben müssen, und widmet sich dann einer Darstellung der pädagogischen Beweggründe und der Stellungnahme der Kita. Das klingt gut, doch bereits in den einleitenden Zeilen wird dem Spaß der Kinder am Verkleiden das angebliche Verbot der Kita gegenübergestellt: »Fasching bereitet vor allem Kindern großen Spaß. Gerne verkleiden sie sich als Prinzessinnen, Piraten, Clowns – oder aber auch als Indianer. Doch genau dieses Kostüm ist in einer Hamburger Kita gar nicht mehr gern gesehen.«[21]

In ein ähnliches Horn bläst auch die *Berliner Zeitung*. In Hamburg habe »tatsächlich« eine Kita den Eltern nahegelegt, ihre Kinder keine »Indianerkostüme« tragen zu lassen, und so zum Karneval für ein »Indianerverbot« (beides im Artikel ohne Anführungszeichen) gesorgt. Hier schließen sich ironische Verweise auf die Beweggründe der Kita an und als letzter Beweis dafür, wie unbegründet die Sorgen seien, Menschen könnten sich durch Kostüme verletzt fühlen, dient der Hinweis, schließlich sei auch der Autor Jens Blankennagel selbst vor vierzig Jahren immer als »Indianer« gegangen.[22]

Der Spitzenkandidat der AfD für die Hamburger Bürgerschaftswahl 2020, Dirk Nockemann, ließ auf der Fraktionsseite im Internet sogleich wissen, der Fasching dauere dieses Jahr offensichtlich länger als sonst und finde seine Fortsetzung in neuen Diskussionen um »politische Korrektheit« (ein Lieblingskampfbegriff der Rechten). Jetzt müssten auch die »Kinder bei den beliebten Faschingskostümen dran glauben«, was für ein »Narrentum«, was für ein »Wahnsinn«.[23] »Die Freie Welt«, ein durch Sven von Storch (den Ehemann Beatrix von Storchs) betriebener Blog, nimmt sich des Themas ebenfalls an. Wie die Argumente der Kita zu lesen sind, wird hier durch den Begriff der »Moralkeule« bereits zu Beginn klargestellt. Dieser bis zum Ende durchgehaltene Tonfall mündet schließlich in den Ausruf: »Was für Sünder waren doch einst die Eltern, die Karl-May-Filme sahen und anschließend draußen Cowboy und Indianer spielten ...!«[24] Alexander Wallasch ergeht sich im Blog »Tichys Einblick« zunächst in Anspielungen auf Verschwörungstheorien über Stiftungen und Verbände, die sich, querfinanziert durch das Familienministerium, zusammengeschlossen hätten, um die Kindergärten der Republik mit ihrem »verqueren Gedankengut« zu »penetrieren«. Es ist ein aufschlussreicher performativer Widerspruch, welche Metaphern die um »Frühsexualisierung« von Kindern so besorgten Neuen Rechten hier verwenden. Doch weit davon entfernt, diesen auch nur zu bemerken, wird im weiteren Verlauf von einer »Vergewaltigung der kindlichen Fantasie« gesprochen, schließlich sollten Kostüme für Kinder keine politischen Botschaften transportieren, denn es ginge beim Verkleiden vor allem um den Spaß, in eine andere Rolle zu schlüpfen.[25]

Im linksliberalen Spektrum wurde durchaus anders argumentiert. In der Serie »Elterncouch« des *Spiegel* bekennt Theodor Ziemßen angesichts der Diskussionen über »Indianerkostüme« (hier auch im Text in Anführungszeichen) seine Verunsicherung. Schließlich finde er den Vorstoß der Kita eigentlich gut, ebenso wie die Absicht, seit Langem unhinterfragte Selbstverständlichkeiten aufzubrechen. Dass sein Sohn als »Indianer« zum Fasching geht, ist aber dennoch bereits beschlossene Sache. Allerdings nicht als irgendeiner, sondern als »Osh-Tisch«, der einer der »größten Krieger der Crow« gewesen und zwar als Mann geboren worden sei, aber als Frau gelebt und auch eine Frau geheiratet habe (was Rechte bekanntlich an den Rand des Nervenzusammenbruchs bringt).[26] Hier wird die Verkleidung vor allem als Gelegenheit betrachtet, sich mit Kindern über Kultur zu verständigen und im gleichen Zug wertvolle Bildungsarbeit zu leisten. Einen ähnlichen Ansatz vertritt auch Jens Blankennagel im bereits erwähnten Artikel in der *Berliner Zeitung*. Falls seine Kinder zum nächsten Fasching als »Indianer« gehen wollten, würde er ihnen beibringen zu sagen: »Ich bin doch gar kein Indianer. Ich bin Tecumseh, der Häuptling der Shawnee. Ich bin der Häuptling, der alle Stämme Nordamerikas vereinigen wollte im Kampf gegen den Weißen Mann (»weißen« groß im Original). Ich bin ein Freiheitskämpfer, ein Kämpfer für Gleichberechtigung.«[27]

Der rechte und der liberale Standpunkt weisen trotz aller Verschiedenheit ihrer Argumentationsmuster und der diesen zugrunde liegenden unterschiedlichen Wertvorstellungen Gemeinsamkeiten auf. Zunächst lässt sich eine erstaunliche Gleichgültigkeit gegenüber den Fakten konstatieren, denn, wie der Blog »Volksverpetzer« als einziger klarstellte, hatte es zu keiner Zeit ein Verbot gegeben.[28] Vielmehr handelte es sich um einen Elternbrief, der die Eltern zu einem »kultursensiblen« Umgang mit der Frage ermuntern sollte, mit welcher Verkleidung sie ihre Kinder an Fasching in die Kita schicken würden. In diesem Brief wurden »Indianer« und »Scheich« als Beispiele für Verkleidungen genannt, die potentiell geeignet seien, andere Menschen zu verletzen, indem sie sich über ihre Kultur lustig machten und Kindern Stereotype vermitteln würden. Das war alles. Dabei könnte man es im Grunde bewenden lassen. Die ganze Diskussion wäre dann lediglich ein weiterer Auswuchs des immer stärker um sich greifenden Trends zu postfaktischen Diskursen, in deren Zuge die Unterscheidung von richtig und falsch der Durchsetzung eines von der sozialen Wirklichkeit entkoppelten Machtkalküls weicht.

Doch hinter den Reaktionen auf die angebliche Verbotspolitik der Hamburger Kita verbirgt sich ein Affekt, der einen Blick in die kulturellen Selbstverständlichkeiten des deutschen Alltagslebens gewährt. Hier treffen sich Rechte, Konservative und Liberale in einem gemeinsamen Ziel: Dem Beharren auf dem Vorrecht, selbst zu entscheiden, wo kulturelle Aneignung und Rassismus anfangen und wo sie aufhören. Bei den Liberalen liegt der Schlüssel vor allem in der Bildung. Natürlich sei an der Kritik der Kita Eulenstraße an »Indianerkostümen« etwas dran. Auf jeden Fall berechtige das an den amerikanischen Indigenen verübte »Unrecht« (den Begriff »Völkermord« nimmt niemand in den Mund) diese auch zu militantem Widerstand und habe große Freiheitshelden hervorgebracht. Und selbstverständlich sollte man angesichts dessen nicht einfach ein Kostüm von der Stange kaufen und die Kinder damit kommentarlos in die Kita schicken. Ganz im Gegenteil gilt es, sich hier mit Geschichte und Kultur auseinanderzusetzen, damit die Kinder um die Bedeutung ihrer Kostüme wissen. Zumal das den Kindern gleich noch eine Portion interkulturelle Kompetenz mit auf den Weg gibt, eine der in Zukunft wichtigsten Qualifikationen überhaupt.

Ein weiterer Schlüsselbegriff ist die Tradition. Was schon immer so gemacht worden sei, könne auch heute nicht schlecht sein, schließlich habe sich früher auch niemand beschwert. Die heute Vierzig- bis Fünfzigjährigen seien wie ihre Eltern mit Winnetou und dessen Blutsbruder Old Shatterhand aufgewachsen und hätten sich trotz allem zu vernünftigen Menschen entwickelt, die für Rechtsradikalismus nichts übrig hätten und Rassismus von ganzem Herzen ablehnen würden. Aus dieser Perspektive erscheint die Tradition als ein apolitischer Ort in der Geschichte, über den folglich auch nicht sinnvoll in politischen Begriffen gesprochen werden kann. Dirk Nockemann von der AfD fasst das in den Worten zusammen: »Kinder haben Freude am Verkleiden. Ende.«[29]

Teilweise überschneiden sich die beiden Muster aber auch. So stellt der Blog »Die Freie Welt« in bester bildungsbürgerlicher Manier die Frage, ob die Kinder angesichts des diskriminierenden Gehalts des Begriffs »Indianer« nicht stattdessen als »Sioux, Apache, Comanche, Dakota, Irokese oder Mohikaner« kommen könnten, und die *Berliner Zeitung* verweist darauf, wie schön es gewesen sei, vor vierzig Jahren als »Indianer« Fasching zu feiern. Allzu trennscharf ist die Unterscheidung zwischen Tradition als rechtem und Bildung als liberalem Diskussionseinsatz also nicht.

Ob nun rechts oder liberal: Offensichtlich kommt es trotz der in manchen Artikeln sogar zitierten Begründung für die pädagogische Empfehlung keiner und keinem der Autor·innen in den Sinn, Kinder fürderhin nicht mehr als »Indianer«, »Osh-Tisch« oder »Tecumseh« zu verkleiden. In diesem Punkt herrscht unabhängig von der politischen Couleur das sture Beharren auf dem vermeintlichen Recht vor, sich in der Wahl eines Kostüms keinerlei politischen oder kulturellen Beschränkungen fügen zu müssen. Ein guter Teil des Affektpotentials dieser so harmlosen Diskussion um den Fasching in einer bis dahin nur in der Nachbarschaft bekannten Kita dürfte aus der Infragestellung eben dieses Privilegs resultieren. Sich selbst oder (schlimmer noch) die eigenen Kinder nicht nach Belieben kleiden zu dürfen, scheint als bedrohliche Einschränkung des Handlungsspielraums empfunden zu werden, durch den sich der·die heutige Durchschnittsbürger·in als handlungsfähiges Subjekt definiert. Für die Beteiligten stellt diese Freiheit offensichtlich wahlweise ein über Bildung hart erarbeitetes oder über die Würde der Tradition ererbtes Vorrecht dar, das auf keinen Fall infrage gestellt werden darf.

Gleichzeitig herrscht interessanterweise ebenfalls Einigkeit darüber, dass bestimmte Verkleidungen im Hinblick auf das Kindeswohl durchaus ungeeignet für Fasching seien. Spätestens beim Thema Gender hört für Rechte der Spaß bekanntlich auf. Die Kita Eulenstraße hatte den Eltern nicht nur zu einem kultursensiblen Umgang hinsichtlich der Kostümwahl geraten, sondern sie auch dazu aufgefordert, ihren Kindern Mut zuzusprechen, wenn deren Verkleidungswahl wie im Falle der »Piratin« oder des »Meerjungmanns« mit den herrschenden Gendernormen in Konflikt geraten sollte. Die Piratin kommt in dem Blogartikel für »Tichys Einblick« gerade noch davon, der Meerjungmann allerdings, so weiß Alexander Wallasch mit aller Bestimmtheit, zähle mit Sicherheit nicht zu den Rollen, in die Kinder schlüpfen wollten, sondern sei Teil der bereits erwähnten »Vergewaltigung der kindlichen Fantasie«.[30] Auch in anderen Artikeln werden die »Meerjungmänner« mit genüsslicher Schadenfreude erwähnt, als würde schon allein die Idee, ein Junge könnte als Arielles Vater zum Fasching gehen wollen, genügen, um den Diskussionsstand gendersensibler Pädagogik ohne jedes Argument der Lächerlichkeit preiszugeben. Die Liste als unpassend geltender Kostüme ließe sich erweitern, denn auch für Liberale gibt es selbstverständlich Grenzen, wenn auch vielleicht andere. Dass eine Ku-Klux-Klan-Kluft als Verkleidung nicht geeignet ist, dürfte wohl kaum auf Widerspruch stoßen.

Es geht in der Diskussion um die Hamburger Kita demnach nicht um das Recht, sich ohne Einschränkung aus der Menge aller denkbar möglichen Verkleidungen eine auszusuchen, denn diese Menge ist offensichtlich durch diverse Erwägungen ohnehin deutlich limitiert. Solche Einschränkungen sind offenbar aber nur dann in Ordnung, wenn sie durch die Beteiligten selbst vorgenommen werden. Umgekehrt erscheinen sie dort als unerträglicher Eingriff in die Handlungsfreiheit, wo sie wie im Fall der Kita Eulenstraße von außen erfolgen. Der zentrale Einsatz der Diskussion ist aus dieser Sicht die Aufrechterhaltung einer einseitigen Definitionsmacht darüber, was politisch und kulturell als Norm zu gelten hat und infolgedessen nicht zur Disposition steht. Oder, in aller Kürze: Wo politisch und kulturell verletzendes Verhalten beginnt, definieren wir als Angehörige der Dominanzkultur und nicht die Anderen!

Was als Norm gilt und was nicht, ist immer ein Prozess politischer Auseinandersetzung und der daraus resultierenden Verteilung von Macht. Das wusste auch die Kita Eulenstraße, gab sich deswegen Mühe, ihre pädagogische Intervention nachvollziehbar zu begründen und stützte sich dabei auf den Ansatz der vorurteilsbewussten Erziehung der Fachstelle Kinderwelten, einer pädagogischen Initiative, die Projekte im Bereich der Antidiskriminierungsarbeit konzipiert und durchführt. Diese hatte sich 2016 in der Veröffentlichung *Fasching vorurteilsbewusst feiern!* mit dem Thema Kostümwahl und

Fasching beschäftigt. Dort wird ausführlich auf den Völkermord an den nordamerikanischen indigenen Gemeinschaften, die unter einem Label wie »Indianer« nicht ohne rassistische Stereotype abzubildende Diversität der Indigenen Kultur und auch auf die lange Geschichte der Kolonisierung hingewiesen, auf die der Begriff so direkt wie affirmativ verweist, indem er Kolumbus' Herrschaftsgeste der willkürlichen Benennung ganzer Menschengruppen fortschreibt.[31] Die Leiterin von Elbkinder (dem größten Hamburger Kitaträger und auch Träger der Kita Eulenstraße) äußerte in einem Interview mit dem NDR sogar Verständnis dafür, wenn viele Menschen angesichts der Entzauberung ihrer Kindheitshelden empört reagierten, erklärte dann aber in aller Geduld, Figuren wie Winnetou würden Stereotype befördern, die bis heute westliche Vorstellungen über Indigene Kulturen beeinflussen.[32] Nicht nur die Kita versuchte, Verständnis für ihr Handeln zu schaffen. Es erhoben sich auch Indigene Stimmen. So schrieb der in Deutschland lebende Tyrone White, ein O'ohe Nuŋpa Lakota vom Stamm der Cheyenne River Sioux, unter dem deutlichen Titel »Ich bin ›echter‹ Indigener und finde eure Indianer-Kostüme nicht witzig« über seine Erfahrungen mit Rassismus gegen Indigene Menschen in den USA und wie die Verramschung zentraler Elemente indigener Kultur ihn verletzen würde. Er schließt mit dem Satz: »Solange der Karneval ›Indianer‹-Kostüme akzeptiert, weiß ich, dass er mich nicht akzeptiert.«[33] Damit sollte zumindest die Behauptung vom Tisch sein, es sei überkandidelter politischer Moralismus, Kindern von Verkleidungen abzuraten, durch die sich ohnehin niemand gekränkt fühle. Denn offensichtlich gibt es auch in Deutschland durchaus Menschen, die solche Verkleidungen als Diskriminierung empfinden. Doch leider ist die Behauptung damit natürlich nicht vom Tisch. In ihrer primitivsten Form äußerte sich dies in einem Kommentar zum Artikel von Mike Schlink in der *Morgenpost,* in dem es hieß, in Deutschland gäbe es keine »Indianer«, weswegen sie sich von hiesigen Karnevalsgebräuchen auch nicht beleidigt fühlen könnten.[34] Ein solches Maß an Ignoranz ist bemerkenswert.

Dass die Artikel in ihrer Ablehnung gegenüber dem Vorgehen der Kita weitgehend übereinstimmen, erstaunt umso mehr, als nicht ein Bericht etwas gegen die in der Begründung dargelegten historischen Fakten einwendet. Der Völkermord an den nordamerikanischen Indigenen Gemeinschaften wird keineswegs bestritten (wenn auch nicht so genannt), ebenso wenig wie die weit bis ins 20. Jahrhundert anhaltende Leidensgeschichte dieser Bevölkerungsgruppen oder ihre gegenwärtige Diskriminierung. Auch bestreitet niemand, dass es sich beim Begriff »Indianer« um eine kolonialistische Fremdbezeichnung handelt, die Stereotype vermittelt und der komplexen Kultur dieser Gruppen unangemessen ist.

Die Abwehr nimmt hier also nicht die Form der Leugnung an. Stattdessen herrscht einheitlich die unausgesprochene Haltung vor, Kolonialismus sowie das Leiden der betroffenen Bevölkerungen seien zwar eine Tatsache, allerdings keineswegs ein Grund, sich mit diesem Kapitel der Geschichte näher auseinanderzusetzen und mit Blick auf persönliche Einstellungs- und Handlungsmuster daraus entsprechende Konsequenzen zu ziehen. Eine solche Verhaltensoption steht allerdings nur den Angehörigen einer dominanten Gruppe gegenüber Menschen aus weniger mächtigen Gruppen offen. Das bereits festgestellte Bemühen um die Aufrechterhaltung einer einseitigen Definitionsmacht über soziale Wirklichkeit ist aus diesem Blickwinkel in eine Form der »Dominanzkultur«[35] eingelassen, die sowohl ihre Grundlage als auch Gegenstand ihrer eifersüchtigen Sorge ist.

In den der Medienberichterstattung über einen im Grunde längst überfälligen Elternbrief zugrunde liegenden Affekten spiegelt sich die Verteidigung von Privilegien wider, die den Angehörigen dieser Dominanzkultur mitsamt ihrer einseitigen Definitionsmacht zur unhinterfragten Normalität geworden ist. Je stabiler diese Dominanz ist, desto selbstverständlicher erscheinen die mit ihr einhergehenden Privilegien und desto schwerer ist es für ihre Angehörigen, diese als solche zu erkennen und sie infrage zu stellen. Beim Thema kulturelle Aneignung verschränken sich die kleinen Dinge des täglichen

Lebens (als was verkleidet sich mein Kind?) mit dem großen Rahmen der Geschichte und der globalen Machtverhältnisse (Kapitalismus, Kolonialismus und Rassismus). Denn wie sich zeigen wird, bezieht die eben beschriebene Haltung einen nicht unbeträchtlichen Teil ihrer Macht aus der deutschen Kolonialgeschichte und ihren bis heute anhaltenden Folgen auf materieller und geistiger Ebene.

Erinnerung an den Kolonialismus

In der von der Kita genannten Broschüre *Fasching vorurteilsbewusst feiern!* wird der Kontext in der Geschichte des Kolonialismus gesehen. Der Einwand, kein »Indianer« in Nordamerika würde sich daran stören, wenn Kinder in einer deutschen Kita »Indianer-Kostüme« tragen, ließe sich aus dieser Perspektive mit einigem intellektuellen Wohlwollen als Verweis auf die Tatsache verstehen, dass es nicht die Deutschen waren, die sich Nordamerika einverleibt und dessen Bevölkerung systematisch ermordet haben. Daran ist geschichtlich nicht zu rütteln. Warum also sollten Kinder in Deutschland die Verantwortung für ein Kapitel der Geschichte tragen, mit dem sie über ihre Geschichte und Staatsbürgerschaft nichts gemeinsam haben? Diese Frage übersieht etwas Wesentliches.

Kolonialismus ist ein Herrschaftssystem, das von einer kräftemäßig überlegenen Nation einer in dieser Hinsicht unterlegenen Nation aufgezwungen wird, und dadurch geografisch und historisch konkret zu verorten. Zugleich geht er mit Ideologien einher, die ihn mit der kulturellen Überlegenheit der Kolonialherren und der aus ihr resultierenden zivilisatorischen Mission legitimieren.[36] Kolonialismus ist sowohl eine Form der gewaltförmigen Geopolitik mit klar benennbaren Beteiligten als auch eine Haltung, die sich in der Art und Weise niederschlägt, wie Menschen aus verschiedenen Ländern und Kulturen einander begegnen. Da der europäische Kolonialismus sich bis 1914 85% der Welt einverleibt hatte, konnten weder die Kolonisierten noch die Kolonisatoren diesem Prozess entgehen.[37] Wo Territorien vermessen und ihren Besitzern zugeteilt wurden, machte und macht der Kolonialismus als Einstellungsmuster gegenüber zu Anderen stilisierten Menschengruppen vor Grenzen keineswegs halt. Er war mit der Autonomie der letzten Kolonien keineswegs vom Tisch und prägte die westlichen Kolonialmächte unabhängig von ihrer jeweiligen konkreten Geschichte gleichermaßen. Dass Deutschland nicht Nordamerika kolonisiert hat, ist ein Fakt. Als wichtige Kolonialmacht war es jedoch tief vom Geist des Kolonialismus durchdrungen. Trotzdem ist seine Verstrickung in die Geschichte des Kolonialismus bis heute nicht im hiesigen öffentlichen Bewusstsein verankert.

Frühe koloniale Ambitionen Deutschlands gehen bereits auf das 17. Jahrhundert zurück, als Brandenburg-Preußen mit der Gründung von »Groß-Friedrichsburg« im heutigen Ghana für ungefähr dreißig Jahre am transatlantischen Sklavenhandel teilnahm.[38] Abseits solcher Vorstöße und einiger gescheiterter Versuche in anderen Regionen nahm die deutsche Kolonialgeschichte erst Ende des 19. Jahrhunderts an Fahrt auf. Bismarck hatte sich lange Zeit kolonialen Bestrebungen widersetzt, änderte seine Haltung schließlich aber angesichts eines immer stärker werdenden öffentlichen Drängens und der von »Afrikareisenden« wie (dem von den Nationalsozialisten hochverehrten) Carl Peters auf dem afrikanischen Kontinent über »Verträge« mit einheimischen Herrschern geschaffenen Tatsachen. Dies führte zur Ausstellung von Schutzbriefen, mit denen das Deutsche Reich die von großen Handelsgesellschaften verwalteten Gebiete auf dem afrikanischen Kontinent und in der Südsee unter seinen außenpolitischen Schutz stellte.

Vom 15. November 1884 bis zum 26. Februar 1885 fand in Berlin die »Kongokonferenz« statt, auf der Deutschland sich von dem zu verteilenden Kuchen in kurzer Zeit ein so großes wie attraktives Stück abschnitt. Das deutsche Kolonialreich wuchs damit zu beeindruckender Größe. Insgesamt waren die vier afrikanischen sogenannten Schutzgebiete Togo, Kamerun, Deutsch-Südwestafrika (Namibia) und Deutsch-Ostafrika (Tansania, Ruanda, Burundi) sowie die in der Südsee gelegenen Schutzgebiete zusammen mit der später hinzugekommenen Bucht von Kiautschou in China flächenmäßig sechs Mal so groß wie das Deutsche Reich selbst.[39] Damit war Deutschland zwar keine Kolonialmacht wie England oder Frankreich, hatte sich aber durchaus eine eigenständige Machtposition im kolonialen Ringen der europäischen Mächte gesichert. Es blieb nicht nur bei der Ausstellung von Schutzbriefen. Der deutsche Staat stieg schnell in die Kolonialpolitik ein, was sich schließlich auch in der Schaffung eines eigenen Reichskolonialamtes zeigte.

Die deutsche Kolonialherrschaft zeichnete sich durch Rassismus, Ausbeutung, Willkür und eine rigide Strafjustiz aus, die von körperlichen Züchtigungen umfangreichen Gebrauch machte, ebenso von der Verhängung der Todesstrafe. So gab es in den afrikanischen Kolonien für Europäer und Afrikaner abgestufte Rechtssysteme, die zum Teil noch um die Kategorie der »Farbigen« weiter differenziert wurden.[40] Deutschland war auch bereit, eventuellen Widerstand mit aller Gewalt niederzuwerfen. Die Aufstände in Deutsch-Südwestafrika (1904) und Deutsch-Ostafrika (1905–1907) wurden von Deutschland mit einer Grausamkeit beantwortet, die vor der gezielten Vernichtung ganzer Bevölkerungsgruppen nicht zurückschreckte.

Die Herero und Nama in Deutsch-Südwestafrika hatten sich erhoben, weil die deutsche Kolonialregierung damit begonnen hatte, die Ansiedlung der Herero in überwiegend auf schlechten Böden liegenden Reservaten zu planen, die als feste Siedlungsorte zudem die traditionelle Lebensweise der Herero als nomadische Hirten zerstört hätten.[41] Der eigens in die Region entsandte Generalleutnant Lothar von Trotha plante zunächst, sie in einer Umzingelungsschlacht zu schlagen und in Konzentrationslager zu sperren. Als diese Strategie aufgrund von Truppenmangel versagte, wurden die Aufständischen in die Halbwüste Omaheke getrieben und durch Trothas »Schießbefehl« an der Rückkehr gehindert, wodurch die meisten von ihnen ums Leben kamen. Trotha betrachtete den Kampf als einen »unvermeidlichen Rassenkampf«.[42]

Die wenig später stattfindenden Erhebungen in Deutsch-Ostafrika wurden nicht mit einem Schießbefehl beantwortet. Aber auch hier gingen die Deutschen mit äußerster Grausamkeit vor, indem sie nicht nur das Ziel verfolgten, den Aufstand niederzuschlagen, sondern darüber hinaus systematisch die Lebensgrundlagen der einheimischen Bevölkerung zerstörten, indem sie Dörfer niederbrannten, Felder verwüsteten und Viehherden konfiszierten, was deutliche Parallelen zum Vorgehen Lothar von Trothas aufwies.[43] Die Opferzahlen lassen sich bis heute nicht exakt angeben. Von den Herero und Nama sind Schätzungen zufolge ca. 70.000 gestorben. Die Zahlen in Deutsch-Ostafrika sind mit bis zu 300.000 Opfern deutlich höher, da zu den Opfern des Krieges noch die einer Hungersnot hinzukamen, die das Ergebnis der Zerstörungspolitik Deutschlands war.[44]

Diese Politik ging keineswegs auf Sadismus oder eine moralische Verworfenheit Einzelner zurück, die zufällig in exponierten Positionen gelandet wären, von denen aus sie die deutsche Kolonialpolitik nach eigenem Gutdünken hätten lenken können. Wie der Nationalsozialismus von einem tief verwurzelten Antisemitismus in breiten Teilen der deutschen Bevölkerung getragen wurde, basierte die deutsche Kolonialpolitik auf einer allgemein verbreiteten Geisteshaltung, deren wesentliche Elemente Rassismus und kultureller Chauvinismus waren.[45] Die Legitimationsbasis des Kolonialismus wurde durch die verschiedenen Versionen »wissenschaftlicher« Rassentheorien geschaffen, die im 19. Jahrhundert zur Blüte gelangten. Dass die »Rasse« der weißen Europäer hierbei stets den ersten Platz belegte, liegt in der Natur der Sache und findet sich als Motiv bereits in Kants *Physischer Geographie*.[46] Aus dieser angeblichen Überlegenheit resultierte der damaligen Ideologie zufolge die Verpflichtung Europas, Christentum und Zivilisation nicht für sich zu behalten, sondern in der Welt zu verbreiten, um so die Geschichte voranzutreiben. Kolonialismus bloß als Ausbeutung und Unterdrückung zu begreifen, ist aus dieser Sicht wesentlich zu kurz gedacht. Ganz im Gegenteil arbeiteten die europäischen Kolonialmächte ihrem Selbstverständnis nach an einem umfassenden und selbstlosen Projekt der Zivilisierung. Dass die Menschen der kolonisierten Länder dies nicht recht begreifen wollten, lag dieser

Logik zufolge angesichts ihrer »rassischen« Minderwertigkeit auf der Hand. Später aber würden sie voller Dankbarkeit erkennen, welcher Dienst ihnen in der Vergangenheit erwiesen wurde. Der Autor des noch heute beliebten *Dschungelbuch*, Rudyard Kipling, brachte dieses Denken mit den heute geflügelten Worten der *Bürde des weißen Mannes* zum Ausdruck. Im gleichnamigen Gedicht heißt es:

> *»Ergreift die Bürde des Weißen Mannes –*
> *und erntet seinen alten Lohn:*
> *den Tadel derer, die ihr bessert,*
> *den Haß derer, die ihr hütet –*
> *den Schrei der vielen, die ihr lockt*
> *(ah, so langsam!) hin zum Licht:*
> *›warum habt ihr uns aus der Knechtschaft befreit,*
> *unserer geliebten ägyptischen Finsternis?‹«*[47]

Die Bürde des *weißen* Mannes besteht darin, anderen Menschen zur Zivilisation zu verhelfen und dafür nicht einmal mit Dank rechnen zu dürfen. Stattdessen sieht er sich Tadel und Hass ausgesetzt, verfolgt aber trotz allem gradlinig seine geschichtliche Mission weiter, denn spätestens seit Hegel (so ließe sich der Gedanke fortführen) hat er auch die Geschichte verstanden und wähnt sich als Verkörperung des Weltgeistes, in dessen Zu-sich-selbst-Kommen die Dialektik der Geschichte zu ihrem Ende gelangt. Dieses Narrativ wurde nicht nur herangezogen, um den Kolonialismus zu legitimieren. Es diente auch zur moralischen Auskleidung der Sklaverei in den Südstaaten. Bei der Versklavung von Millionen Menschen sei es keineswegs um Profit gegangen, heißt es in dieser romantisierenden Erzählung. Vielmehr seien die Staaten des Südens um Ehre und soziale Ordnung besorgt gewesen und hätten die Sklaverei als eine Form von Schule mit dem Ziel der Zivilisierung Schwarzer Menschen verstanden.[48] Nun hat Kipling mit seiner Rede von der Bürde des *weißen* Mannes nichts erfunden, was nicht zuvor schon dagewesen wäre. Er hat den bis heute verbreiteten Überlegenheitsfantasien *weißer* Menschen nur paradigmatischen Ausdruck verliehen. Wie Hannah Arendt in ihrem berühmten Werk *Elemente und Ursprünge totaler Herrschaft* bemerkte, ist die Rede von der Bürde nie etwas anderes gewesen als »Heuchelei und Rassendünkel«, was allerdings niemanden daran gehindert habe, sich die angebliche Last auf die Schultern zu hieven und sich bei der Eroberung der Welt wie die tragisch-heroische Figur Don Quichotte zu fühlen. Den aus dieser Haltung resultierenden Charakter nennt sie den »imperialistischen Charakter«, der die einzige »authentisch politische Charakterbildung der Moderne« darstelle.[49] Dieser Charakter hat die Geisteshaltung der Menschen während und auch nach dem deutschen Kolonialismus massiv geprägt und äußert sich bis heute in einem mehr oder weniger expliziten Überlegenheitsgefühl gegenüber Menschen aus dem globalen Süden.

Dass weder der deutsche Kolonialismus noch die ihm zugrunde liegende Geisteshaltung richtig aufgearbeitet wurden, liegt vor allem an zwei Faktoren. Erstens wird die Erinnerung an die Verbrechen des Kolonialismus durch die Erinnerung an den Nationalsozialismus überdeckt. So erkannte Deutschland den Mord an den Herero erst 2021 als Völkermord an und hat mit Blick auf Reparationen oder Entschädigungen bislang keine auch für die Nachfahren der Betroffenen zufriedenstellende Lösung gefunden. Demgegenüber steht die öffentliche Gedenkkultur mit Blick auf die Opfer des Nationalsozialismus - eine seit Jahrzehnten existierende breite Forschungslandschaft auf diesem Gebiet, ein klares Eingeständnis der Schuld am Zweiten Weltkrieg sowie an der nationalsozialistischen Vernichtungspolitik und vor allem die aus ihr resultierende Verantwortung seitens der Bundesregierung (auch wenn dies die immensen Defizite der deutschen Entnazifizierung keineswegs aufzuwiegen vermag). Die Schuld am Holocaust droht in der politischen Diskussion um Verantwortung für begangene Verbrechen gegen die Schuld an den Völkermorden des Kolonialismus ausgespielt zu werden.[50] Diese Haltung verhindert aber auch wichtige Fragen nach der Kontinuität zwischen Kolonialismus und Nationalsozialismus. Zwar führt kein kausaler

Weg vom Kolonialismus in die Vernichtungslager, schließlich wurde Deutschland unter anderem von England und Frankreich besiegt, die zur damaligen Zeit noch über äußerst umfangreiche Kolonialgebiete verfügten. Allerdings stellte der Zusammenhang zwischen rassistisch legitimierter angeblicher Höherwertigkeit deutscher Kultur und territorialer Expansion ein ideologisches Element der kolonialen Unternehmungen des Deutschen Kaiserreichs wie auch der nationalsozialistischen Suche nach »Lebensraum im Osten« dar. Dies legt nicht zuletzt Hannah Arendt nahe, wenn sie ihr bereits erwähntes Buch über den Totalitarismus in die drei Teile Antisemitismus, Imperialismus und totale Herrschaft untergliedert und sie dadurch aufs Engste ineinanderwebt. Die Nationalsozialisten sahen diesen Zusammenhang auch selbst. So widmeten sie dem für seine Grausamkeit berühmten »Pionier« Carl Peters einen gleichnamigen Propagandafilm, in dem sie mit großem Stolz auf die deutsche Kolonialgeschichte zurückblickten.

Zweitens wird die Aufarbeitung des Kolonialismus durch die Tatsache erschwert, dass es hier im Gegensatz zum Nationalsozialismus keinen geschichtlichen Bruch gab. Zwar verlor Deutschland seine Kolonien nach dem Ersten Weltkrieg. Als Deutschlands Verbrechen aber wurde seine Kriegspolitik betrachtet, die Europa und schließlich die Welt in einen Krieg geführt hatte, wie er bis zu diesem Zeitpunkt an Umfang wie Grausamkeit unbekannt gewesen war. Dass Deutschland auch Kolonien besessen und diese nach Gutdünken ausgebeutet hatte, war für die öffentliche Moral Europas kein Problem. Entsprechend wurden die deutschen Kolonien auch nicht in die Selbstständigkeit entlassen, sondern neu verteilt und den anderen Kolonialmächten zugeschlagen.[51] Durch die deutsche Niederlage des Ersten Weltkriegs wurde die Legitimität des Kolonialismus als Herrschaftssystem Europas über Länder und ganze Kontinente nicht infrage gestellt. Die Institution des Kolonialismus war nach wie vor intakt. Zur Disposition stand vielmehr die Frage, ob es Deutschland als Aggressor und Kriegsverlierer weiterhin gestattet sein sollte, sich an diesem System zu beteiligen und von ihm zu profitieren. Entsprechend erhoben sich in der Weimarer Republik und im Nationalsozialismus zahlreiche Stimmen, die den Verlust der Kolonien als Ungerechtigkeit bezeichneten und für ihre Rückgabe plädierten. Vereinzelt waren diese Stimmen noch in der Bundesrepublik zu hören und forderten etwa, Deutschland solle wieder koloniale Aufgaben wie die Verwaltung von Togo und Tanganjika übernehmen.[52] Mit dem europäischen Kolonialismus ging es also nicht durch einen Bruch zu Ende. Vielmehr zog sich diese Geschichte bis zum Ende des letzten Jahrhunderts hin, wobei die europäischen Staaten sich in ihren Besitzansprüchen derart im Recht fühlten, dass sie oft erst nach blutigen Auseinandersetzungen wie in Indien oder Algerien von ihren Kolonien abließen. Dass jede Art von Kolonialismus verbrecherisch ist, drang erst sehr spät in das öffentliche Bewusstsein vor und wird selbst heute noch nicht allgemein anerkannt. Wo es im Anschluss an den Nationalsozialismus bei vielen Menschen nach und nach zur Entwicklung eines Problembewusstseins kam, blieb etwas Vergleichbares mit Blick auf den Kolonialismus weitgehend aus. Deswegen erscheint es bis heute unproblematisch, Kinder in »Indianerkostümen« zum Fasching zu schicken, obwohl damit koloniale Klischees fortgeschrieben werden, in die Deutschland durch seine eigene Geschichte intensiv verstrickt ist.

Aus diesem Grund wurde bis heute auch die den Kolonialismus tragende Haltung aus Rassismus, Überlegenheitsglauben und historischer Mission nicht wirklich aufgearbeitet. Sicherlich hat sich diese Haltung über die Zeit verändert, und sicherlich gibt es viele Menschen, die eine kritische Position zur deutschen Geschichte einnehmen und Kolonialismus wie Nationalsozialismus gleichermaßen entschieden verurteilen. Trotz der immensen Wahlerfolge der AfD und der Aufmerksamkeit für Bewegungen wie Pegida lehnt die Mehrheit der Menschen in Deutschland Rassismus und Rechtsextremismus deutlich ab. Denkmuster wie die »Bürde des weißen Mannes« und die »Zivilisationsferne« des afrikanischen Kontinents stoßen heute überwiegend auf Ablehnung und werden zu Recht als ausgrenzend und diskriminierend verstanden. Wie also äußert sich der Fortbestand kolonialer Denkmuster dann?

Die Debatte um das Wort »N...könig« in *Pippi Langstrumpf* kann helfen, diese Frage zu beantworten. 2012 sagte die des Linksradikalismus unverdächtige CDU-Familienministerin Kristina Schröder, sie würde das Wort beim Vorlesen quasi simultan übersetzen und ihren Kindern später erklären, was es mit dem »N-Wort« auf sich habe und warum es verletzend sei. Der Verlag Friedrich Oetinger hat das Wort »N...könig« wegen seiner unzweifelhaft rassistischen Bedeutung bereits 2009 in allen Neuauflagen von *Pippi Langstrumpf* durch das Wort »Südseekönig« ersetzt, ebenso wie das »Z-Wort« gestrichen wurde.[53] Die Debatte dazu dreht sich vor allem um zwei Fragen, eine mit Blick auf die Vergangenheit und eine mit Blick auf die Gegenwart.

Erstens die Frage, ob Astrid Lindgren deswegen eine Rassistin war, weil sie das »N-Wort« so vollkommen unkritisch benutzte. Die meisten werden auf diese Frage wahrscheinlich antworten, ein solcher Sprachgebrauch gelte zwar heute als rassistisch, sei zu Lindgrens Zeit aber vollkommen normal und damit auch kein Gegenstand der Reflexion gewesen. Sie habe in ihrem Schreiben also durchaus Rassismus reproduziert, aufgrund der zeitlichen Umstände aber wird gleichzeitig zugestanden, dass sie hierfür nur sehr eingeschränkt verantwortlich gemacht werden könne, da ihre Wortwahl damals die unhinterfragte Normalität spiegelte, jedenfalls die ihrer *weißen* europäischen Leser*innen. Warum sollte es uns angesichts der unabgeschlossenen Aufarbeitung der Geschichte des Kolonialismus anders gehen als Astrid Lindgren, die Rassismus sicherlich weit von sich gewiesen hätte und doch in seinen sprachlichen Strukturen verhaftet war? Wie die Rassismusforscherin Birgit Rommelspacher betont hat, findet sich Rassismus nicht nur bei Rechtsextremen, sondern auch bei Linken, Konservativen, Liberalen, Feminist*innen und Umweltschützer*innen.[54] Genau darin liegt die Fortexistenz einer von Rassismus und kultureller Arroganz getragenen kolonialen Haltung, die uns heute den Blick auf die Dinge genauso verstellt wie Astrid Lindgren zu ihrer Zeit, auch wenn wir mittlerweile vielleicht Fortschritte gemacht und einiges begriffen haben.

Zweitens stellt sich die Frage, was die Änderung des Wortes »N...könig« durch das als besser empfundene Wort »Südseekönig« über die heutige Zeit aussagt. Ja, das »N-Wort« ist heute rassistisch. Doch liegt bei näherer Überlegung der problematische Gehalt der Geschichten um Pippi Langstrumpf dort, wo das uralte Klischee genährt wird, Menschen nicht-*weißer Race* hätten beim Erstkontakt mit *weißen* Europäern nichts Eiligeres zu tun, als sich auf den Boden zu werfen und sie als Könige zu verehren. Das ist eine Dimension, die durch die Ersetzung eines Begriffs durch den anderen keineswegs verschwindet und sich durch das komplette Buch zieht. Wenn die Diskussion also einseitig auf Begriffe fokussiert und abschließend befindet, der Zurückweisung von Rassismus sei durch die Verwendung des Wortes »Südseekönig« genüge getan, liegt ihr das stillschweigende Einverständnis aller Beteiligten zugrunde, an der kolonialen Struktur des Werkes gebe es im Grunde nichts auszusetzen. Genau dadurch verkennt sie die eigentliche Bedeutung des »N-Worts«, in dem sich die Geschichte der Unterwerfung, Ausbeutung, Ermordung und Diskriminierung Schwarzer Menschen durch Sklaverei, Kolonialismus, Segregation und darüber hinaus verdichtet. Das Wort explizit nicht mehr zu nennen, aber noch immer dieselbe Geschichte zu erzählen, verschiebt den Rassismus lediglich zwischen die Zeilen und erschwert dessen Kritik. Genau aus diesem Grund ist es naiv anzunehmen, es sei mit einer Streichung getan.

So, wie die heute Vierzig- bis Fünfzigjährigen auf ihre Elterngeneration blicken und sich wundern, wie diese den Rassismus in den Büchern, die sie ihren Kindern vorlasen, denn nicht bemerken konnten, so werden hoffentlich deren Kinder auf ihre Eltern zurückschauen und sich die Frage stellen, warum sie die unhinterfragte Affirmation des Kolonialismus in denselben Büchern nie thematisiert haben, wo sie um die Problematik des »N-Worts« doch immerhin schon wussten. Wir sind heute ebenso gut antirassistisch wie Astrid Lindgren zu ihrer Zeit und haben noch einen weiten Weg vor uns, wenn wir diesen Anspruch ernst nehmen und entsprechende Wahrnehmungsmuster aufbrechen wollen.

Die Verbreitung einer dem Kolonialismus korrespondierenden Haltung tritt auch immer wieder bei Rechtsextremismusstudien zutage. So stimmten in der Studie »Berlin-Monitor 2019« 12% der Befragten der Aussage zu: »Es gibt eine natürliche Hierarchie zwischen schwarzen und weißen Menschen«,[55] die im Kolonialismus zur Rechtfertigung der Ausbeutung ganzer Kontinente gedient hatte. In das Spektrum der hier analysierten Haltung fallen auch Aussagen aus dem weiteren Bereich des Rassismus. Sowohl die über zehn Jahre angelegte Studie über »gruppenbezogene Menschenfeindlichkeit«[56] unter Leitung des Bielefelder Soziologen Wilhelm Heitmeyer als auch die seit 2006 in regelmäßigen Abständen erstellten »Mitte-Studien« (seit 2018 »Leipziger Autoritarismusstudie«) haben die starke Verbreitung chauvinistischer und rassistischer Denkmuster in Deutschland mit aller Deutlichkeit aufgezeigt. Die Aussage, Ausländer würden nur den Sozialstaat ausnutzen, stieß 2018 mit knapp 60% bei der deutschen Bevölkerung auf hohe direkte und latente Zustimmung, ebenso wie mit über 50% die Feststellung, Deutschland sei in »gefährlichem Maße überfremdet«.[57] Die Diskriminierung von Rom*nja und Muslim*innen kommt auf ähnlich hohe Werte. So halten über knapp 50% aller Befragten Rom*nja pauschal für kriminell[58] oder sind der Meinung, Muslim*innen sollte die Zuwanderung nach Deutschland verboten werden.[59] Als wären diese Ergebnisse nicht alarmierend genug, muss mit Blick auf empirische Rassismusstudien wie die eben zitierte bedacht werden, dass sie immer nur die Spitze des Eisbergs abbilden, insofern sie nach explizitem Rassismus fragen und unbewusste Denk- und Wahrnehmungsstrukturen ausklammern.

Die Folgen des Kolonialismus sind noch heute stark präsent und prägen die Sozialisation der in Deutschland lebenden Menschen. Allen, die Rassismus und Rechtsextremismus von sich weisen, sollte vor diesem Hintergrund klar sein, dass es mit einem verbalen Bekenntnis gegen Rassismus nicht getan ist. Fehlendes Bewusstsein für diese Schwierigkeit gepaart mit der einseitigen Definitionsmacht darüber, wer als Andere*r zu gelten hat, dürften wesentliche Gründe dafür sein, warum es offensichtlich so schwer ist, über kulturelle Aneignung zu sprechen, ohne in Polemik zu verfallen oder komplett abzublocken. Das Thema nötigt dazu, die eigene Geschichte zu befragen und sich mit dem dunklen Horizont zu beschäftigen, der sich hinter Liberalismus, Toleranz und Aufgeklärtheit versteckt. Kulturelle Aneignung ist unter dem dicken Firnis der vermeintlichen gesellschaftlichen Normalität nicht immer einfach zu erkennen und ihre Kritik muss sich deswegen nicht selten den Vorwurf der Haarspalterei gefallen lassen. Das hält sie allerdings nicht davon ab, durchaus gravierende Konsequenzen zu zeitigen.

Zwischen den Extremen

Betrachtet man konkrete Fälle kultureller Aneignung in ihrem historisch-politischen Kontext, wird die Problematik deutlich. Bei kultureller Aneignung, so unsere Arbeitsdefinition, handelt es sich um eine Praxis, die von ungleichen Machtstrukturen ausgehend ungefragt auf die Kultur nicht zur Dominanzkultur gehörender Gruppen zugreift, um sich auf diese Weise zu bereichern und dadurch die Bedeutung kultureller Elemente verschiebt oder verflacht. Damit beschreibt die Diskussion um kulturelle Aneignung Geschehnisse zwischen verschiedenen Kulturen und den zu diesen zählenden Menschen und ist vor die Notwendigkeit gestellt, Kulturen voneinander abzugrenzen. Die Herausforderung liegt hierbei darin, zwar von kulturellen Gruppen zu sprechen, dabei aber nicht in essentialistische Diskussionsmuster zu verfallen, die Menschen auf Exponent·innen »ihrer« Kulturen reduzieren und damit kultureller Stereotypisierung das Wort reden. Oder verhält es sich angesichts der Globalisierung ohnehin ganz anders, und kann heute von der Existenz unterscheidbarer Kulturen ohnehin nicht mehr die Rede sein, da diese sich bis zur Ununterscheidbarkeit überlagern und wechselseitig durchdringen? Kultur wäre dann etwas von allen Menschen gleichermaßen Geteiltes, und der Begriff kulturelle Aneignung Ausdruck eines atavistischen Kulturverständnisses.

Definitionen kultureller Aneignung

Die Betrachtung des Mediendiskurses nach der Empfehlung der Hamburger Kita und die Vergegenwärtigung der so langen wie leidvollen Kolonialgeschichte verweisen auf die ungleichen Machtverhältnisse zwischen Kulturen, die Existenz einer Dominanzkultur mit einseitiger Definitionsmacht und die damit verbundene Thematik des Rassismus. »Kulturelle Aneignung« kann als Versuch betrachtet werden, diese in ihrer Vielschichtigkeit schwer zu greifende Thematik in einem Begriff zu bündeln, der als Messlatte dienen kann, um konkrete Einzelfälle einschätzen zu können. Dazu braucht es aber ein weitergehendes Verständnis von kultureller Aneignung, das auf einer klaren Definition beruht, die so unmissverständlich wie möglich klärt, was mit dem Begriff verhandelt wird.

Die Schwarze US-Schriftstellerin und Journalistin Maisha Z. Johnson hat zahlreiche Artikel zum Thema kulturelle Aneignung geschrieben, unter anderem auf der reichweitenstärksten feministischen Website *Everyday Feminism*. In ihrem Artikel *What's Wrong with Cultural Appropriation? These 9 Answers Reveal Its Harm* von 2015 wendet sie sich an Leser*innen, die sich bislang kaum oder gar nicht mit kultureller Aneignung auseinandergesetzt haben.

Wie bereits im Titel deutlich wird, geht Johnson davon aus, kulturelle Aneignung sei für die Betroffenen unmittelbar mit Leid verbunden. Wie die Autorin bemerkt, wissen viele Menschen einfach nicht, wie verletzend Handlungen sein können, bei denen sie sich nichts Böses denken. Einerseits gelten Aneignungsprozesse vielfach als »normal«, andererseits können sich viele nicht vorstellen, dass sie sich trotz ihres gefühlten Antirassismus rassistisch verhalten. Deswegen gibt die Autorin sich alle Mühe, die Sache auf den Punkt zu bringen und eine Definition anzubieten, die sich in einer Diskussion über Rassismus ebenso verwenden lässt wie mit Blick auf die Wahl des nächsten Halloweenkostüms:

»In Kürze: Von kultureller Aneignung spricht man, wenn Menschen Aspekte einer Kultur übernehmen, die nicht die ihre ist. Doch das ist nur die einfachste Definition. Ein tiefergehendes Verständnis kultureller Aneignung nimmt Bezug auf eine bestimmte Machtdynamik, in der die Mitglieder einer dominanten Kultur sich Elemente einer Kultur nehmen, deren Angehörige durch die dominante Gruppe systematisch unterdrückt wurden.«[60]

Damit versucht Maisha Z. Johnson, kulturelle Aneignung gegen kulturellen Austausch abzugrenzen. Wo dieser auf Augenhöhe stattfindet und seitens der Beteiligten gleichberechtigt vollzogen wird, zeichne sich jene durch ein einseitiges Machtgefälle aus, das durch eine vorhergehende Geschichte der Unterwerfung und Beherrschung zustande gekommen ist und bis heute die Beziehungen der beiden kulturellen Gruppen strukturiert.

Kulturelle Aneignung kann mit Johnson somit als eine Form der Unterdrückung verstanden werden, die deren politischer Dimension noch eine weitere Ebene hinzufügt. Nach dem Völkermord an den Indigenen Gemeinschaften Nordamerikas wurden und werden den Überlebenden beispielsweise sogar noch ihre Kulturbestände entzogen, indem sich die Nachfahren der Kolonisatoren mit Federn schmücken, sakrale Gegenstände sammeln oder traditionelle Kunstformen nachahmen. Hier greift auch das häufig zu hörende Argument nicht, alle würden sich doch irgendwie die Kultur von anderen aneignen, das bringe das Zusammenleben eben mit sich. Kulturelle Aneignung findet der Definition nach nur dort statt, wo es ein entsprechendes Machtgefälle gibt und die Menschen der einen Gruppe dem Zugriff der anderen mehr oder weniger schutzlos ausgesetzt sind. Ob ein deutscher Schlagersänger traditionelle Romalieder umdichtet oder ein Roma deutschen Hip-Hop für sich entdeckt, ist aus diesem Blickwinkel ein entscheidender Unterschied.

Die Definition von Maisha Z. Johnson macht kulturelle Aneignung sehr gut greifbar und ist in ihrer Kürze äußerst präzise. Doch wirft sie auch Probleme auf. Denn wie lassen sich Kulturen eindeutig voneinander unterscheiden, und auf welche Weise kann festgestellt werden, welche Menschen zu einer bestimmten Kultur gehören und welche nicht? Staatsangehörigkeit ist sicherlich kein geeignetes Mittel zur Feststellung kultureller Zugehörigkeit. Auch Sprache, Religion oder *Race* sind äußerst unzuverlässige Indikatoren, ebenso soziale Schicht oder politische Überzeugung. Obendrein sind die Beziehungen zwischen diesen Bausteinen von Kultur in ihrer Komplexität mitunter sogar widersprüchlich. Der deutsche Schlagersänger aus dem letzten Absatz könnte ein aus von Armut geprägten

Verhältnissen hervorgegangener Sohn russischer Aussiedler·innen sein und der Roma ein Spross von schon lange in Deutschland lebenden Professor·inneneltern. Aufgrund des deutschen Antiziganismus[61] ist das statistisch zwar unwahrscheinlich, doch eben nicht unmöglich. Das Beispiel zeigt, was im Folgenden noch eingehend dargestellt werden wird: wie schwer es ist, die Grenze zwischen Kulturen zu ziehen, ihnen klar definierte Machtverhältnisse zuzuordnen und Menschen anschließend als Repräsentant·innen dieser Kulturen zu betrachten.

Maisha Z. Johnson beschreibt neben der Struktur aber auch die Wirkung, also inwiefern kulturelle Aneignung Menschen in ihrer Identität beschädigt. Ihre Darstellung schlägt einen Bogen von der Trivialisierung historischer Unterdrückung über die Ausbeutung diskriminierter Minderheiten, die Verbreitung rassistischer Stereotype bis zur Priorisierung *weißer* Befindlichkeiten auf Kosten von Gerechtigkeit für marginalisierte Gruppen. Denkt man an Serien wie *Yakari* oder die zahlreichen Karl-May-Bücher und ihre Verfilmungen, wird sehr schnell deutlich, wie recht Johnson mit ihrer Kritik hat. Zum einen werden indigene Menschen hier in kommensurable Abziehbilder dessen verwandelt, was *weiße* Menschen für Indigene Kultur halten, zum anderen fließt das Geld nur allzu oft in die Taschen der ebenfalls *weißen* Filmemacher·innen, statt in irgendeiner Weise den Menschen zugutezukommen, deren Geschichten angeblich erzählt werden. Kulturelle Aneignung ist mit Johnson betrachtet also kein Nebenschauplatz des Rassismus, sondern eine seiner wesentlichen Verkörperungen, indem sie Ausbeutung und Klischeebildung vorantreibt.

Allerdings folgen die von Johnson beschriebenen Probleme nicht zwingend aus ihrer Definition. Dass Angehörige einer Dominanzkultur auf Elemente einer anderen Kultur zurückgreifen, muss nicht zwangsläufig Hand in Hand mit Rassismus und Ausbeutung gehen. Schließlich können auch unterdrückte Menschen durchaus den Wunsch verspüren, ihre Kultur in den westlichen Ländern zu verbreiten, ohne dass dieser

Wunsch automatisch mit dem Verlust von Urheberschaft oder Kontrolle einhergeht, schließlich sind Menschen aus unterdrückten Gruppen in vielen Situationen durchaus in der Lage, erfolgreich ihre Handlungsmacht zu verteidigen. Das würde Maisha Z. Johnson sicherlich nicht bestreiten, doch ihre Definition unterscheidet kulturellen Austausch von kultureller Aneignung, indem sie auf das Kriterium ungleicher Machtverhältnisse setzt und kann deswegen Situationen wie die eben geschilderte nur ungenügend abbilden.

Susan Scafidi ist eine *weiße* US-amerikanische Autorin, die bereits 2005 eine der wenigen Monografien zum Thema kulturelle Aneignung verfasste[62] und sich auch sonst öffentlich zum Thema positioniert hat. In ihrem Buch *Who Owns Culture* vermeidet sie allerdings eine eindeutige Definition des Begriffs und greift eher zu Umschreibungen. Der Transfer von Kulturgütern aus »Subkulturen« (sie verwendet diesen Begriff explizit) in die Mehrheitskultur ist ihr zufolge in den meisten Fällen kritisch zu betrachten, da der Prozess oft nicht auf Anerkennung und Wertschätzung des Gegenübers beruhe und ebenso wenig auf dessen Einladung erfolge. Stattdessen ginge es vor allem um die Interessen der Vertreter*innen der Mehrheitsgesellschaft, die ihrer Kreativität Ausdruck verleihen oder schlicht und einfach Geld verdienen wollten.[63] Von der Onlinezeitschrift *jezebel* 2012 für einen Artikel über kulturelle Aneignung um eine Definition gebeten, äußerte sich Scafidi konkreter als in ihrem Buch:

»Inbesitznahme intellektuellen Eigentums, tradierten Wissens, kultureller Ausdrucksformen oder Artefakte aus der Kultur anderer Menschen ohne Erlaubnis. Dies kann die unautorisierte Nutzung der Tänze, Kleidungsstücke, Musik, Sprache, Folklore, Küche, traditionellen Medizin, religiösen Symbole usw. einer anderen Kultur beinhalten. Die Wahrscheinlichkeit, schädigend zu sein, ist hier dann am höchsten, wenn es sich bei der entsprechenden Kultur um eine Minderheit handelt, die unterdrückt oder in anderer Weise ausgebeutet wurde oder wenn das Objekt der Aneignung von besonderer Sensibilität ist, z. B. sakrale Gegenstände.«[64]

Susan Scafidi und Maisha Z. Johnson zufolge findet kulturelle Aneignung in sozialen Situationen statt, die durch ungleiche Machtbeziehungen strukturiert werden. Doch geht Scafidi einen Schritt weiter, indem sie zwischen verschiedenen Formen von Aneignung unterscheidet. Sich ernsthaft mit der Kultur einer Minderheit zu beschäftigen ist ihr zufolge ebenso unbedenklich wie Aneignungen, die auf eine Einladung oder zumindest die Zustimmung der betreffenden Gruppe zurückgehen. Problematisch wird es für Scafidi dort, wo Kulturbestände mit egoistischem Motiv umgedeutet werden und diese Umdeutung vielleicht sogar trotz eines klaren Verdiktes durch die Betroffenen vorgenommen wird. Als Beispiel für einen eher unbedenklichen Fall der Aneignung nennt Scafidi in ihrem Buch die Popularisierung karibischer Tanzrhythmen und kontrastiert diese mit der in ihren Augen hochproblematischen und verletzenden Aneignung ritueller Gesänge indigener Gemeinschaften Nordamerikas.[65] Wie Johnson begründet auch sie dies mit Respekt und Anerkennung: Wo Tanz Menschen Freude bereitet, ohne gleichzeitig ein zentrales Element ihrer Identität zu sein (zumindest im geschilderten Fall), verhält es sich bei Fragen des Glaubens oder bei traditionellen Ritualen Scafidi zufolge anders. Die Übernahme von Elementen einer der eigenen an Macht unterlegenen Kultur muss also nicht automatisch ein Problem sein. Aber es kommt darauf an, ob sie Ausbeutung und Stereotypisierung befördert und welche Haltung die Betroffenen selbst zu diesem Prozess einnehmen. Wie sich zeigen wird, ist es allerdings schwer festzustellen, welchen Gemeinschaften welche Kulturgüter »gehören« und wer in ihrem Namen sprechen darf, um über die Legitimität von Aneignungsformen zu entscheiden.

Noah Sow hebt in ihrer Definition kultureller Aneignung für das umfangreiche Nachschlagewerk *Wie Rassismus aus Wörtern spricht* von 2015 vor allem auf die Faktoren Macht und Entstellung ab, die ihr zufolge die wesentlichen Kennzeichen kultureller Aneignung darstellen. Entsprechend definiert sie kulturelle Aneignung als »Vorgang der einseitigen ›Übernahme‹ von Kulturfragmenten und -elementen durch Angehörige

einer Dominanzkultur, wodurch ursprüngliche Bedeutungsge-
bungen, Symbolgehalte und inhaltliche Bezugnahmen der ver-
einnahmten/annektierten Kultur verflacht, verfälscht oder
verzerrt werden, was bis zu kulturellen und als ›eigen‹ dekla-
rierten Neuschreibungen führen kann.«[66]

Auch für Sow ist der entscheidende Punkt das Machtgefälle
zwischen den Kulturen. Wie sie auf der gleichen Seite erklärt,
handelt es sich immer dann um kulturelle Aneignung, wenn
die Aneignung durch eine Person vorgenommen wird, deren
Kultur gegenüber der angeeigneten Kultur dominant ist und
durch dieses Machtgefälle eine Einseitigkeit des Vorganges gegeben ist. Wie für Johnson ist kulturelle Aneignung auch für
Sow nicht umkehrbar, da die existierenden Machtstrukturen
keinen gleichberechtigten Austausch zwischen den Beteiligten erlauben und erst recht keine Umkehrung der Ausbeu-
tungsbeziehung zulassen. Wenn sich Menschen aus diskriminierten Gruppen Elemente der Mehrheitskultur zu eigen machen, stellt dies Sow zufolge keine kulturelle Aneignung dar,
sondern eine Praxis des Zitierens, die auch zum Zwecke kritischer Neudefinitionen vorgenommen werden kann. Der durch
kulturelle Aneignung verursachte Schaden liegt ihr zufolge in
der auf »symbolisches Unverständnis« zurückgehenden Umdeutung oder »Ridiculisierung« der zur Disposition stehenden
Elemente, und geht auf die mit *weißer* Dominanz einhergehende Gleichgültigkeit gegenüber der Kultur anderer Menschen
zurück, gepaart mit dem Anspruch, sich allerorten beliebig bedienen zu dürfen.[67]

Sows Definition ist, verglichen mit der von Scafidi, deutlich
kategorischer, da sie die Frage der Zustimmung durch die Betroffenen außen vor lässt. Dies ist auch nachvollziehbar, denn
wer sollte für die zur Disposition stehende Kultur sprechen?
Je nachdem, wen man fragt, wird man unterschiedliche Antworten bekommen. So bezeichnet Deborah Krieg in ihrem
Beitrag für das Buch *Triggerwarnung* Tribal-Tattoos als einen klaren Fall kultureller Aneignung,[68] während bei »Toariki
Tattoo« in Berlin-Neukölln ein aus Tahiti stammender Künstler traditionelle Motive »seiner« Kultur sticht. Was würde er

wohl auf die Frage antworten, ob seine Kund∗innen kulturelle Aneignung betreiben? Das zeigt deutlich, wie problematisch das Kriterium der Zustimmung ist. Da nicht geklärt ist, wer diese geben dürfte, und sich in jeder Community wahrscheinlich jemand findet, der∗die die Dinge so sieht wie man selbst, aber auch immer jemand, der∗die sie anders sieht, ist Zustimmung ein sehr unzuverlässiger Indikator und kann sehr leicht ausgebeutet werden (es sei denn, die Community oder größere Gruppen in ihr positionieren sich deutlich für oder gegen bestimmte Praktiken). Sows Kriterium für die Beurteilung als kulturelle Aneignung besteht demgegenüber wie bei Johnson im Aspekt der Einseitigkeit. Wo sich der Austausch zwischen zwei Kulturen nicht als gleichberechtigtes Geben und Nehmen gestaltet, handelt es sich um kulturelle Aneignung und nicht um kulturellen Austausch.

Zusammen betrachtet lässt sich aus den drei Definitionen ein konturiertes Bild dessen zusammenstellen, worum es bei kultureller Aneignung geht. Mit der Frage des Machtgefälles und der Einseitigkeit bieten sie ein klares Kriterium zur Beurteilung konkreter Fälle und zeigen durch den Verweis auf Ausbeutung, Verzerrung, Entmündigung, Respektlosigkeit und Stereotypenbildung die durch kulturelle Aneignung verursachten Probleme auf. Doch ebenso wie bei Johnson bleibt auch bei Scafidi und Sow das Problem ungelöst, wie sich Kulturen mitsamt den ihnen zugehörenden Menschen klar genug voneinander trennen lassen, um über kulturelle Aneignung sinnvoll diskutieren zu können. Die Definitionen tendieren dazu, Kulturen als voneinander getrennte soziale Gebilde vorauszusetzen, denen sich bestimmte Menschen zuordnen lassen, die sich durch unterschiedliche Sitten, Gebräuche, Wissensbestände usw. auszeichnen und in einem eindeutig bestimmbaren Machtverhältnis zueinander stehen. Die Journalistin Ash Sarkar kritisierte mit Blick auf dieses Problem 2019 in einem Artikel für den *Guardian*, die Diskussion über kulturelle Aneignung würde auf der Illusion basieren, nach dem Kolonialismus und der Globalisierung würde es noch immer eine stabile und authentische Verbindung zwischen Mensch und

Kultur geben.[69] Allerdings betont auch sie den Wert des Konzeptes für die Analyse von Ausbeutungs- und Dominanzbeziehungen zwischen Kulturen.

Die minimale Gültigkeitsvoraussetzung der analysierten Definitionen ist die Existenz eines gemeinsamen Interesses der von kultureller Aneignung betroffenen Menschen, diesem Zugriff nicht länger oder zumindest nicht in dieser Form ausgesetzt zu sein – schließlich würde die kritisierte Unrechtsdimension kultureller Aneignung verschwinden, wenn seitens der Betroffenen gar kein Widerspruch oder sogar Einverständnis signalisiert wird. Einen solchen Konsens wird es mit Blick auf einige Fragen vielleicht geben, z. B. wenn man Menschen in Ägypten fragt, ob die Büste der Nofretete nicht besser in einem Museum in Kairo als in Berlin ausgestellt werden sollte. Mit Blick auf die im Kontext der Diskussion um kulturelle Aneignung wesentlich häufiger auftauchenden Fragen aus dem Bereich der Mode oder des Konsums dürften die Meinungen der Betroffenen allerdings sehr unterschiedlich sein. Dies lässt die von den genannten Autor·innen kritisierte Unrechtsdimension kultureller Aneignung nicht verschwinden, macht es aber wesentlich schwerer, sie angemessen zu artikulieren. Angesichts der Vielstimmigkeit innerhalb von Kulturen selbst ist die Kritik an kultureller Aneignung mit dem Risiko behaftet, ungefragt im Namen von Menschen zu sprechen, die sich untereinander nicht einig sind, und sie dadurch zu homogenisieren.

Das Problem liegt allerdings nicht bei den Autorinnen, sondern beim Thema selbst. Johnson, Scafidi und Sow müssen den Kulturbegriff so verwenden, wie sie es in ihren Definitionen tun, weil sich das von ihnen thematisierte Problem sonst nur schwer in Worte fassen ließe. Der Philosoph Erich Hatala Matthes hat sich in seinen Aufsätzen über kulturelle Aneignung intensiv mit diesem Problem beschäftigt. Ihm zufolge gibt es in der Diskussion eine kaum vermeidbare Tendenz zum Kulturessentialismus, die ein folgenschweres Problem darstellt, weil die aus essentialistischen Definitionen von kultureller Zugehörigkeit resultierenden Ausschlüsse (wer dazu gehört und wer nicht) im Zweifelsfall die Identität von Menschen nicht weniger beschädigen könnten als kulturelle Aneignung selbst.[70] In der akademischen Diskussion des Themas ist aus diesem Grund von den beiden Philosophen C. Thi Nguyen und Matthew Strohl die Idee ins Spiel gebracht worden, den Begriff nicht mehr ausgehend vom Gedanken kultureller Zugehörigkeit zu entwickeln, sondern ihn in der Intimität von Gruppen zu verankern. In zwischenmenschlichen Beziehungen gibt es diesem Ansatz zufolge eine Form der Intimität, die an sich als schützenswert gilt. Ungefragt die Liebesbriefe eines Paares zu lesen gilt beispielsweise als Verletzung dieser Intimität und wird allgemein als Unrecht angesehen.[71] Diesen Gedanken übertragen die Autor∗innen im nächsten Schritt auf große Gruppen, die sich durch gemeinsame kulturelle Elemente wie z. B. Warbonnets (Federschmuck) oder Dreadlocks definieren, indem sie die Verwendung dieser Elemente als intime Praxis beschreiben, die der Gruppe das Vorrecht zuerkennt, sich gegen die Verwendung dieser Symbole durch andere Menschen auszusprechen.[72] Der Ansatz besitzt den Vorteil, statt von Kulturen von Gruppen zu sprechen, in denen die Zugehörigkeit wesentlich flexibler ist, da Menschen Gruppen verlassen oder neu in sie aufgenommen werden können. Er verwischt aber auch die Unterschiedlichkeit zwischen Gruppen, denn intime Gruppen sind z. B. auch Star-Wars-Fans oder Skateboarder∗innen[73], die dadurch auf eine Ebene mit Indigenen und Schwarzen Menschen oder PoCs gestellt werden. Zum anderen vertieft der Ansatz das Problem klarer Grenzen und Zugehörigkeiten trotz gegenteiliger Absicht, da die Kritik kultureller Aneignung in den Grenzziehungen von Gruppen ankert und die Abgrenzung dadurch zusätzlich stärkt.[74]

Die existierenden Definitionen kultureller Aneignung lassen zwar ein klares Bild davon entstehen, was das Problem ist, warum und welchen Schaden kulturelle Aneignung verursacht. Sie zahlen dafür aber den Preis eines in der Tendenz essentialistischen Kulturbegriffs, der in anderen Zusammenhängen zu Recht kritisiert wird. Die Lösung dieses Dilemmas steht Erich Hatala Matthes zufolge immer noch aus,[75] weswegen er in einem seiner Aufsätze den Vorschlag gemacht hat, vom Begriff der kulturellen Aneignung ganz Abstand zu nehmen und sich stattdessen auf die dahinter stehenden Probleme des Übergehens von Urheberschaft und sozialer Ungleichheit zu konzentrieren.[76] Den Begriff der kulturellen Aneignung aufzugeben würde allerdings bedeuten, der antirassistischen Kritik eine wertvolle Perspektive zu nehmen, und stellt aus diesem Grund keine Lösung dar. Schließlich sind die existierenden Definitionen durchaus deutlich und die Tendenz zum Kuluressentialismus, wie sich im weiteren Verlauf der Argumentation zeigen wird, durch eine Verlagerung der Diskussion vom Terrain der Kultur hin zum Begriff der Hegemonie vermeidbar.

Vom Essentialismusproblem ...

Als Odysseus nach dem Trojanischen Krieg mit dem Schiff auf dem Weg nach Hause war, musste er neben vielen anderen Gefahren die Meerenge von Messina durchqueren. Dies war keineswegs ein einfaches Unterfangen, lauerte doch auf der einen Seite mit Charybdis ein riesiger Strudel und auf der anderen mit Skylla ein menschenfressendes Ungeheuer.[77] Odysseus' verzwickte Situation ist wie eine Metapher für den argumentativen Kurs der Diskussion über kulturelle Aneignung, denn die Auseinandersetzung mit dem Begriff muss einen Weg zwischen zwei gleichermaßen »gefährlichen« Kulturmodellen hindurch finden: So wie bei Odysseus Skylla und Charybdis stehen sich hier Kuluressentialismus und Transkulturalität gegenüber, und der Begriff der kulturellen Aneignung sollte zu beiden auf Distanz bleiben. Beginnen wir mit Ersterem.

Was die angeführten Definitionen gemeinsam haben, ist die Tendenz zur Annahme zweier durch identifizierbare Grenzen getrennter Kulturen, von denen die eine von der anderen mit allen oben beschriebenen Konsequenzen kulturell ausgebeutet wird. Für den *weißen* Philosophieprofessor James Young ist diese Konstellation die Möglichkeitsvoraussetzung jeder Diskussion über kulturelle Aneignung, die eben nur dann sinnvoll geführt werden könne, wenn es möglich sei zu definieren, wer zu einer bestimmten Kultur gehört und wer nicht. Dazu aber sei es notwendig, das »Konzept« einer Kultur zu verstehen, also Aspekte wie Sprache, Gewohnheiten, Wertvorstellungen oder Religion, die zusammen eine bestimmte Lebensweise prägten.[78] Der Begriff kulturelle Aneignung setzt also, mit Young betrachtet, die Möglichkeit voraus, Kulturen zu definieren, sie gegeneinander abzugrenzen und Menschen kulturelle Identitäten zuzuordnen.

Der Poststrukturalismus hat die Fragilität des Identitätsbegriffs und dessen Verwobenheit in soziale Konstruktions- und Machtmechanismen mit aller Deutlichkeit herausgearbeitet. Judith Butler zufolge beruhen Identitätskategorien wie Geschlecht auf der Zurichtung durch Normen, die von den gesellschaftlichen Machtstrukturen durchgesetzt und aufrechterhalten werden, und gehen aus diesem Grund mit dem Verlust jenseits der Normen liegender Möglichkeiten des Seins oder entsprechenden Sanktionen durch die Gesellschaft einher.[79] Weitet man diesen Gedanken auf andere Bereiche aus, tendieren eindeutige Identitätskategorien, wie sie der Begriff der kulturellen Aneignung Youngs Kritik zufolge voraussetzt, zu einer Beschränkung der Vielschichtigkeit von Identität, indem sie Menschen nach *Race*, Herkunft, nationaler Identität oder kultureller Zugehörigkeit sortieren, um ihnen anschließend eine damit einhergehende Lebensweise zu unterstellen.

In einem kritischen (und in vielen Punkten auch unfairen) Artikel über kulturelle Aneignung zitiert Marcus Latton in der *Jungle World* einen auf dem Blog »Mädchenmannschaft« erschienenen Beitrag. Die Autorin Salomé schrieb dort: »Japaner·innen sind NICHT hellauf begeistert davon, dass Polyesterkimonos als Karnevals- oder Halloweenkostüme verkauft werden. Inder·innen sind NICHT erfreut von Hipstern, die sich Bindis auf die Stirn kleben. Cherokee, Sioux, Choctaw und andere Ureinwohner·innen Amerikas finden es NICHT großartig, dass die gleichen Hipsterkids sich Warbonnets über den Kopf ziehen.«[80] Eine solche Äußerung unterteilt Menschen nach Nationen, setzt diese mit Kulturen gleich und spricht deren Angehörigen eine homogene Weltsicht zu. Die von der Autorin formulierte Kritik an der Überzeugung *weißer* Westeuropäer·innen, sich überall bedienen zu dürfen, ist berechtigt. Doch ihre Formulierung unterstellt Menschen aufgrund einer ihnen zugeschriebenen Identität gemeinsame Interessen und Gefühle und weist dadurch Überschneidungen mit einem essentialistischen Identitätskonzept auf. Wie Latton betont, nehmen viele Menschen aber durchaus auch ein distanziertes oder ironisches Verhältnis zu »ihrer« Kultur ein und sehen die Angelegenheit von daher vielleicht durchaus anders, als die Autorin des Artikels es unterstellt.

Wenn kulturelle Aneignung in emanzipatorischer Absicht kritisiert werden soll, führt dies sprachlich offenbar über einen Weg, der genau jene Kategorien reproduziert, die aus rassismuskritischer Sicht überwunden werden müssen. Das Dilemma ist nicht neu. Um Rassismus zu kritisieren, kann man nicht so tun, als gäbe es keine Schwarzen und *weißen* Menschen, denn damit ginge das sprachliche Instrumentarium verloren, mit dem rassistische Strukturen benannt werden können. Gleichzeitig aber werden gerade dadurch die trennenden Kategorien immer wieder aufgerufen und verfestigt. Ein aus den postkolonialen Studien stammender Weg, diesem Dilemma zu begegnen, ist unter dem Begriff des »strategischen Essentialismus« bekannt geworden, den Gayatri Chakravorty Spivak in einem 1985 veröffentlichten Interview ins Spiel gebracht hatte.[81] Damit wird eine Haltung des »Als-Ob« bezeichnet, die sich ausgehend von der theoretischen Verwerfung essentialistischer Identitätskategorien wie »die Schwarzen« oder »die Muslime« diese auf praktischer Ebene trotz allem zunutze macht, um politische Forderungen zu stellen und marginalisierten Gruppen Sichtbarkeit zu verschaffen.

Ein alltägliches Beispiel für eine solche Praxis könnte die taktisch aufgestellte Behauptung darstellen, um »wirkliches« Yoga anbieten zu können, müsse ein Mensch in Indien aufgewachsen sein, weil Yoga eine innere Haltung und damit mehr als nur eine Bewegungsform sei. Auf diese Weise könnte der Dynamik des Yogamarkts entgegengewirkt werden, auf dem *weiße* Menschen aus dem globalen Norden unter Ausnutzung »indischen Wissens« immense Mengen an Geld anhäufen, von dem nur ein verschwindender Anteil dort landet, wo Yoga seinen Ursprung hat und die Menschen das Geld wohl deutlich besser brauchen könnten. Doch suggeriert ein solcher Ansatz auch, »die Inder·innen« hätten eine besondere Affinität zu Yoga, bzw. verstärkt das bereits existierende Klischee, obwohl es höchstwahrscheinlich viele Inder·innen gibt, die mit Yoga rein gar nichts anfangen können und beim Anblick eines Menschen in der Position des »herabschauenden Hundes« lachen müssten. Von hier bis zu den üblichen rassistischen Gemeinplätzen ist es nur noch ein kleiner Schritt. Zwischen der taktischen Erwägung und ihren theoretischen Konsequenzen lässt sich nicht sauber trennen, wodurch der Essentialismus sich auch in der Theorie wieder breitzumachen droht.[82]

Des Weiteren ist schon die verbreitete Annahme, die Fähigkeiten und Talente von Menschen würden durch ihre Kultur bestimmt, keineswegs so einsichtig, wie sie auf den ersten Blick erscheint, zumal es sich bei dieser Kultur in vielen Fällen um eine von außen kommende Zuschreibung handelt. Ein vor Jahren aus Indien nach Deutschland migrierter Mensch wird mit hoher Wahrscheinlichkeit eine hybride Identität haben, die sich aus Elementen indischer und europäischer Kultur zusammensetzt und diese entsprechend seiner oder ihrer individuellen Lebenssituation kombiniert. Zumal jeder und jede sich ebenso gut für Dinge interessieren kann, die mit »seiner« oder »ihrer« Kultur nichts gemeinsam haben oder sich auch bewusst gegen die Kultur seiner oder ihrer Umwelt stellen. Gayatri Chakravorty Spivak selbst hat die Idee des strategischen Essentialismus bereits Ende der 80er Jahre wieder verworfen, indem sie darauf verwies, dieser habe seine Rolle zu Ende gespielt und sie könne die alte Leier mittlerweile nicht mehr hören.[83] Auch später ist sie deutlich bei dieser Haltung geblieben.[84]

Aufgrund ihrer Tendenz zum Kulturessentialismus (die von den Autor·innen sicherlich auch aus strategischen Gründen eingesetzt wird) ist der Diskussion über kulturelle Aneignung wiederholt vorgeworfen worden, Konzepte der Rechten zu übernehmen und so die antirassistische Diskussion ad absurdum zu führen. Niemals ist dies im deutschsprachigen Raum wohl so lautstark geäußert worden wie nach dem Erscheinen des Artikels *Fusion Revisited: Karneval der Kulturlosen* von Hengameh Yaghoobifarah im *Missy Magazine* im Jahr 2016.[85] Was war geschehen? Yaghoobifarah ist offensichtlich vielen vor allem *weißen* Menschen ordentlich auf die Füße getreten. Im Artikel beschreibt Yaghoobifarah, schon mit mulmigem Gefühl in den Zug gestiegen zu sein, um die Fusion in Mecklenburg-Vorpommern zu besuchen, ein großes Festival für elektronische Musik, das mit Weltoffenheit und dem Geist der Utopie wirbt. Von dem Artikel gibt es mittlerweile zwei Versionen: die ursprünglich 2016 im *Missy Magazine* veröffentlichte und eine zwei Jahre später erschienene Heftversion, in der Yaghoobifarah Passagen zum Thema kulturelle Aneignung ergänzt, einige ursprüngliche Formulierungen verändert und vor allem zu der aggressiv geführten Debatte im Anschluss an die Veröffentlichung des Artikels Stellung bezogen hat.[86] Yaghoobifarahs Kernanliegen bestand darin zu zeigen, wie ein dem Anspruch nach antirassistischer Ort, an dem Hippies und Linke zusammenkommen, trotzdem rassistische Strukturen und Diskriminierungsmechanismen reproduziert, wenn die anwesenden *weißen* Personen nicht bereit sind, sich selbst zu hinterfragen und Rassismus stattdessen entschieden und ohne Diskussion abstreiten. Yaghoobifarah verdeutlicht dies vor allem anhand des auf dem Festival allerorten präsenten Phänomens der kulturellen Aneignung.

In den Kostümen, dem Kleidungsstil und sonstigen modischen Vorlieben der anwesenden *weißen* Festivalbesucher·innen zeigte sich demnach eine tiefe Respektlosigkeit gegenüber Menschen, die nicht der Mehrheitskultur angehören und von Rassismus betroffen sind. Tropenhelme fanden sich ebenso wie »Dreadlocks, Kimonos, Kegelhüte, Oberteile mit random chinesischen Zeichen, Bindis, Saris, Federkopfschmuck, Tunnel, Turbane, Sharwals oder einzelne Federn im Haar«.[87] Dies stellt in Yaghoobifarahs Augen eine »kolonialrassistische«[88] Praxis und einen Fall des »Black-, Brown-, und Yellow-Facing«[89] dar. Wie der Artikel an einigen Stellen explizit bemerkt, sei dies zweifellos nicht so schlimm, wie Menschen auf der Straße zu verprügeln, aber trotzdem rassistisch, weil es koloniale und rassistische Machtstrukturen fortschreibe.[90] Yaghoobifarah geht es dabei (ebenso wie der Leitung der Elbkita aus dem ersten Kapitel) nicht darum, irgendjemandem vorzuschreiben, wie er*sie sich zu kleiden habe,[91] sondern darum zu zeigen, wie die Beteiligten durch derartige Kleidungspraktiken unabhängig von ihren Absichten rassistische Strukturen aufrechterhalten und sich zu deren Kompliz*innen machen.[92] Im Grunde stellt der Artikel also Sachverhalte fest, die sich nur schwerlich von der Hand weisen lassen. Viele Leser*innen werden wahrscheinlich an Yaghoobifarahs polemischem Ton Anstoß genommen haben. Der Artikel stößt seine wahrscheinlich überwiegend *weißen* Leser*innen auf deren unerledigten Rassismus und versteckt die eigene Wut als von Rassismus betroffene Person nicht hinter freundlichen oder aufmunternden Formulierungen. Viele haben das als Affront betrachtet (ich zunächst auch). Doch dass es *weißen* Menschen auch mal weh tut, mit ihrem Rassismus konfrontiert zu werden, liegt in der Natur der Sache und kann nicht an Yaghoobifarah delegiert werden. Das hinter der Empörung der Leser*innen steckende Phänomen ist im antirassistischen Diskurs als »White Fragility« bekannt und bezeichnet die von Wut bis zu Tränenausbrüchen reichenden Abwehrreaktionen *weißer* Menschen, wenn sie von BIPoCs oder auch anderen *Weißen* mit ihrem eigenen Rassismus konfrontiert werden.[93]

Yaghoobifarahs Artikel und mit ihm die Kritik an kultureller Aneignung generell wurde in vielen linken Zeitungen zu einer Ablehnung kulturellen Austausches stilisiert und der Lächerlichkeit preisgegeben. Da fielen dann Argumente wie diese: Wenn *Weiße* sich ihre Dreadlocks abschneiden oder keine Maori-Tätowierungen stechen lassen, würde dies nichts an der Existenz des Rassismus verändern. Wie die *taz* in dem Artikel »Dreiste Umkehrung« (einer Verteidigung Yaghoobifarahs) bemerkte, wurde dabei nicht einmal die Frage gestellt, ob darin vielleicht immerhin ein Beitrag zum Antirassismus liegen könnte, zumal das Abstandnehmen von kultureller Aneignung und antirassistisches Engagement einander kaum ausschließen würden.[94] In der *Jungle World* bemerkte Marcus Latton in seinem bereits erwähnten Artikel mit beißendem Spott, Hengameh Yaghoobifarah habe wahrscheinlich starkes Bedauern verspürt, dass die Essensstände nicht nach Ethnien sortiert gewesen seien und kein von »Afrikanern betriebener Bananenstand die Anwesenden verköstigte«.[95] Entsprechend schnell stand dann auch sein Urteil fest: Rassistisch sind nicht die Besucher*innen der Fusion, sondern Yaghoobifarah selbst mit der Kritik an kultureller Aneignung, schließlich rede diese einem unter dem Begriff »Ethnopluralismus« in der Rechten äußerst beliebten Kulturverständnis das Wort.

Obwohl Yaghoobifarah sich in der Langfassung des Artikels explizit auf ein hybrides Kulturverständnis beruft und seit Langem engagiert gegen Rassismus Stellung bezieht, wurde der Vorwurf des Rassismus erhoben.[96] Diese Kritik bezieht ihre vordergründige Glaubwürdigkeit aus der (wie gezeigt von Kritiker*innen kultureller Aneignung auch selbst thematisierten) Schwierigkeit, den Kulturbegriff tendenziell essentialistisch beschreiben zu *müssen,* um eine Kritik an entsprechenden Macht- und Ausbeutungsbeziehungen zwischen dominanten und beherrschten Kulturen überhaupt formulieren zu *können.* Daraus lässt sich aber kein Ethnopluralismus ableiten, sondern es ist der aus der rassismuskritischen Debatte bekannte performative Widerspruch, den argumentativ auszubeuten entweder von einem großen Unverständnis der Rassismuskritik zeugt oder schlicht unfair und zynisch ist. Trotzdem stellt der Ethnopluralismus für die Diskussion über kulturelle Aneignung durchaus ein Problem dar, wenn auch in anderer Weise als von Latton und anderen behauptet.

Hinter der Kulturauffassung des Ethnopluralismus steht die Vorstellung eines unlösbaren Zusammenhangs von Territorium, Kultur und »Mentalität«. Der Ursprung dieses Konzepts liegt bei Johann Gottfried Herder, der als Zeitgenosse

Goethes und Schillers im Weimar der Aufklärung als Schriftsteller wirkte. Herders Vokabular hat es bis tief in die heutige Alltagssprache geschafft, sprechen doch auch heute noch viele Menschen von »Kulturkreisen« oder zitieren Sprüche wie »Andere Länder, andere Sitten«, um auf die Verschiedenheit von Kulturen zu verweisen und entsprechende Toleranz anzumahnen. Der zu Herders Zeiten durchaus fortschrittliche Nationalgedanke ist heute angesichts von Globalisierung und weltweiten Migrationsbewegungen zu einem wichtigen Element in den Theorien der Neuen Rechten geworden.

Herders Kulturverständnis hat es unter dem Begriff des »Kugelmodells« zu Berühmtheit gebracht, das er 1774 in der Abhandlung *Auch eine Philosophie der Geschichte zur Bildung der Menschheit* entwarf. Das Zentrum einer jeden Kultur, metaphorisch als Kugel gedacht, liege in dem, was sie ausgehend von ihrer Geschichte, ihrer geographischen Verortung und den Anlagen ihrer Mitglieder immer schon in sich trage, was Herder in den blumigen Worten zum Ausdruck bringt: »Jede Nation hat ihren Mittelpunkt der Glückseligkeit in sich, wie jede Kugel ihren Schwerpunkt!«[97] So ähnlich die Menschen einander als Angehörige einer Kultur seien, so fremd erschienen ihnen die Anderen, da Kulturen sich nach innen durch Homogenität und nach Außen durch Heterogenität auszeichneten. Aus diesem Grund seien Austausch und Kontakt zwischen den Kulturen nur bis zu einer gewissen Grenze denkbar. Niemals werde es einem Menschen möglich sein, sich vollkommen in eine andere Kultur einzufühlen, mag er auch die Sprache lernen und Jahre dort leben, denn die Zugehörigkeit zu einer Kultur ist für Herder etwas seit der Geburt Gewachsenes und damit nahezu ein Stück Natur. Das Glück liege in der eigenen Kultur und nicht im Streben nach dem Fremden. In diesem Sinne erscheinen ihm sogar Vorurteile als etwas Positives, da sie die Menschen enger aneinander bänden und ihnen einen Sinn für das Eigene gäben. Menschen sind Herder zufolge also gut beraten, sich eng an ihre Kultur zu binden, um sich selbst nicht im Streben nach dem Anderen zu vergessen. Das Trachten nach dem Anderen ist für Herder Zeichen der Schwäche und des Niedergangs.[98]

Was bei Herder das Kugelmodell war, wurde in den letzten Jahrzehnten von Autoren wie Alain de Benoist aus Frankreich oder Henning Eichberg aus Dänemark zum Modell des Ethnopluralismus weiterentwickelt.[99] Dabei wird einerseits von einem engen Zusammenhang zwischen Individuum und »Volk« ausgegangen, demnach das Individuum nur durch seine Integration in ein »Volk« zu sich selbst gelange. Andererseits wird der Gedanke der Unübersetzbarkeit von Kulturen um eine Warnung vor dem Risiko kultureller Kolonialisierung erweitert, das im Eindringen von Menschen, Ideen oder Artefakten aus anderen Kulturen ausgemacht wird und den Anhänger·innen des Ethnopluralismus zufolge zu Selbstverlust und Zerstörung führen kann.[100]

Der Begriff der Aneignung spielt in diesem Kontext eine nicht unerhebliche Rolle. Wenn die Kulturen durch eine tiefe Kluft voneinander getrennt sind, wenn Menschen also nun mal einfach sind, was sie sind, dann wird sich das »Eigene« in jedem Versuch der Aneignung von Elementen aus anderen Kulturen wieder bemerkbar machen und ihn letztlich zum Scheitern bringen. Respekt vor anderen Kulturen drücke sich demnach gerade darin aus, sie in ihrer Einzigartigkeit zu achten und auf Aneignung in welcher Form auch immer zu verzichten.[101] Ethnopluralismus geht nicht von der Höherwertigkeit einer bestimmten Kultur aus (so behauptet er zumindest), sondern sieht Kulturen in ihrer Einzigartigkeit als gleichwertig an. In diesem Paradigma erscheint der Ruf nach kultureller Abschottung quasi als Zeichen praktizierter Toleranz – und Rechte können sich als weltoffene Menschen inszenieren.

Im Endeffekt verbirgt sich hinter diesem aufgeblasenen Denkmodell allerdings nicht mehr als Rechtsextremismus in seiner klassischen Form. Irgendwann geht es beim Ethnopluralismus dann doch wieder um »die Ausländer« und »die Flüchtlinge«, die nun mal einfach »kulturfremd« sind, nicht zu »uns« (wer immer das auch sein mag) gehören und auf jeden Fall eine Bedrohung darstellen. Das als Toleranz bemäntelte Recht auf Verschiedenheit bedeutet im ethnopluralistischen Verständnis vor allem das Recht auf das von »Fremden« möglichst ungestörte Ausleben der »eigenen Lebensart« und ist ein direkter Angriff auf die Offenheit der modernen demokratischen Gesellschaft.[102]

In der bereits zuvor erwähnten Verteidigung des Artikels von Hengameh Yaghoobifarah in der *taz* wird die Gleichsetzung des Konzeptes der kulturellen Aneignung mit dem Ethnopluralismus denn auch als absurd zurückgewiesen, schließlich gehe es diesem vor allem um die Beendigung der Migration nach Europa und letztlich um die Zementierung *weißer* Vorherrschaft.[103] Doch wie deutlich geworden sein dürfte, lässt sich eine Kritik kultureller Aneignung leider auch ethnopluralistisch begründen. Das ginge ungefähr so: Wenn sich Westeuropäer*innen z. B. bei afrikanischen Kulturen bedienen, schadet dies beiden Seiten, da es zu kulturfremden Vermischungen kommt, die eine Verzerrung sowohl der europäischen als auch der afrikanischen Kulturen darstellen und unter dem Strich zu Kulturverlust führen. Respekt vor den Kulturen des afrikanischen Kontinents würde aus diesem Blickwinkel bedeuten, sie in Ruhe zu lassen und ihre Differenz zu akzeptieren (wozu natürlich auch ein Einreisestopp nach Europa gehört). Keineswegs würde dieser Respekt aus rechter Sicht bedeuten, Kolonialismus und Sklavenhandel als Unrecht anzuerkennen und dafür die geschichtliche Verantwortung zu übernehmen, indem Reparationen in Aussicht gestellt oder gestohlene Kulturgegenstände zurückgegeben würden.

Unübersehbar pervertiert eine solche ethnopluralistische Argumentation die Kritik kultureller Aneignung, da sie den Faktor der Machtdifferenz, die postkoloniale Perspektive und die Möglichkeit produktiven Austausches zwischen Kulturen außer Acht lässt und durch die Annahme ersetzt, Kulturen würden nach dem Kugelmodell funktionieren und am besten in sich selbst ruhend gedeihen. Die Identitäre Bewegung ist bereits dabei, diese Grenze zu verwischen, indem sie sich bei klassischen linken Feldern bedient und sich diese zugunsten ihrer eigenen Ziele *aneignet*. So verweisen sie z. B. mit dem Slogan »Die Indianer konnten die Einwanderung nicht stoppen. Heute leben sie in Reservaten«, der für den Ausbau der

Festung Europa wirbt, auf die Geschichte der Indigenen Gemeinschaften Nordamerikas und inszenieren sich dabei zugleich noch als kolonialismuskritische Bewegung.[104] Strategischer Essentialismus öffnet das Konzept der kulturellen Aneignung potentiell für eine Umarmung von rechts, doch wenn der Begriff der kulturellen Aneignung weiter zu einem Instrument der Kritik an Kolonialismus, Rassismus und Diskriminierung ausgebaut werden soll, muss er gegen potentielle Vereinnahmungen dieser Art so immun wie möglich sein.

… zum Transkulturalitätsproblem

2016 hielt die *weiße* US-Schriftstellerin Lionel Shriver die Keynote auf dem Brisbane Writers Festival. Als Thema ihres sogar im *Guardian* veröffentlichten Vortrags[105] hatte Shriver *Fiktion und Identitätspolitik* gewählt und nahm die Keynote zum Anlass, sich so intensiv wie polemisch mit dem Zusammenhang zwischen künstlerischer Freiheit, Identitätspolitik und kultureller Aneignung auseinanderzusetzen. Ihr Buch *The Mandibles: A Family, 2029–2047* war zuvor in einigen Rezensionen als so *weiß* wie rassistisch beschrieben worden, da die einzige Schwarze Figur in der von ihr porträtierten Familie im Laufe der Handlung inkontinent und dement an einer Leine durch die Straßen des endzeitlichen New York geführt wird und an der Misere der zukünftigen USA wesentlich der durch eine Gesetzesänderung zu seinem Posten gelangte mexikanische Präsident mitschuldig ist.[106]

In ihrem Vortrag fragt Shriver als Schriftstellerin, welche Konsequenzen es hätte, wenn das Einfühlen in Personen fernab der eigenen Lebensrealität und die Inspiration durch andere Kulturen und soziale Kontexte nicht mehr wesentlicher Bestandteil von Kunst wären. Dann dürfte eine *weiße* Frau nur noch über ihre Erfahrungen als gebildete *Weiße* der Mittelschicht schreiben, mit *weißen* Charakteren, die sich in einem *weißen* Bildungsmilieu bewegen. Genau an diesem Punkt aber wäre Kunst nicht länger Fiktion und ähnelte mehr dem Genre der Memoiren als dem literarischen Versuch, schöpferisch über die eigene Lebensrealität hinauszugreifen, um etwas Neues auszudrücken.[107] Darüber hinaus beklagt Shriver eine gesellschaftliche Stimmung des zunehmend böswilligen absichtlichen Missverstehens, sobald sich jemand zu kritisch über Identitätspolitik oder diskriminierte Minderheiten äußere oder diese nicht respektvoll genug porträtiere. Shriver wendet sich, ihrem Selbstverständnis nach, also gegen ein Klima der auf Dauer gestellten Empörung, in dem Kritik an Rassismus, Sexismus oder eben auch kultureller Aneignung als Waffe benutzt werde, um Künstler*innen und ihre Werke abzuwerten und sich selbst dadurch zu erhöhen.

Die moralische Überspanntheit der Diskussion und ihre Tendenz zur Bloßstellung bewirke Shriver zufolge nur, dass Menschen in die Arme von Donald Trump und anderen getrieben würden, da sie sich bevormundet und als dumm dargestellt fühlten.[108] Und da sind wir wieder einmal: Schuld an der Verbreitung von Rassismus sind dessen Kritiker*innen, nicht aber jene, die sich weigern, über ihre Verstrickung in rassistische Strukturen nachzudenken. Dieser Vorwurf ist alles andere als neu, taucht aber immer wieder auf und erfreut sich, zumindest bei *weißen* Menschen, in allen politischen Spektren großer Beliebtheit. Bereits 1999 schrieb der bekannte linke Philosoph Slavoj Žižek in seinem Buch *Die Tücke des Subjekts,* »die afroamerikanische arbeitslose lesbische Mutter« würde durch die sich verbreitende Identitätspolitik daran gehindert, sich wirklich zu politisieren, da diese ihr die Möglichkeit nehme, ihre eigene Position universell aufzuladen, und als letzter Ausweg nur noch das Ausagieren der eigenen Ohnmacht in Form von irrationaler und exzessiver Gewalt bliebe.[109] Auf der anderen Seite des politischen Spektrums kommt Francis Fukuyama in seinem 2018 erschienenen Buch *Identität* zu der Schlussfolgerung, die Identitätspolitik hätte das Augenmerk von größeren politischen Gruppen wie den *weißen* Arbeiter*innen abgezogen, was zu erheblichen Verschiebungen der Wahlergebnisse in Richtung der Rechten geführt hätte.[110] Und als würde er dies als Steilvorlage aufnehmen, schreibt der Ideengeschichtler Mark Lilla, es sei die linksliberale Obsession mit dem Begriff der Identität gewesen, der die *weiße* Landbevölkerung der USA auf die Idee gebracht hätte, sich als benachteiligte Gruppe wahrzunehmen und deswegen Donald Trump zu wählen.[111]

Shrivers Beitrag reiht sich in die aktuell immer lauter werdende Klage über eine zunehmende Verbreitung der »Cancel Culture« als aktuelle Verkörperung dieser rhetorischen Trope ein, die Personen jenseits des linksliberalen Mainstreams angeblich systematisch von der Öffentlichkeit ausschließe und damit massiv die Meinungsfreiheit einschränke. Wie der Schwarze Journalist und Schriftsteller Ta-Nehisi Coates bemerkt hat, ist diese Kultur keineswegs neu, sondern sei für von Rassismus betroffene Menschen stets eine Realität gewesen und werde erst kritisiert, seitdem sie sich auch gegen *weiße* Menschen richte. In der Diskussion um Cancel Culture geht es ihm zufolge deswegen weniger um die Frage des Ausschlusses als darum, gegen wen dieser sich richtet.[112] Vielleicht ist es eher dieser Umstand, der Shrivers emotionales Engagement erklärt, und weniger ihre Sorge um die Zukunft der Kunst?

Ihre Rede beim Brisbane Writers Festival war eine so laute wie unhaltbare Intervention in die Diskussion um kulturelle Aneignung und hat ihr heftige Vorwürfe eingebracht, zumal sie an vielen Stellen eine verblüffende Unkenntnis der von ihr kritisierten Diskurse erkennen lässt. Sicherlich hat Kunst schon immer von Aneignung gelebt. So ließ Picasso sich beim Malen des Gemäldes »Les Demoiselles d'Avignon« von afrikanischen Schnitzereien inspirieren, und Ravel verarbeitete in einigen seiner Sonaten Einflüsse der afroamerikanischen Musikkultur.[113] Vor diesem Hintergrund kulturelle Aneignung zu kritisieren bedeutet sinnvollerweise nicht, die Position zu beziehen, Picasso und Ravel hätten ihre von anderen kulturellen Einflüssen geprägten Werke nicht erschaffen dürfen und sich auf Elemente der europäischen Kultur beschränken müssen. Vielmehr heißt es, mit dem bereits in der Einleitung zur Sprache gekommenen Ideengeber für den Begriff der kulturellen Aneignung, Kenneth Coutts-Smith, die Ursprünge dieser in Europa so beliebten Kunstwerke ebenso herauszustellen wie die Unsichtbarkeit z. B. afrikanischer Künstler·innen im kunsthistorischen Diskurs und dadurch die Idee von Europa als weltweite Wiege von Kunst und Kultur zu dekonstruieren.

Doch Shriver übergeht diese Nuancierung vollkommen. Aneignung ist ihr zufolge konstitutiv für die Existenz der Kunst an sich, weswegen es fatale Folgen hätte, wenn die Kritik kultureller Aneignung sich durchsetzen würde, da diese den freien Fluss des künstlerischen Diskurses letztlich zum Austrocknen brächte. Josef Joffe gibt Shriver in einem Artikel für *Die Zeit* 2017 in diesem Punkt Recht und erklärt abschließend vollmundig, ohne kulturelle Aneignung sähe die ganze Welt aus wie Nordkorea.[114] Und für den Schriftsteller Boris Pofalla sind Begriffe wie »kulturelle Aneignung« oder »White Privilege« nichts weiter als eine in den sozialen Medien geborene Ideologie, die indes wirkmächtig genug sei, Katy Perry öffentlich Abbitte dafür leisten zu lassen, sich ihr Haar zu Cornrows geflochten zu haben, und sie dabei so kleinlaut klingen zu lassen »wie eine Fabrikantentocher beim Aufnahmegespräch der kommunistischen Partei«, wie er in der *Frankfurter Allgemeinen Zeitung* schrieb.[115] Ein kleinlauter *weißer* Star geht natürlich gar nicht, vor allem nicht im Interview mit einem Schwarzen Black-Lives-Matter-Aktivisten wie DeRay Mckesson. Kulturelle Aneignung ist aus dieser Sicht Voraussetzung eines lebendigen kulturellen Lebens, weswegen der freie Austausch zwischen den Kulturen der beste Garant einer offenen Gesellschaft sei, in der Differenz als Wert geschätzt sowie Anderen mit Offenheit begegnet und Rassismus einhellig abgelehnt werde. Dass ein freier und gleichberechtigter Austausch auf Augenhöhe bei ungleichen Machtbeziehungen und noch immer bestehenden postkolonialen rassistischen Strukturen nicht möglich ist, wird in diesem Ansatz ausgeblendet. Einen solchen Blick muss man sich leisten können.

Die von Shriver, Joffe und Pofalla vertretene Auffassung geht mit einem zwischen den Zeilen vorausgesetzten Kulturmodell einher, das unter dem Begriff der Transkulturalität weit über akademische Kreise hinaus zu Bekanntheit gelangt ist. Das Konzept geht vor allem auf Wolfgang Welsch zurück, der es seit den 1990er Jahren in zahlreichen Aufsätzen und Vorlesungen entwickelt hat. Welsch versteht seine Kulturtheorie als einen Gegenentwurf zu Herders Kugelmodell, das überwunden werden müsse, um Ausschließung, Diskriminierung und Rassismus hinter uns zu lassen. Denn Herder sei auch dort anzutreffen, wo ihn erst einmal niemand vermutet hätte, in den Konzepten der Inter- und Multikulturalität, die häufig von liberalen Menschen ins Feld geführt werden, um für eine tolerante Gesellschaft einzutreten. So gehe der Ansatz der Multikulturalität Welsch zufolge von der gleichzeitigen Existenz mehrerer Kulturen in einer Gesellschaft aus, während Interkulturalität nach den Möglichkeiten der Begegnung zwischen verschiedenen Kulturen frage. In Welschs Augen fallen dadurch beide Ansätze in die klassisch essentialistische Kulturauffassung zurück, da sie Kulturen nach wie vor als abgeschlossene Einheiten verstehen, auch wenn sie sich durch die Betonung von Austausch, Begegnung und Toleranz von Herder unterscheiden.[116]

Wie Welsch feststellt, entspricht die von Herder vertretene Annahme der Deckungsgleichheit zwischen Territorium und Kultur aber heute weniger den aktuellen Gegebenheiten als jemals zuvor, da die kulturellen Bestimmungsfaktoren mittlerweile quer durch die Nationalstaaten hindurchgehen, statt an deren Grenzen haltzumachen. Wo Herder die Kultur seiner Zeit noch durch Rückgriff auf die Kugelmetapher beschreiben konnte, müsse heute eher von Geflechten und Netzwerken gesprochen werden, die sich keinem klaren Ursprung mehr zuordnen ließen und von niemandem exklusiv besessen werden könnten. Wie Welsch es plastisch ausdrückt, sind für jede Kultur in allen Aspekten des kulturellen Lebens andere Kulturen zu »Binnengehalten« geworden. So leben in den meisten Ländern dieser Welt auch Menschen anderer Herkunft, finden sich überall Waren aus anderen Kulturen, und im Internet sind Informationen aus der ganzen Welt verfügbar.[117]

Mit dieser »externen« geht für Welsch eine »interne« Transkulturalität einher, denn auch auf die Individuen wirkten im Laufe der Sozialisation und des Lebensverlaufes unterschiedlichste kulturelle Einflüsse ein, weshalb Identität heute einen hybriden Charakter habe. Eben diese innere Transkulturalität sei die Grundlage für einen konstruktiven Umgang mit der Vielfalt heutiger Gesellschaften, in denen der moderne Mensch prinzipiell nur wiederfinden würde, was in seinem hybriden Inneren bereits gegeben sei. Mit dem*der vermeintlich Fremden verbindet uns aus dieser Sicht immer bereits eine Schnittmenge, durch die wir ihm*ihr auf einem gemeinsamen Boden begegnen können, anstatt mit Angst und Feindseligkeit zu reagieren.[118] Die Erfolge rechter Parteien, rassistische Ressentiments und die fortwährende Abschottung Europas erscheinen demgegenüber als Reaktion derjenigen, die mit dem Wandel nicht Schritt halten können oder sich als dessen Verlierer wähnen. Gerade sie klammerten sich umso vehementer an überkommene Kategorien von Identität, als diese ihnen immer schneller zwischen den Fingern zerliefen. Ausgehend von einem solchen Kulturmodell zeichneten sich Kulturen in ihrem Zusammenspiel durch eine fortwährende zirkuläre Aneignung kultureller Elemente aus. Statt als auf Diskriminierung und Ausbeutung basierende Akte der Enteignung erscheinen Akte der kulturellen Aneignung in diesem Licht als tragende Elemente der Kultur selbst, da diese letztlich nichts anderes sei als das ununterbrochene Zirkulieren ihrer Elemente, die sich fortwährend verschöben und in ihrer Bedeutung veränderten.[119]

In diesem Sinne ist für die *weiße* Schweizer Philosophin Ursula Renz Kultur ohne Aneignung gar nicht möglich, was allerdings nicht bedeute, dass es dabei kein Problem gebe. Doch liege es auf einer anderen Ebene. Wenn *Weiße* sich Elemente anderer Kulturen zu eigen machten, sei dies kein kulturelles Problem, sondern eines des ungleichen Zugangs zu Ressourcen, weswegen unterdrückte Kulturen stärker dazu neigen würden, ihre Kultur als Eigentum zu begreifen.[120] Renz zufolge sei es an der Zeit, sich vom Zuschreibungscharakter kultureller Identität zu lösen, indem wir zwischen wesentlichen und unwesentlichen Aspekten der Identität genau unterscheiden. Wesentlich seien nur diejenigen Aspekte einer Person, ohne die wir ihre Identität nicht mehr entziffern könnten, und Aspekte der Herkunft oder kulturellen Zugehörigkeit gehörten nicht dazu. Aus welchem Land oder aus welcher Kultur ein Mensch stamme, sei sicherlich ein prägender Faktor, betreffe aber nicht den Kern seines Wesens und determiniere deswegen auch keineswegs seine Identität.[121] In diesem Sinne könne es nicht gewinnbringend sein, durch die Vervielfältigung von Identitätskategorien neue Grenzen aufzubauen. Stattdessen sollten wir überkommene Verständnisweisen von Identität über Bord werfen, um uns auf dem Boden dessen zu begegnen, was uns allen gemeinsam ist. Erst dadurch würde ein freier Austausch zwischen den Kulturen möglich, bei dem sich niemand benachteiligt fühlt.[122]

In eine ähnliche Richtung wie Renz argumentiert auch der *weiße* französische Philosoph und Sinologe François Jullien in seinem vielbeachteten Essay *Es gibt keine kulturelle Identität* von 2017. Die Unmöglichkeit einer fixierten und damit klar definierbaren kulturellen Identität folgt für Jullien bereits aus der Tatsache, dass Kulturen sich in fortwährender Transformation befänden.[123] Doch seine Kritik des essentialistischen Denkens setzt wesentlich tiefer an, da er auch den populären Begriff der Differenz kritisiert, der ein Plädoyer für Vielfalt und Toleranz darstellt oder zumindest gemeinhin so verstanden wird. Doch differenzieren heiße unterscheiden, und um sie zu unterscheiden, müssten die Objekte dieses Prozesses zuvor genau beschrieben und kategorisiert werden. Dadurch würde ihnen eine außerhalb des Differenzierens existierende Identität zugeschrieben, in die sie nach dem Akt des Vergleichens zurückfielen, um ohne Bezug zu Anderem für sich selbst zu existieren. Aus diesem Grund setzt Jullien dem Begriff der Differenz den des Abstands entgegen, der die beiden Pole des Vergleichs stetig aufeinander bezieht und so die Spannung zwischen ihnen intakt lässt, wodurch auch die Fiktion einer sich selbst genügenden kulturellen Identität verschwindet.[124] Kulturen seien nicht nur ständiger Veränderung unterworfen, sondern als dynamisches Netzwerk mit sich ständig verschiebenden Grenzen könnten sie ihren Schwerpunkt, um mit Herder zu sprechen, auch niemals nur in sich selbst finden. Wie für Renz ist deswegen auch für Jullien kulturelle Aneignung unvermeidlich, da Kulturen ihm zufolge nicht besessen, sondern nur angeeignet werden können. Entsprechend konsequent spricht er mit Blick auf die globalisierte Welt der Moderne von Kulturen als Ressourcen, die der Aneignung durch die Subjekte dieser Welt offen stehen und in ihrer Reichhaltigkeit insbesondere vor Ökonomisierungsprozessen geschützt werden müssen. Deswegen gebe es auch keine französische oder deutsche Identität, sondern allenfalls französische oder deutsche Ressourcen, die von einem Franzosen oder Deutschen ebenso gut angeeignet werden könnten wie von allen anderen Menschen auch.[125]

Die Ansätze von Jullien und Renz stellen humanistische Versuche dar, engstirniges Identitätsdenken zu überwinden und dem Rechtspopulismus einen aufgeklärten Gegenentwurf entgegenzustellen, durch den Menschen auch ohne Krücken wie »Nation« oder »Kultur« einen aufrechten Gang pflegen können. Aber aus dieser Perspektive betrachtet würde es sich bei der Diskussion über kulturelle Aneignung in letzter Konsequenz um einen Kategorienfehler handeln: Sie diskutiert auf der Ebene von Kultur das, was eigentlich mit Begriffen wie »soziale Ungleichheit« oder »strukturelle Diskriminierung« angegangen werden müsste. Doch steht mit dieser Feststellung auch die Frage im Raum, ob es wieder einmal *weiße* Menschen aus G7-Staaten sein müssen, die BIPoCs erklären, wie Kritik formuliert werden sollte?

Das Problem der verzerrten Perspektive ist in der feministischen Theorie bereits seit Langem bekannt. In ihrem Klassiker *Das andere Geschlecht* von 1949 formulierte Simone de Beauvoir eine bis heute aktuelle Diagnose über die Selbstwahrnehmung von Frauen und Männern. Während Männer ihre Geschlechtsidentität zumeist als gegeben hinnähmen, stelle sie für Frauen eine vielschichtige und offene Frage dar. Ein Mann zu sein sei für Männer selbstverständlich und nicht Ausdruck einer individuellen Zugehörigkeit zu einer bestimmten Gruppe, wie bereits das französische Wort »hommes« zeige, welches in einem Wort den Plural von Mann und die Menschheit selbst bezeichne. Während Männer also mit der ruhigen Gewissheit aufwüchsen, das Positive, Neutrale, Universelle darzustellen, würden Frauen durch ihren Abstand zur Männlichkeit definiert, wodurch sie das Negative, Bestimmte, Partikulare, Andere verkörperten.[126] Wie die von Beauvoir dekonstruierte Gleichsetzung von Männlichkeit und Universalität erweist sich auch der Standpunkt von Denker*innen wie Renz oder Jullien als unreflektierte Verallgemeinerung eines bei näherem Hinsehen hoch partikularen Standpunktes.

Wie dies auf der Ebene von Kultur und Herkunft bei ungleichen Machtbeziehungen funktioniert, illustriert (wenn auch unfreiwillig) der Film *Weit* von 2017. Dort geht es um zwei Menschen aus Deutschland, die drei Jahre lang die Welt von Osten nach Westen durchqueren, ohne mit dem Flugzeug zu reisen, und dabei mehr als 100.000 Kilometer zurücklegen. Im Trailer sieht man, untermalt von fröhlicher Reisemusik, die beiden Protagonist*innen im Gespräch mit den Menschen, die sie auf ihrem Weg treffen, und verfolgt Schnipsel der dabei aufkommenden Unterhaltungen. Beim Schauen glaubt man zu verstehen, wie groß die Welt ist und wie verschieden die auf ihr lebenden Menschen. In diesem Sinne ist der Film ein Plädoyer für Humanismus, Toleranz und einen Universalismus der Menschlichkeit. Bei kurzem Nachdenken hat er jedoch einen schalen Beigeschmack. Zwar ist es Deutschen der Mittelschicht möglich, auf Weltreise zu gehen und gleich noch einen Film darüber zu drehen. Doch wer von all den Menschen, die im Film gezeigt werden, könnte den Besuch wohl erwidern? Die meisten von ihnen dürften dazu kaum das Geld haben oder würden als Migrant*innen an den Mauern Europas scheitern.

Von einer ebensolchen Verwechslung des Universellen mit dem Partikularen sind auch transkulturelle Ansätze durchzogen. Zwar ist die Zurückweisung kultureller Identität durch Renz, Jullien und andere gut gemeint, da sie die ihnen durch Herkunft, Kultur und *Race* zukommenden Privilegien zugunsten der Vision einer universellen Verbundenheit aller Menschen zurückweisen. Doch allein die Gönnerhaftigkeit dieser Geste sollte Anlass zur Skepsis sein, schließlich ist sie nur auf ebenjener Grundlage der Macht möglich, die vordergründig zurückgewiesen werden und zudem jederzeit, wenn es brenzlig wird, zugunsten des alten *weißen* Chauvinismus zurückgenommen werden kann. Von seiner oder ihrer Identität lossagen kann sich nur jemand, der oder die für seine oder ihre Identität gesellschaftliche Anerkennung genießt, was aber auf prekarisierte oder rassifizierte Menschen keineswegs automatisch zutrifft. Ganz im Gegenteil erfahren diese nicht selten soziale Unsichtbarkeit[127], insofern ihnen von der Mehrheit der sie umgebenden Menschen auf elementarer Ebene Anerkennung verweigert wird. Von Rassismus betroffene Menschen und Gruppen werden so in ihrer Identität durch Stigmatisierung und Diskriminierung seitens der Dominanzkultur fortwährend beschädigt. Geflüchtete, die immer nur in Gruppen abgebildet, mit Metaphern wie »Strom« oder »Welle« beschrieben und deren zahlreiche Tode in der Wüste sowie auf dem Mittelmeer nur unzureichend dokumentiert werden, besitzen in der öffentlichen Wahrnehmung der Dominanzgesellschaft allenfalls eine Identität als Gattungswesen, hinter der ihre Individualität komplett verschwindet.

Wenn Jullien das Subjekt mit Blick auf die Zukunft als eines beschreibt, das nicht länger an kulturellen Besitztümern festhält, um stattdessen ausgehend von seiner Sprache und seinem Milieu durch andere Sprachen und Milieus zu zirkulieren, die es als offene und teilbare Ressourcen nutzt, ohne sie in Eigentum zu verwandeln,[128] ist dies zweifellos eine auf den ersten Blick schöne Vision. Auf den zweiten Blick liegt hier ebenjene Verwechslung des Partikularen mit dem Universellen vor, die Simone de Beauvoir mit Blick auf das Geschlechterverhältnis so eindringlich beschrieben hat (und vor der Jullien in seiner Einleitung sogar warnt). Die eigene Identität beiseite schieben und sich dem bunten Tanz der Globalisierung hingeben kann nur, wer Unsichtbarkeit und Stigmatisierung hinter sich gelassen hat und die Anerkennung seiner oder ihrer Identität überall als Selbstverständlichkeit voraussetzen kann.

Dies aber trifft nur auf eine vergleichsweise kleine Minderheit der Menschen auf dieser Erde zu, deren hochpartikulare Erfahrung hier in unzulässiger Weise universalisiert wird.

Dies zeigt sich in der Art und Weise, wie Wolfgang Welsch zum Beispiel mit dem im Zuge der Globalisierung fortschreitenden Verlust an kultureller Vielfalt umgeht. Dieser Verlust ist für ihn kein Ausdruck ungleicher Machtverhältnisse, die es zu kritisieren, geschweige denn zu bekämpfen gälte, sondern Zeichen einer moralisch indifferenten kulturellen Entwicklung, die aus dem »Druck geschichtlicher Überbietung und geschichtlichen Verschwindens«[129] folge. Hinter dem Lächeln von Transkulturalität und Identitätsverzicht versteckt sich hier in letzter Konsequenz die Macht des Westens, gehüllt in das unauffällige Gewand anonymer geschichtlicher Entwicklung. Geschichte wird noch immer von den Siegern geschrieben. Genau dagegen wehrt sich die Kritik der kulturellen Aneignung. Sie weigert sich, zugunsten eines repressiven Toleranzbegriffs[130], hinter dem real existierende Probleme zum Verschwinden gebracht werden, auf eine Kritik an Unterdrückung, Diskriminierung und Ausbeutung zu verzichten.

Der Begriff der kulturellen Aneignung erweist sich am Ende dieses Kapitels als eine Intervention auf heiklem Terrain. Um das von ihm in den Blick genommene Problem sprachlich zu markieren, muss er Kulturen gegeneinander abgrenzen und Menschen Zugehörigkeiten zuschreiben. Dadurch aber gerät er in gefährliche Nähe zu rückwärtsgewandten Kulturkonzeptionen, denen in letzter Konsequenz ein Umschlagpunkt in Konservatismus und Rechtsextremismus eigen ist. Doch auf den verbreiteten Begriff der Transkulturalität kann die Diskussion um kulturelle Aneignung nicht setzen, da er in unzulässiger Weise die Perspektive *weißer* Menschen aus G7-Staaten universalisiert, ungleiche Machtstrukturen ignoriert oder sie (wie bei Welsch) zum Ausdruck einer nicht zu ändernden Dynamik der Geschichte erklärt. Zudem beseitigen transkulturelle Ansätze die Möglichkeit, Betroffenheit und Täterschaft von kultureller Aneignung adäquat zu beschreiben, indem sie Kultur unkritisch zu einem der Menschheit im Allgemeinen gehörenden Gut erklären. Dieses Dilemma ist innerhalb der heute verbreiteten Definitionen kultureller Aneignung nicht zu umgehen. Es kann aber durch eine Verschiebung ins Politische überwunden werden, die anstelle des Kulturbegriffs den Zusammenhang zwischen Identität und Hegemonie ins Zentrum der Argumentation rückt. Doch um zu diesem Punkt zu gelangen, ist es entscheidend, sich zunächst mit möglichen Dimensionen kultureller Aneignung zu befassen und nach ihren Gemeinsamkeiten zu fragen.

Dimensionen der Aneignung

Entsprechend den analysierten Definitionen besteht kulturelle Aneignung in der eigenmächtigen Übernahme von Elementen einer unterdrückten Kultur durch die Angehörigen einer Dominanzkultur. Diese Definition kann in ihrer Weite nahezu alles umfassen, was zwischen Kulturen vor sich geht, die sich nicht in einem Gleichgewicht der Kräfte befinden, angefangen von der Patentierung Indigenen Wissens über die Verwertung künstlerischer Traditionen bis hin zu Mode und Sprachgewohnheiten. Die Stärke des Begriffs liegt also darin, ein sehr breites Spektrum von Phänomenen bündeln und unter einem einheitlichen Fokus analysieren zu können. Diese Stärke ist aber zugleich auch eine Schwäche, da die Palette möglicher Fälle kultureller Aneignung den Begriff proportional zu ihrer Breite unschärfer macht. Um hier möglichst präzise zu bleiben, werden im Folgenden konkrete Fälle kultureller Aneignung näher betrachtet, um schließlich die zwischen ihnen bestehenden Gemeinsamkeiten in den Blick nehmen zu können. Ich beginne mit der bis heute währenden Aneignung kulturellen Raubgutes durch europäische Museen, mache mit dem ungefragten Sprechen im Namen von zu Anderen gemachten Menschen weiter und komme schließlich zur Übernahme kultureller Artefakte durch die moderne Konsumkultur. Diese sehr unterschiedlichen Fälle werden dabei zugleich auf ihr spezifisches Verletzungspotential befragt, um die Problemdimension kultureller Aneignung besser zu verstehen.

Koloniale Beutekunst

Abseits des ideologischen Firnis war der Kolonialismus vor allem ein geostrategisches und ökonomisches Unterfangen und zugleich immer auch mit der westlichen Wissenschaft und Kunst verknüpft. Neben Rohstoffen, Arbeitskräften, Soldaten und Sklav·innen waren vor allem Kunstwerke, rituelle sowie Alltagsgegenstände und menschliche Gebeine (darunter vor allem Schädel) begehrte Objekte, die von Ethnologen, Anthropologen und Medizinern im Vorfeld von Expeditionen oder Strafaktionen in den Kolonien im wahrsten Sinne bestellt wurden, um sie zu sammeln, zu katalogisieren und eingehend zu studieren. Die Erwerbsbedingungen der nach Europa gebrachten Gegenstände reichen von Mord über Betrug bis zu nach Kolonialrecht regulärem Kauf und sind heute zum Teil nur noch unter großen Schwierigkeiten zu rekonstruieren.

Wie der US-amerikanische Kritiker Edward Said unter anderem mit Blick auf Napoleons Ägyptenfeldzug Ende des 18. Jahrhunderts ausführt, war diese historisch wohl singuläre Sammelleidenschaft nicht nur Ausdruck von Gier, sondern diente ebenso wie Kiplings »Bürde des weißen Mannes« einem vermeintlich idealistischen Ziel. Im Vorfeld des Feldzugs wurde das »Institut d'Égypte« gegründet, und Napoleon nahm mehrere Dutzend Wissenschaftler mit, um sie in den eroberten Regionen Studien zu allen erdenklichen Themen der »arabischen Kultur« durchführen zu lassen. Das Ziel bestand in der Schaffung eines lebendigen Archivs über den Orient, dessen Wissensschatz Napoleon nicht zuletzt dazu diente, seine Eroberungen effizienter zu gestalten, indem er für den Islam zu kämpfen vorgab und seine Verlautbarungen ins Arabische übersetzen ließ. Nach seiner Abreise sollte Ägypten mit Hilfe der Orientalisten und der durch sie für das französische Projekt gewonnenen Religionsführer regiert werden.[131] Die aus dieser Tradition hervorgegangenen Werke und Enzyklopädien füllen komplette Bibliotheken.

Das Bestreben nach intellektueller Aneignung des durch Eroberung in Besitz gebrachten Fremden spiegelte sich auch in einer Veränderung der Museumslandschaft, die die französische Kunsthistorikerin Bénédicte Savoy als »Doktrin des befreiten Kulturerbes« bezeichnet hat, derzufolge die Künste als Produkt der Freiheit am besten in Frankreich als Land der Freiheit beheimatet wären[132]. Das Museum ging plötzlich eine innige Bindung zum Gedanken der Nation und dem ihre Identität verbürgenden kulturellen Erbe ein. Die großen europäischen Museen in Städten wie London, Paris oder Berlin lieferten sich einen harten Konkurrenzkampf um die besten Stücke des Kunstmarkts, auf dem zur selben Zeit auch immer mehr private Sammler aktiv waren, um ihre zum Teil sehr umfänglichen Sammlungen aufzubauen. Kunst war nicht mehr nur ein Zeichen von Kultiviertheit und Geschmack. Vielmehr wurde sie zu einem nationalen Anliegen und damit einer Frage des Patriotismus.[133] Im Rahmen der kolonialen Eroberungen, insbesondere auf dem afrikanischen Kontinent, erfuhr Napoleons Archiv in diesem Zusammenhang eine folgenschwere Erweiterung. Seit der »Kongokonferenz« in Berlin vom 15. November 1884 bis 26. Februar 1885 traten die Nationen Europas, unter anderem Großbritannien, Frankreich und Deutschland, in einen Wettkampf zur Verteilung der noch unbesetzten Gebiete Afrikas, dem binnen Jahren nahezu der komplette Kontinent zum Opfer fiel. Wie bei Napoleons Feldzug waren die Wissenschaften, allen voran die aufstrebende Ethnologie, tief in die Eroberungen eingebunden, wofür sie im Gegenzug zur Herrschaftsausübung notwendiges Wissen lieferten und ihr akademische Absolution erteilten. Abertausende afrikanische Kulturgüter gelangten auf diese Weise nach Europa und damit auch nach Deutschland.

In Berlin hatte man mit den erbeuteten Gütern große Pläne. Das 1886 eröffnete und von Adolf Bastian geleitete Museum für Völkerkunde besaß seit 1889 ein Monopol auf die in den deutschen Kolonien erworbenen Objekte, wodurch sich seine Speicher mit rasender Geschwindigkeit füllten.[134] Dies war einerseits Ausdruck einer geradezu fanatischen Sammelwut, die durch fortwährende Reibereien mit anderen deutschen Museen (die das Berliner Monopol zu brechen versuchten) und die Konkurrenz mit anderen Kolonialmächten um die besten Stücke noch zusätzlich befeuert wurde. Andererseits spielte auch hier der bereits von Napoleon gehegte Gedanke des wissenschaftlichen Archivs eine tragende Rolle. Geprägt durch Alexander von Humboldts umfassenden wissenschaftlichen Ansatz ging Bastian von der Existenz einer einheitlichen

Menschheit aus und verstand die unterschiedlichen Kulturen der Welt als deren wechselseitig verbundene Manifestationen. Da viele Kulturen keine Schriftkulturen waren, versuchte er, durch die immense Sammlung des Berliner Völkerkundemuseums Rückschlüsse auf deren »Volksgeist« zu ziehen, um so den Gemeinsamkeiten zwischen den »Völkern«[135] auf die Spur zu kommen und auf diese Weise durch das Archiv zu einer »Gesamtgeschichte der Menschheit« vorzustoßen.[136] Dieses hehre Ziel wurde allerdings nicht selten durch die Methoden seiner Umsetzung Lügen gestraft. So frohlockte beispielsweise der Direktor der Afrika- und Ozeanienabteilung des Völkerkundemuseums, als Leutnant von Armin sich auf eine Strafexpedition in die Kolonie begab: »Wir können uns auf ganz brillante Dinge gefasst machen. Herr von Armin ist genau informiert, was wir brauchen, und wird bemüht sein, etwas ganz Ordentliches zu leisten. Die Kosten werden dabei vermutlich gleich Null sein.«[137]

Der Gedanke des Archivs krankte allerdings nicht nur an einem Widerspruch, insofern er zur Umsetzung seiner angeblich humanistischen Ziele auch vor der Anwendung von Gewalt nicht zurückschreckte. Er krankte auch an einem grundlegenden epistemologischen Problem, denn jede wissenschaftliche Erkenntnis ist durch ihren Kontext geprägt und dadurch außerstande, das fiktive Ideal wissenschaftlicher Objektivität umzusetzen. Wie Edward Said feststellte, sah ein Engländer des 19. Jahrhunderts in Ländern wie Indien oder Ägypten stets britische Kolonien, weshalb jede aus entsprechender Perspektive stattfindende Wissensproduktion notwendigerweise durch die dazugehörigen Machtverhältnisse geprägt gewesen sei.[138] Das Argument lässt sich direkt auf die Perspektive der Forscher des Berliner Museums für Völkerkunde übertragen. Das Ideal des Archivs konnte schon allein durch den kolonialen Kontext seiner Entstehung kein objektives Wissen hervorbringen. Es war stets ein deutsches, ein *weißes*, ein koloniales Archiv, weshalb es auch kurzsichtig war, von ihm eine wie auch immer geartete Form der »Völkerverständigung« zu erwarten.

Die Gewaltförmigkeit der kulturellen Aneignung im Rahmen des Kolonialismus mitsamt der sie tragenden Herrschaftsstrukturen zeigt sich nicht zuletzt in den Zahlen. 2.000.000[139] Kulturgegenstände aus den ehemaligen Kolonien lagern allein in deutschen Museumsdepots. Das aus dem Berliner Völkerkundemuseum hervorgegangene Ethnologische Museum hat von dieser Ausbeutung der Kolonien massiv profitiert und verfügt heute über 500.000 Objekte.[140] 90% dieses immensen Bestandes wurden bislang nicht einmal gezeigt[141] und dämmern stattdessen in Depots vor sich hin (verbleiben also lieber im Keller als zurückgegeben zu werden). Der afrikanische Kontinent ist von dieser Dynamik bis heute massiv betroffen, da er den größten Teil seines künstlerischen Erbes verloren hat. Mindestens 75%[142] der zentralen Kunstobjekte und bis zu 90%[143] der afrikanischen Kunst insgesamt wurden verschleppt. Verblieben sind den afrikanischen Nationalmuseen Schätzungen zufolge in etwa 3.000 Objekte von eingeschränkter Relevanz und Qualität.[144] Zurückgegeben wurde bislang kaum etwas.

Angesichts dieser Geschichte markierte Emmanuel Macrons Rede 2017 in Ouagadougou einen Bruch mit der Tradition und einen möglichen politischen Neuanfang. Darin beklagte Macron die andauernde Existenz einer Vorstellungswelt, in der Frankreich und seine ehemaligen Kolonien noch immer ihre Konflikte fortschreiben und so in ihren Traumata gefangen blieben. Um dieser geteilten eine gemeinsame Welt gegenüberzustellen, nannte Macron als Heilmittel unter anderem die Kultur und versprach, binnen fünf Jahren die »Bedingungen für die vorübergehende und endgültige Rückgabe des afrikanischen Erbes an Afrika« herzustellen.[145] Die Rede Macrons markiert eine entscheidende Wendung in der Haltung des französischen Staates mit Blick auf die Restitution afrikanischer Kunst- und Kulturgegenstände. Auch wenn Macrons Anstrengungen in Deutschland von Hermann Parzinger als Vorsitzendem der Stiftung Preußischer Kulturbesitz zu einem bloßen Lippenbekenntnis heruntergespielt werden,[146] hat Frankreich seiner Ankündigung durchaus Taten folgen lassen, indem es Bénédicte Savoy und Felwine Sarr mit einem Bericht über die Bestände afrikanischer Kunst in den französischen Museen und Möglichkeiten zur Restitution derselben beauftragte, der seit 2018 abgeschlossen ist und auch als Buch vorliegt. Damit verfügt Frankreich heute sowohl über einen fundierten Überblick als auch eine politische Strategie zur Rückgabe von Kulturgütern aus Afrika. Dass es sich hier um mehr als ein Strohfeuer handelt, zeigt sich auch in der Reaktion afrikanischer Intellektueller, die seit Langem mit dem Thema der Restitution befasst sind. So hat der Direktor des Museumsprogramms der Agentur zur Förderung des Kulturerbes und Tourismus in Benin, Alain Godonou, die Intervention Macrons als historisch bezeichnet, da sich Frankreich mit ihr nicht länger hinter dem Argument verschanzen könne, das französische Recht ließe Restitutionen leider nicht zu,[147] und der auf die Geschichte des Kunstraubs spezialisierte ghanaische Direktor des Rechtsbüros der Vereinten Nationen, Kwame Opoku, schreibt, nach Ouagadougou hätten die alten europäischen Argumente endlich ausgedient.[148]

In Deutschland rückt das Thema Kolonialismus zwar durch die Anstrengung zivilgesellschaftlicher Gruppen seit einiger Zeit stärker in die Öffentlichkeit, doch bezieht Deutschland hinsichtlich der Restitutionsfrage eine weniger entschiedene Position als Frankreich, auch wenn in den letzten Jahren vereinzelt Kulturgegenstände und Gebeine zurückgegeben wurden.[149] In den *Eckpunkten zum Umgang mit Sammlungsgut aus kolonialen Kontexten* der Kultusministerkonferenz von 2019 werden die koloniale Vergangenheit sowie die daraus resultierende Verantwortung klar benannt und auch ein Bekenntnis zum *UNESCO-Übereinkommen über Maßnahmen zum Verbot und zur Verhütung der unzulässigen Einfuhr, Ausfuhr und Übereignung von Kulturgut* von 1970 geleistet, das Deutschland nach 37 Jahren 2007 ratifiziert hat. Allerdings betont das Papier auch, nicht alle Kulturgüter seien gewaltsam entzogen worden, weshalb es diejenigen zu identifizieren gelte, die auf heute nicht mehr zu rechtfertigende Weise angeeignet worden seien.[150] Mit Verweis auf den noch offenen

Forschungsbedarf hinsichtlich der in Deutschland lagernden Kulturgüter wird dabei vor allem auf Dokumentation und Provenienzforschung gesetzt. Anders verhält es sich bei menschlichen Überresten wie gestohlenen Gebeinen oder Schädeln. Von diesen heißt es schlicht und bündig: »Menschliche Überreste aus kolonialen Kontexten sind zurückzuführen.«[151]

Deutschlands Strategie mit Blick auf afrikanisches Kulturgut hat dementsprechend zwei Stränge. Während man sich gegenüber Rückgabeforderungen hinsichtlich menschlicher Überreste durchaus entgegenkommend zeigt, pocht man mit Blick auf Kunst- und Kulturgegenstände auf weiteren Forschungsbedarf und zumindest teilweise rechtmäßige Erwerbsbedingungen. Diese Haltung wird in der vom deutschen Museumsbund verantworteten Veröffentlichung *Leitfaden. Umgang mit Sammlungsgut aus kolonialen Kontexten* von 2019 fortgeschrieben. In einem langen Kapitel über die rechtlichen Bedingungen eventueller Restitutionen wird darauf verwiesen, die juristische Grundlage zur Klärung möglicher Restitutionsforderungen sei das damals geltende Kolonialrecht.[152] Dieses würde zwar nicht unbedingt heutigen Rechtsvorstellungen entsprechen, sei aber aufgrund des Prinzips des »intertemporalen Rechts«, demzufolge Gesetze nicht rückwirkend angewandt werden dürfen, das einzig mögliche Recht zur Klärung entsprechender Sachverhalte. Dies sei zwar durchaus änderbar (schließlich wird die Raubkunst der Nationalsozialisten auch restituiert), doch existiere kein in diese Richtung weisender politischer Wille.[153] Genau diese Abwesenheit des politischen Willens zur Schaffung von gesetzlichen Grundlagen, die eine schnelle und kooperative Form der Restitution ermöglichen würden, ist massiv kritisiert worden. Kwame Opoku stellte fest, der *Leitfaden* würde Restitutionen eher verhindern als fördern, und meldete deutliche Zweifel an, ob Provenienzforschung nicht auch als Mittel missbraucht würde, um Restitutionsforderungen auszusitzen.[154] Dem Verweis des *Leitfadens* auf die Gültigkeit des Kolonialrechts wurde vom Bündnis »No Humboldt 21!« (das sich gegen die Planungen des Berliner Humboldt Forums engagierte) deutlich widersprochen, nicht zuletzt, weil er Museen mit Verweis auf die Rechtslage vor Restitutionen in eigener Regie warne.[155] Dass Restitution in Deutschland mit Blick auf Kunst- und Kulturgüter nicht die Priorität ist, wird von den Verantwortlichen auch direkt eingeräumt. Zwar spricht Hermann Parzinger anstelle von Kolonialrecht lieber von »regulären Fundteilungen«, betont aber ebenso wie die *Eckpunkte* und der *Leitfaden* die immense Relevanz der Provenienzforschung und beharrte bis unlängst auf den Besitzansprüchen der deutschen Museen.[156]

In Deutschland kulminierte die Restitutionsfrage in der Diskussion um die Ausstellung der Benin-Bronzen im Berliner Humboldt Forum. Das Humboldt Forum hat im Nachbau des Berliner Stadtschlosses seinen Platz gefunden und beheimatet unter anderem das Ethnologische Museum. Schon die Ortswahl wurde von vielen Seiten kritisiert, da das Stadtschloss geschichtlich betrachtet stets Ausdruck preußischen Großmachtstrebens gewesen und damit zur Präsentation von Kulturgegenständen aus ehemaligen Kolonien aus politischen und ethischen Erwägungen heraus denkbar ungeeignet sei. Sogar ein mit Blick auf die Restitutionsfrage so konservativer Historiker wie H. Glenn Penny bemerkt, mit dem Namen Humboldt solle dem aggressiven deutschen Kolonialismus der schützende Mantel des Kosmopolitismus umgehängt werden.[157] Die Mitverfasserin des von Macron in Auftrag gegebenen Berichts über das in Frankreichs Museen lagernde koloniale Erbe, Bénédicte Savoy, schied schließlich aus dem die Schaffung des Humboldt Forums wissenschaftlich begleitenden Expertenrat aus, da sie von der »totalen Sklerose« in der Stiftung Preußischer Kulturbesitz und der Weigerung zu einer Auseinandersetzung mit der deutschen Kolonialgeschichte so entmutigt war, dass sie in ihrer Tätigkeit schließlich keinen Sinn mehr sah.[158]

Doch das Humboldt Forum hat (wegen Corona zunächst nur online) Ende 2020 seine Pforten geöffnet, und wie geplant gehört ein Teil der in Deutschland befindlichen Benin-Bronzen zur ethnologischen Ausstellung. Die Bronzen wurden

1897 von den Briten bei einer Strafexpedition in Benin-Stadt auf dem Gebiet des heutigen Nigeria während der Zerstörung des Königspalastes erbeutet und nach England verschleppt. Von dort gelangten große Anteile der Bronzen auf den internationalen Kunstmarkt, auf dem Felix von Luschan so viele wie möglich für das Berliner Museum für Völkerkunde erwarb. Er war dabei sehr erfolgreich. Nach dem Britischen Museum, das über etwa 700 Stücke verfügt, liegt das heutige Ethnologische Museum mit 580 Objekten auf dem zweiten Platz.[159] Da der Erwerb auf dem internationalen Kunstmarkt stattfand, ist er dem für Restitutionsfragen in Deutschland maßgeblichen Recht der damaligen Zeit entsprechend legal. Noch 2013 hieß es deswegen in der Antwort des Berliner Abgeordnetenhauses auf eine Kleine Anfrage der Grünen-Politikerin Clara Herrmann, der Senat sowie die Stiftung Preußischer Kulturbesitz gingen von einem rechtmäßigen Erwerb aus und es gebe für eine Restitution keine völkerrechtliche Grundlage. Auch würden keine Rückgabeforderungen seitens des nigerianischen Staates vorliegen.[160]

Diese Haltung ist zynisch. Dass Nigeria die Benin-Bronzen als zentrales Stück seiner Kultur erachtet und sie gerne zurück hätte, wurde seitens des nigerianischen Staates an unterschiedlichsten Stellen wiederholt zum Ausdruck gebracht. Wie Kwame Opoku schreibt, sollte es sich darüber hinaus von selbst verstehen, Objekte mit einem solch deutlichen Gewalt- und Unrechtskontext zurückzugeben, um die mit ihnen verbundenen Verletzungen und Demütigungen zumindest teilweise zu heilen, und sich angesichts der allseits bekannten Geschichte nicht hinter dem Vorwand der Provenienzforschung zu verstecken.[161] Seit 2019 liegt zudem eine offizielle Anfrage Nigerias auf Restitution der Benin-Bronzen vor.

Die Benin-Bronzen sind ein Beispiel dafür, wie schwer es für die betroffenen Staaten ist, in Deutschland lagernde Kunstgegenstände aus Zeiten des Kolonialismus zurückzuerhalten, um sie in ihren eigenen Museen auszustellen und ihren Bürger*innen ein Stück ihrer Kultur zurückzugeben. Die entsprechenden Worte Hermann Parzingers aus einem Interview im

Jahr 2019 illustrieren die bis vor Kurzem vorherrschende Haltung zu diesem Thema paradigmatisch:

»Wenn man in der Zusammenarbeit mit Ursprungsgesellschaften und Herkunftsländern auf bestimmte Objekte stößt, die für diese ganz eminent wichtig sind – auch wenn sie sozusagen legal erworben worden sind –, dann kann man auch hier gelegentlich über eine Rückführung als Dauerleihgabe sprechen.«[162]

Dass politischer Widerstand durchaus etwas bewirken kann, zeigt sich an der großen Strecke, die in der kurzen Zeit seit diesem Ausspruch Parzingers auf dem Weg zu Restitutionen zurückgelegt wurde. Die von Gruppen wie »No Humboldt 21!« vorgebrachte Kritik und die in Europa immer lauter werdenden Stimmen afrikanischer Intellektueller wie Felwine Sarr oder Kwame Opoku haben die Aufmerksamkeit der Öffentlichkeit auf die Fortschreibung kolonialen Unrechts gelenkt. Dass die ursprünglich geplante Ausstellung der Benin-Bronzen im Humboldt Forum auf gute Presse und rege Nachfrage gestoßen wäre, kann heute keineswegs mehr vorausgesetzt werden und bewegte die Verantwortlichen zum Handeln. So räumte Parzinger bereits kurz nach dem eben zitierten Interview ein, es müsse auch Rückgaben geben, und verwies auf die noch offenen Gespräche innerhalb der Benin-Dialoggruppen und mit Partner*innen in Nigeria und Benin.[163] Mittlerweile wurde öffentlich die Zusage gemacht, schon 2022 erste Bronzen an Nigeria zurückzugeben, darunter auch Stücke aus Berlin, die ursprünglich im Humboldt Forum ausgestellt werden sollten. Wichtiger vielleicht noch ist die Absicht, eine digitale Aufstellung aller in deutschen Museen befindlichen Benin-Bronzen zu machen, schließlich wurden viele Stücke nicht einmal gezeigt, wodurch Länder wie Nigeria nie wirklich wussten, wo welche Stücke lagerten und wie sie ihre Rückgabeforderungen formulieren sollten.[164] Bénédicte Savoy spricht mit Blick auf diese Entwicklungen sogar von einem »kulturellen Mauerfall« und erkennt in der politischen Trendwende einen ernst zu nehmenden Neuanfang. Das ist sicherlich in höchstem Maße begrüßenswert und es soll an dieser Stelle auch

nicht der offensichtlich authentische Wille der Beteiligten infrage gestellt werden, Stücke wie die Benin-Bronzen zu resti-
tuieren und perspektivisch vielleicht gar eine Dekolonialisie-
rung der deutschen Museen voranzutreiben. Doch der den
rechtlichen Aspekten der Restitution gewidmete Aufsatz in
der aktuellen Version des *Leitfaden. Umgang mit Sammlungsgut aus kolonialen Kontexten* von 2021 kommt ebenso
wie der Vorgänger aus dem Jahr 2019 zu der Schlussfolgerung,
auf der Basis des deutschen und internationalen Rechts gebe
es keine Rechtsansprüche auf Restitution, auch wenn sich
dies durch die Einführung entsprechender Gesetze durchaus
ändern ließe.[165] Die Frage nach der Ernsthaftigkeit der deutschen Absichten zur Restitution kulturellen Raubgutes wird
sich unter anderem an der Frage messen lassen müssen, ob
dieser politische Wille vorhanden ist oder nicht. Denn solange
die aus kolonialer Herrschaft hervorgegangenen Länder kein
Recht auf Restitution haben, bleiben sie auf den guten Willen
ihrer ehemaligen Kolonisatoren angewiesen.

Geraubte Repräsentationen

Jede politische Ordnung ist auf Repräsentationsmechanismen
angewiesen. Würde jedes Subjekt nur für sich selbst sprechen,
entstünde eine unüberschaubare Polyphonie, in der letztlich
nur diejenigen gehört würden, die am lautesten schreien und
über die größte Macht verfügen. Doch mit der Delegation der
eigenen Stimme beginnen auch die Probleme, schließlich er-
fährt sie auf ihrem Weg nicht selten Entstellungen, die sie in
eine Karikatur ihrer selbst verwandeln und auf Seiten der Re-
präsentierten für Empörung sorgen.
   Noch wesentlich komplizierter wird es dort, wo Menschen
sich nicht qua Delegation repräsentieren lassen, sondern ungefragt und ohne ihre Zustimmung repräsentiert werden. Was
auf den ersten Blick nach korrekturwürdiger Anmaßung
klingt, ist bei näherem Hinsehen oftmals eine schlichte Notwendigkeit. Wie Micha Brumlik in seiner »advokatorischen
Ethik« dargelegt hat, gibt es in jeder Gesellschaft eine Vielzahl
von Menschen, die nicht über die für Mündigkeit notwendi-

gen Ressourcen wie Sprache, Empathie und zeitliches Denken verfügen und deswegen nicht selbstständig für ihre eigenen Interessen eintreten können. Ein Mensch im Koma ist nicht in der Lage, seinen Bedürfnissen Ausdruck zu verleihen, und doch müssen mit Blick auf seine Situation und Zukunft Entscheidungen von immenser Tragweite getroffen werden. In derselben Situation sind teilweise auch Kinder, Menschen mit geistiger Behinderung, an Demenz Erkrankte und andere (natürlich nicht alle und abhängig von der Situation in sehr unterschiedlichem Maß). Ihre Interessen müssen im Zweifelsfall stellvertretend für sie geltend gemacht werden, indem andere Menschen advokatorisch für sie die Stimme erheben und in ihrem Namen sprechen.[166] Die dabei entstehenden Probleme liegen auf der Hand. Kinder und Menschen mit geistiger Behinderung können in vielen Dingen durchaus ihren Wünschen Ausdruck verleihen. Gleichzeitig gibt es aber auch Fragen, deren Implikationen zu komplex sind, als dass sie in der Lage wären, ihre Interessen hier angemessen zu artikulieren. Beides gegeneinander abzuwägen und eine sensible Grenzziehung vorzunehmen, ist eine immense ethisch-moralische Herausforderung.

Wo Brumlik sich der Sensibilität des Themas bewusst ist und ihr durch eine minutiös abwägende Argumentation gerecht zu werden versucht, wird die Frage der Repräsentation in der Politik meistens mit deutlich weniger Sensibilität behandelt. Die Vorstellung einer unmündigen Bevölkerung, die sich von Tag zu Tag ihren Illusionen hingibt, ohne etwas von den tatsächlichen Geschehnissen mitzubekommen, findet sich bereits in Platons Höhlengleichnis und zählt zu den Archetypen des europäischen Geisteslebens.[167] Spätestens mit der Kritik an der Massen- und Konsumgesellschaft durch so unterschiedliche Autoren wie Gustave Le Bon, Sigmund Freud, José Ortega y Gasset, Martin Heidegger, Elias Canetti, Theodor W. Adorno, Max Horkheimer oder Herbert Marcuse wurde diese Vorstellung unabhängig von der politischen Couleur zu einem festen Bestandteil des politischen Denkens der Moderne.

In der Linken ist es vor allem unter dem Begriff des »falschen Bewusstseins« zu zweifelhafter Ehre gelangt. Die wohl wirkmächtigste Interpretation des Begriffs geht auf einen Brief zurück, den Friedrich Engels im Jahr 1893 an Franz Mehring schrieb. Engels zufolge büßen Menschen durch ihre Verstrickungen in die herrschende Ideologie zwar nicht ihr Bewusstsein ein, hegen aber verkehrte Vorstellungen von der sie umgebenden sozialen Wirklichkeit, wodurch ihr Bewusstsein ein »falsches Bewußtsein« sei.[168] Indem die Ideologie das Denken der Menschen mit Illusionen über die soziale Wirklichkeit nähre, könnten diese ihre eigentliche soziale Lage nicht mehr erkennen und lebten in einer Welt, die Marx unter anderem durch Metaphern wie Magie, Mystifikation, Phantasmagorie, Illusion oder Nebelbildung zu beschreiben versucht hat.[169] Zum falschen Bewusstsein träten falsche Bedürfnisse hinzu, die das Subjekt noch stärker an die Ideologie bänden und es dadurch umso nachhaltiger seiner Freiheit beraubten, deren Verlust durch »repressive Befriedigung« und »Euphorie im Unglück« kompensiert werde.[170] Die Kurzweiligkeit des Spaßes trete an die Stelle der langfristigen Perspektive eines freien Lebens.

Die Anmaßung dieser immerhin um Befreiung von Herrschaft ringenden Ansätze liegt darin, dass sie den Anspruch erheben, besser zu wissen, was für die Menschen in der heutigen Gesellschaft gut ist, als diese selbst. Trotz des fließenden Übergangs der Kritik am falschen Bewusstsein in totalitäres Denken und die Legitimation von Gewalt wirft der Begriff aber die wichtige Frage auf, ob es nicht wirklich Formen der Indoktrination gibt, die Menschen dazu bringen können, sich selbst zu schaden.

In seinem Buch zur Einführung in den Ideologiebegriff von 1991 gibt Terry Eagleton hierfür ein bedenkenswertes Beispiel. Er stellt sich einen Galeerensklaven auf einem Sklavenschiff vor, dessen Leben aus Rudern, Peitschenhieben und Lobgesängen auf den Herrscher besteht. Wenn dieser Sklave schließlich zu der Schlussfolgerung gelangt, es läge in seinem Interesse, sich zu befreien, um ein selbstbestimmtes Leben zu führen, ist dies Eagleton zufolge Ausdruck seines »objektiven Interesses«.[171] Dem ist nur schwerlich etwas entgegenzusetzen. Dass ein Galeerensklave sich falschen Vorstellungen hingibt, wenn er seinen Platz in der Welt auf göttliche Fügung zurückführt, ist offensichtlich. Eine solche Erklärung wäre Ausdruck falschen Bewusstseins, ebenso wie er falschen Bedürfnissen nachjagen würde, wenn er sich aus Gottgefälligkeit noch fester ins Ruder wirft. Bis er seine Lage durchschaut hat, wäre es also durchaus in seinem Interesse, wenn Menschen an seiner Statt gegen die Barbarei der Sklaverei ein- und dadurch seine »eigentlichen« Interessen vertreten würden.

Falsches Bewusstsein ist aus dieser Sicht keineswegs eine obsolete Kategorie. Doch jenseits derart eindeutiger Beispiele wird es deutlich schwieriger zu bestimmen, wann es angemessen ist, im Namen von anderen Menschen die Stimme zu erheben, wenn diese vermeintlich nicht zu einem angemessenen Verständnis ihrer Lebenssituation in der Lage sind. Entsprechend ist die marxistische Diskussion über diesen Gegenstand mittlerweile zum Erliegen gekommen und wird von neuen Ansätzen aus dieser Richtung auch nicht mehr aufgenommen. Doch die Denkfigur des falschen Bewusstseins gibt es immer noch. Sie hat allerdings das Terrain gewechselt, von der Kritik am falschen Leben im Kapitalismus hin zu einer oftmals rassistischen Problematisierung der Kulturen von Migrant*innen und Geflüchteten seitens der *weißen* Dominanzgesellschaft, und zielt damit heute auf das genaue Gegenteil von Befreiung. Von links bis rechts findet sich die Überzeugung, manche Menschen seien kulturell zu verblendet, um ihre eigentlichen Interessen zu erkennen, die sich notwendigerweise, je nach Couleur, auf Emanzipation, Freiheit oder Selbstverwirklichung in westlicher Form richten müssten. Nirgendwo wird dies deutlicher als in der Diskussion über die Rolle der Frau im Islam, in der Frauen zum hilflosen Objekt mittelalterlicher Religionsvorstellungen und eines überkommenen Patriarchats stilisiert werden, die aus ihrer schlimmen Situation befreit werden müssen, um endlich an den Segnungen westlicher Freiheit teilzuhaben.

Edward Said hat diese Tendenz und den Zusammenhang zum Begriff des falschen Bewusstseins bereits sehr früh deutlich wahrgenommen. Deshalb stellte er seinem 1978 erschienenen Hauptwerk *Orientalismus* das Marx-Zitat »Sie können sich nicht vertreten, sie müssen vertreten werden« voran.[172] Das Zitat stammt aus Marx' berühmter Schrift *Der achtzehnte Brumaire des Louis Bonaparte* und zielt auf die in der Mitte des 19. Jahrhunderts für das politische Geschehen in Frankreich ausschlaggebenden Parzellenbauern. Statt sich mit dem Proletariat und anderen revolutionären Gruppen zusammenzuschließen, stellten sie sich an die Seite Bonapartes und handelten damit gegen ihre eigenen Interessen. Marx zufolge stellten sie, vereint durch ihre Lebensbedingungen, von außen betrachtet zwar eine Klasse dar, bildeten aufgrund ihrer Zerstreuung und mangels einer gemeinsamen Strategie allerdings kein Klassenbewusstsein aus. Objektiv sind sie damit eine Klasse, subjektiv jedoch keineswegs, weshalb sie nicht in der Lage sind, sich selbst zu repräsentieren und stattdessen repräsentiert werden müssen.[173]

Edward Said stellt in *Orientalismus* eine Übertragung dieser vom jungen Marx mit Blick auf die Parzellenbauern formulierten Notwendigkeit auf das Verhältnis zwischen Europa und den Staaten des Nahen Ostens fest. Ebenso wie sich Eltern die Stimmen ihrer Kinder zu eigen machen, wenn sie deren Bedürfnisse vertreten, versuchen die europäischen Intellektuellen mit Said betrachtet bis in die Moderne hinein, die Wahrheit der Länder des sogenannten Orients zu offenbaren, indem sie komplette wissenschaftliche Disziplinen ihrer Erforschung widmen und Bibliotheken mit den daraus entstehenden Werken füllen. Auf den Zusammenhang dieses immensen intellektuellen Unternehmens mit kultureller Aneignung hat Said in seinem Buch an mehreren Stellen selbst hingewiesen.[174] Die Aneignung besteht hier nicht in einer so offensichtlichen Form wie beim Diebstahl von Kulturgütern. Wesentlich subtiler, zeigt sie sich in der Aneignung der Rede des imaginierten Anderen, bevor dieser auch nur die Möglichkeit gehabt hätte, für sich selbst zu sprechen, um seine Position darzulegen, obwohl er dies im Gegensatz zu kleinen Kindern, Eagletons Galeerensklaven oder Marx' Parzellenbauern durchaus könnte.

Beim Orientalismus handelt es sich Said zufolge also keineswegs um einen Diskurs, dessen Ziel in der »richtigen« Darstellung seines Gegenstandes läge. Ganz im Gegenteil handelt es sich um eine extreme Form des Eurozentrismus, die ihren Gegenstand durch wissenschaftliche und künstlerische Mittel erst ins Leben ruft, um die Länder des heutigen Nahen Ostens in der Einheit eines imaginierten »Orients« zusammenzuschließen und damit zugleich die dort lebenden Menschen in »Orientalen« zu verwandeln. Die drei tragenden Pfeiler sind dabei die »Wissenschaft« der Orientalistik, die darauf beruhende kategorische Unterscheidung zwischen Orient und Okzident sowie die aus den beiden vorhergehenden Punkten resultierenden Konsequenzen für den realen Umgang mit diesen Ländern. Orientalismus ist nicht das Ergebnis objektiver wissenschaftlicher Forschung. Ganz im Gegenteil stellt er eine Herrschaftstechnik innerhalb des (Post-)Kolonialismus dar.[175] In seiner heutigen Form zeichnet er sich vor allem durch vier grundlegende Dogmen aus: die Unterscheidung zwischen einem entwickelten Westen und einem unterentwickelten Osten, die Bevorzugung einer »wissenschaftlichen« Annäherung an das Thema anstelle der direkten Beobachtung, den Glauben an die Unfähigkeit zur Selbstartikulation des sogenannten Orients und schließlich dessen Bedrohlichkeit, der nur durch Kontrolle und Herrschaft beizukommen sei.[176]

Ähnliche Denkstrukturen macht die aus Indien stammende postkoloniale Theoretikerin Chandra Talpade Mohanty in ihrem 1988 erschienenen Aufsatz *Under Western Eyes* auch mit Blick auf das Verhältnis des Westens zum globalen Süden aus (damals steckte die Diskussion über Intersektionalität noch in den Kinderschuhen). Sie veranschaulicht dies an der Haltung wohlmeinender westlicher Feministinnen, die sich zu Anwältinnen der Frauen aus den entsprechenden Ländern aufschwingen. *Under Western Eyes* würden z. B. die Länder Afrikas unkritisch unter dem homogenisierenden Begriff

»Dritte Welt« (der eine Hierarchisierung von Entwicklung und geschichtlichem Fortschritt impliziert) zusammengefasst und anschließend behauptet, diese seien von einem binären Gegensatz zwischen Frauen und Männern geprägt, in denen erstere sich durch ihre Ohnmacht auszeichneten, während letztere die Machtpositionen besetzten.[177] Die Frauen der südlichen Länder erschienen in den Augen westlicher *weißer* Feministinnen oft nicht anders als der »Orientale« dem modernen Europäer: Sie seien religiös, familienorientiert, analphabetisch, häuslich, hätten keine Ahnung von ihren Rechten und würden immer wieder in militärische Auseinandersetzungen hineingezogen.[178]

Diese Form der Betrachtung ist auch darin begründet, wie stark Menschen in ihren Überzeugungen durch ihre Umwelt geprägt werden. Die Europäer zu Zeiten des Kolonialismus glaubten an die Dogmen der Orientalistik, ebenso wie sie die Arrangements in den Kolonialmuseen für eine adäquate Darstellung des Lebens in den Kolonien hielten. Entsprechende Denkmuster prägten die Sozialisation, waren in der Öffentlichkeit weitgehend konkurrenzlos und erfreuten sich breiter Unterstützung durch die Wissenschaft. Aus diesem Grund ist Saids provokant anmutende Feststellung, alle Europäer·innen des 19. Jahrhunderts seien Rassist·innen und Imperialist·innen gewesen, bei näherem Hinsehen nicht mehr als die nüchterne Beschreibung des Ergebnisses damaliger Sozialisationsverläufe.[179] Die wissenschaftliche Objektivität der Orientalistik (und vergleichbarer Forschungen über Afrika, Asien oder Lateinamerika) muss aus diesem Blickwinkel radikal infrage gestellt werden. Jedes kolonisierte Land wurde von diesen Disziplinen als koloniales Besitztum betrachtet, das es zu beherrschen und auszubeuten galt, und dieser Fokus war auch die Grundlage für die akademische Wissensproduktion über die Kolonien und ihre Einwohner·innen.

Said verdeutlicht dies anhand eines Aufsatzes von Harold Glidden aus dem Jahr 1972, den er an zahlreichen Stellen zur Illustration seiner Argumentation heranzieht und der deswegen hier ein wenig näher betrachtet werden soll. Glidden war zur Zeit der Veröffentlichung bereits pensioniert, hatte aber zuvor im Amt für Geheimdienstinformation und Forschung des Außenministeriums der USA gearbeitet. Der Aufsatz ist schon im Ansatz absurd, unternimmt Glidden es doch, unter dem Titel »The Arab Mind« auf gerade mal vier Seiten ein Psychogramm »der Araber« zu zeichnen. Dabei lässt er kein Klischee aus und bewegt sich intellektuell bestenfalls auf dem Niveau eines Zeichentrickfilms von Disney (die sich mit Filmen wie *Aladdin* um die Verbreitung orientalistischer Stereotype unter Kindern verdient gemacht haben). Die arabische Psyche kreist Glidden zufolge um die zwei grundlegenden Emotionen Scham und Rache. Äußerst bedacht auf ihr Ansehen in der Gruppe, bliebe »den Arabern« nichts anderes übrig, als auf Scham mit vergeltender Gewalt zu reagieren.[180] Ein Frieden mit Israel bleibe deswegen eine Illusion. Zwar sei Israel objektiv betrachtet stärker als die umliegenden arabischen Staaten, womit ein Friedensschluss logisch betrachtet im Interesse der Palästinenser läge, doch würden weder sie noch der Rest der arabischen Welt logisch denken oder handeln, da das Wechselspiel von Scham und Rache bei »den Arabern« letztlich immer die Oberhand behalte.[181]

Gliddens Aufsatz ist eine geradezu lächerliche Sammlung von rassistischen Stereotypen und Vorurteilen. Wo aber die Kultur des zum Anderen stilisierten Gegenübers durch die Dominanzkultur angeeignet wird und scheinbar nur durch deren Diskurs zur Wahrheit findet, gilt ein Aufsatz wie Gliddens als anschauliche Zusammenfassung fachlichen Wissens und Ausdruck von Sachkenntnis. Gerade in der totalen Ablehnung dessen, was Glidden für die arabische Kultur hält, eignet er sich diese umso vehementer an, indem er die alleinige Definitionsmacht über sie beansprucht und den Betroffenen damit die Möglichkeit zur Selbstrepräsentation nimmt. Noch heute stoßen Denkmuster wie dieses auf Resonanz bei selbsternannten »Islamverstehern« wie Thilo Sarrazin, Horst Seehofer und anderen.

So wie Menschen durch den Diebstahl ihrer Kulturgüter Gewalt angetan wird, verletzt sie auch der Verlust der Definitionsmacht über ihre Lebensrealität im Rahmen von diskursiven Eroberungen, wie sie mit dem Kolonialismus einhergingen und auch heute unter postkolonialen Bedingungen zum festen Repertoire der westlichen Dominanzkultur gehören. Gayatri Chakravorty Spivak hat in diesem Zusammenhang von »epistemischer Gewalt« gesprochen.[182] Das Gegenüber wird zum Anderen stilisiert, um es gleichzeitig durch ein westliches Paradigma zu interpretieren, das seine Lebensrealität verzerrt, sie westlichen Interessen entsprechend deutet und systematisch gegen jede Einflussnahme des zum Anderen Gemachten abgeschlossen ist. Wie weit der Einfluss solcher epistemischer Gewalt reicht und wie prägend sie auch auf die kolonisierten Gesellschaften wirkt, zeigt sich beispielsweise an kolonialistischen Schönheitsidealen wie Hellhäutigkeit und ihrer ungebrochenen Präsenz in indischen Bollywoodfilmen.

Der westliche Blickwinkel auf Indien oder Regionen wie den Nahen Osten, ihre Einschätzung als rückständig und entwicklungsbedürftig, geht nicht alleine auf Rassismus zurück. Er ist auch in einem sehr spezifischen Verständnis von Zeit und Fortschritt verankert, das in der europäischen Geistesgeschichte vor allem mit den Namen Hegel und Marx verbunden ist. Der westlichen Narration zufolge kann man sich den Verlauf der Geschichte als kontinuierliche Fortschrittsbewegung vorstellen. Für Hegel führte die Geschichte von der Selbstvergessenheit des Geistes geradewegs in das Preußen des 19. Jahrhunderts. Marx zufolge folgte sie einem festgesetzten Pfad von der Sklavenhaltergesellschaft über den Kapitalismus und würde schließlich und endlich in den Kommunismus führen. Der Schlüssel dieser Interpretationen ist der Fortschrittsbegriff, mit dem der Geschichte eine Richtung zugeschrieben und Europa zur Führungsfigur auf dem Weg in eine bereits vor Augen stehende Zukunft stilisiert wird. Andere Kulturen stellen aus dieser erkenntnistheoretischen Perspektive keine Alternativen dar, da sie den gleichen Weg vor sich hätten wie Europa, allerdings entweder auf Abwege geraten seien oder mit dessen Tempo nicht Schritt hielten. Deswegen handele es sich bei ihnen um »Entwicklungsländer«, die »Entwicklungshilfe« benötigten, um den großen Fußspuren Europas in der Geschichte folgen zu können.

Der kolonisierte Andere hat unter diesen Bedingungen nur sehr bedingt die Möglichkeit, für sich zu sprechen und bei der Mehrheitsgesellschaft Gehör zu finden. So verboten die englischen Kolonialherren in Indien zwar die Praxis des Witwenopfers, weil sie ihnen als unmenschlich und mit englischen Werten unvereinbar erschien. Allerdings hatten die potentiell betroffenen Frauen auch danach keinerlei Möglichkeit, ihre Sichtweise auf diese Praxis darzulegen, da es für sie zwischen dem patriarchalen Diskurs ihres Heimatlandes und dem kolonialen und ebenfalls patriarchalen Diskurs der englischen Kolonialmacht keinen Ort der Artikulation gab. So waren sie zwar davon befreit, zusammen mit ihren verstorbenen Ehemännern verbrannt zu werden, besaßen allerdings auch weiterhin keinerlei Zugang zur Öffentlichkeit und damit auch keine Möglichkeit der Einflussnahme auf ihre soziale Situation.[183]

In einer ähnlichen Lage befinden sich auch heute viele Frauen in Europa. Besonders deutlich wird dies bei der Debatte um das Kopftuch. Was hier vor allem auffällt, ist die Selbstverständlichkeit, mit der häufig über den »guten feministischen Brauch« hinweggegangen wird, nicht nur *über* die betroffenen Frauen zu sprechen, sondern sie auch selbst zu Wort kommen zu lassen.[184] Stattdessen scheint es beim Lesen vieler Zeitungsartikel so, als handle es sich um ein Thema, das sich von selbst verstehe und weder Recherche noch Wissen voraussetze, geschweige denn ein Eingehen auf die Frauen, in deren Namen so laut die Stimme erhoben wird. Im rechten Diskurs gilt Folgendes deswegen auf jeden Fall als ausgemacht: Das Kopftuch diene der »religiösen Indoktrination«,[185] stelle einen »rückwärts gewandten« islamischen Brauch dar,[186] sei Ausdruck der Feindschaft gegenüber dem Grundgesetz und passe genauso gut zu Deutschland wie das »Christentum aus dem Mittelalter«.[187] Auch hier sind die betroffenen Frauen in einem Dilemma: Wenden sie sich gegen das Kopftuch, laufen sie Gefahr, vor den Karren der öffentlichen Inszenierungen der Islamophobie gespannt zu werden, sprechen sie sich dafür aus, wird ihnen im Zweifelsfall die Unterstützung patriarchaler Wertvorstellungen und des radikalen Islams vorgeworfen.

Wie weit die Enteignung der eigenen Stimme gehen kann, erfuhr auch der englische Hundertmeterläufer Linford Christie, nachdem er 1992 bei den Olympischen Spielen in Barcelona die Goldmedaille gewonnen hatte. Wo er in den Union Jack gehüllt voller Freude eine Ehrenrunde im Stadion drehte und damit nicht zuletzt auf die Tatsache aufmerksam machte, dass auch Schwarze Menschen vollwertige Bürger*innen Englands sind, berichtete die Zeitung *Sun* am nächsten Tag vor allem über die Art, wie sich Christies Geschlechtsteile in seinen Laufhosen abzeichneten. Die von ihm intendierte Selbstrepräsentation als Schwarzer Bürger Englands, der gerade eine unglaubliche sportliche Leistung vollbracht hatte, wurde durch die Regenbogenpresse in die Repräsentation eines der ältesten rassistischen Stereotype über Schwarze Männer überhaupt verwandelt, ohne das Linford Christie eine Möglichkeit gehabt hätte, sich die Deutungsmacht zurückzuholen. In einem Interview zeigte er sich von dieser Art Berichterstattung in starkem Maße gedemütigt, da sie ihn in ein Stereotyp verwandle und seine Person hinter seinem Penis verschwinden lasse.[188]

Fälle wie dieser und die zuvor geschilderten lassen sich als kulturelle Aneignung interpretieren, weil die Art und Weise, wie kulturelle Gemeinschaften sich selbst interpretieren und repräsentieren, ein wesentlicher Aspekt ihrer Kultur ist. Wo die dabei entstehenden Diskurse lediglich als Material erscheinen, das erst durch die Bearbeitung westlicher oder *weißer* Wissensproduktion zu seiner eigentlichen Wahrheit gelangt, stellen Akte ungefragter Repräsentation nicht weniger eine Aneignung von Kultur dar als im Fall geraubter Kulturgüter. Mit dem Sprechen *über* geht hier ein Sprechen *für* einher, da den Betroffenen wie zu Anfang des Kapitels beschrieben pauschal ein falsches Bewusstsein zugesprochen und damit zugleich die Fähigkeit zur Selbstrepräsentation abgesprochen wird. Angeeignet wird hier die Stimme des Anderen selbst, der sich das Recht, für sich selbst zu sprechen, nun erst zurückerkämpfen muss.

Die ungefragte Repräsentation anderer Kulturen durch die Mehrheitsgesellschaft als verletzende kulturelle Aneignung zu kritisieren, bedeutet nicht, einem kulturellen Relativismus auf den Leim zu gehen, der aus einem falschen Toleranzbegriff heraus Genitalverstümmelung oder Femizid als Ausdruck kultureller Verschiedenheit interpretiert und sich des Urteils enthält. Doch erstens sollte im Rahmen kritischer Diskussionen zwischen Kulturen auch die eigene und nicht nur die Kultur der (vermeintlich) Anderen auf den Prüfstand gestellt werden – Femizid etwa wäre aus dieser Sicht auch ein deutsches Thema. Und zweitens müssen diese Diskussionen vom Willen getragen sein, dem Anderen gerecht zu werden. Wie Judith Butler dargelegt hat, bedeutet dies zunächst einmal, das eigene Urteil auszusetzen, um dem Gegenüber Raum zu gewähren.[189] Wo im Namen anderer Kulturen gesprochen wird, als müssten diese, wie Marx formulierte, repräsentiert werden, da sie dazu selbst nicht in der Lage seien, kommt eine derartige Form von Dialog unmöglich zustande, und der Andere bleibt als Objekt in der Verfügungsgewalt der Dominanzkultur.

Supermarkt der Kulturen

Konsum ist in einer kapitalistischen Gesellschaft wohl die am meisten verbreitete Form der Aneignung überhaupt. Das Leben der Menschen bestand geschichtlich betrachtet schon immer zu einem beträchtlichen Teil aus der Einverleibung ihrer Umwelt, sei es durch Essen, Trinken oder den Verbrauch von Rohstoffen. Während diese grundlegende Struktur des Konsums sich sowohl auf die Menschen in der Steinzeit als auch in der Moderne anwenden lässt, verwandeln sich die kulturelle Stellung des Konsums sowie die Objekte in seinem Fokus im Lauf der Geschichte hingegen grundsätzlich.

Mit Blick auf die Moderne war es vor allem der Übergang vom Feudalismus zum Kapitalismus, der den Konsum grundlegend verändern sollte, da mit der Ware ein vollkommen neuer Typus von Dingen entstand, der bis heute das Leben der

Menschen und ihre natürliche Umwelt zutiefst prägt. Die Ware ist für Marx das zentrale Element des Kapitalismus überhaupt, weshalb er den ersten Band des *Kapitals* mit einer ausführlichen Analyse dieses »vertrackten Dings, voll metaphysischer Spitzfindigkeit und theologischer Mucken« beginnt.[190]

»Der Reichtum der Gesellschaften, in welchen kapitalistische Produktionsweise herrscht, erscheint als eine ›ungeheure Warensammlung‹«,[191] heißt es zu Beginn des Kapitels *Ware und Geld*. Auch wenn der Begriff der Ware heute selbstverständlich erscheint, markiert die Durchsetzung der Warenform als Erscheinungsweise der Menge potentiell tauschbarer Dinge doch eine grundlegende Veränderung der Lebenswelt, des menschlichen Verhältnisses zu den Dingen und vor allem der Beziehungen zwischen den Menschen.

Die Ware zerfällt mit Marx betrachtet bekanntlich in einen Gebrauchs- und einen Tauschwert. Ausschlaggebend ist im Kapitalismus vor allem der Tauschwert, da sich in diesem der Wert der Ware in Form von Geld realisiert, das wieder in Kapital verwandelt wird, indem es erneut in den Wirtschaftskreislauf aus Produktion und Konsumption eingespeist wird. Waren müssen dabei allerdings einen Gebrauchswert haben oder diesen zumindest glaubwürdig suggerieren, schließlich würde niemand etwas kaufen, worin er oder sie keinen Nutzen erblicken könnte.[192] Die Unterscheidung zwischen Gebrauchs- und Tauschwert wurde häufig vor einem moralischen Hintergrund interpretiert, indem letzterer als Verkörperung kapitalistischen Gewinnstrebens verworfen und ersterer als Ausdruck ahistorischer Nützlichkeitserwägungen als wahrer Wert der Dinge verstanden wurde.

Doch der Gebrauchswert kann nicht unabhängig vom Tauschwert betrachtet werden, da er als wesentlicher Teil in die Gesamtstruktur der Ware eingebettet und damit unauflöslich an die Warenform gebunden ist. Dies zeigt sich im alltäglichen Leben zum Beispiel an der uns zur Gewohnheit gewordenen Frage, was man denn nun mit einer bestimmten Erkenntnis oder Sache anfangen könne; als müssten die Dinge sich in ihrer Existenz durch den Verweis auf eine über sie hinausgehende Nützlichkeit rechtfertigen. Schulstoff wird ebenso selbstverständlich auf seine Verwendbarkeit im Arbeitsleben sondiert wie Kunstwerke mit einer konkreten Botschaft aufwarten sollen und von der Literatur Unterhaltung oder Belehrung erwartet wird.

Deshalb ist der Gebrauchswert ein ebensolches Abstraktum wie der Tauschwert.[193] Wo alles auf Nützlichkeit und Tauschbarkeit befragt wird, ist der Umgang mit Menschen, Dingen und Ideen von instrumenteller Vernunft getragen: Sie werden mit Blick auf ihre Nützlichkeit für ein außerhalb ihrer selbst liegendes Ziel betrachtet. Max Horkheimer hat dies am Beispiel des Spazierengehens verdeutlicht. Wo die Generation der Väter noch um der Tätigkeit des Gehens selbst willen spazieren ging, glauben die Söhne Horkheimer zufolge, ihren Körpern Genüge getan zu haben, wenn sie nach Anweisungen im Radio Gymnastik machen. Wo aber niemand mehr ohne Kalkül spazieren ginge, verlöre der Begriff der Landschaft seinen Sinn und die Landschaft selbst verwandle sich in ein warenförmig erschlossenes »Touring-Erlebnis«.[194] Die Vielzahl an von Unternehmen wie Jochen Schweizer offerierten Angeboten im heute so beliebten Marktsegment der »Naturerfahrung« bestätigt deutlich, was in Horkheimers Beispiel unter Anklängen an die Romantik noch als Zukunftsszenario dargestellt wird.

Der instrumentellen Logik der Warengesellschaft entsprechend wirbt die Tourismusbranche mit der »Exotik« von Reiseorten, malen Kinofilme bunte Bilder von aus westlicher Sicht »fremden« Ländern auf die Leinwand, und die Musikindustrie hat unter dem Label »Weltmusik« einen eigenen Bereich zur pauschalen Umschreibung des kulturell Anderen hervorgebracht. Als Ware verwandelt Kultur sich in etwas, das vor allem auf dem Weg des Tausches und Gebrauchs erfahren wird.

Die meisten Auseinandersetzungen über kulturelle Aneignung spielen sich denn auch vor dem Hintergrund von Warenproduktion und Konsum ab. In zahlreichen Fällen verdienen *weiße* Menschen aus dem globalen Norden mit aus anderen Kulturen angeeigneten Objekten, Kunstformen und Wissensbeständen viel Geld, von dem in den Ursprungsländern entweder gar nichts oder kaum etwas ankommt. *Weiße* Künstler·innen wie Elvis Presley staubten die besten Plattenverträge ab und machten sich einen Namen als Pionier·innen, indem sie sich bei der Musik Schwarzer Musiker·innen bedienten und diese durch ihr *Weißsein* salonfähig machten.[195] Yoga ist zu einer eigenen Industrie geworden, die pro Jahr 80 Milliarden Dollar umsetzt,[196] von denen der Großteil in den westlichen Ländern verbleibt, wo gestresste Angestellte kurz vor dem Burn-out für einen riesigen Markt sorgen. Schwedische Modemacher·innen bedienen sich bei Symbolen, die von den Sami (einer Indigenen Gemeinschaft Lapplands) bei der Herstellung ihrer traditionellen Kleidung verwendet werden, und streichen dafür sowohl die Anerkennung als auch den Gewinn ein.[197] Mit Blick auf diese und andere Beispiele führt über die Warenform vermittelte kulturelle Aneignung zu einer rassistisch strukturierten Form der Ausbeutung.

Doch der Hauptaspekt der öffentlichen Debatten über Konsumkultur und kulturelle Aneignung liegt an anderer Stelle. Betrachten wir die Sache der ungefragt bei den Sami für den Modemarkt entliehenen Symbole ein wenig genauer. 2013 brachte die international bekannte schwedische Designerin Gudrun Sjödén eine Weihnachtskollektion heraus, die von Samitrachten inspiriert war, allerdings ohne sich an die zahlreichen Regeln zu halten, von denen die Sami sich bei der Herstellung ihrer traditionellen Kleidung leiten lassen. Wo die Sami durch Symbole einen Bezug zu Verwandtschaft und für sie wichtigen Orten herstellen, wurden diese in Sjödéns Kollektion zu »hübschen« Mustern, deren Bedeutung bestenfalls in ihrem ästhetischen Wert lag. Unterstrichen wurde dies noch durch die begleitende Werbekampagne, deren Plakate Frauen vor kleinen, mit Ästen aufrecht gehaltenen Zelten zeigten, die in modische Interpretationen von Samikleidung gehüllt lächelnd in verschneiter Landschaft posierten.

In den sozialen Medien wurde intensiv über die Angelegenheit diskutiert, wobei Gudrun Sjödén die Diskussion noch befeuerte, indem sie in einer öffentlichen Debatte behauptete, ihre Urgroßmutter sei eine Sami gewesen und dabei obendrein den Begriff »lapp« verwendete, der von vielen Sami als ebenso beleidigend wie das N-Wort betrachtet wird.[198] Der wesentliche Punkt der Debatten bestand in dem Vorwurf, die Kultur der Sami werde durch die kritisierte Modelinie in ein Stereotyp verwandelt, das mit der eigentlichen Kultur und dem Selbstbild der betreffenden Menschen nichts mehr zu tun habe. Unter dem Label »My culture is not a costume« erklärten Kritiker·innen in einer eigenen Facebook-Gruppe, sie würden die falschen Samikleidungsstücke als Respektlosigkeit gegenüber ihrer Kultur empfinden.[199]

Die in den sozialen Medien geführten Debatten über kulturelle Aneignung münden häufig in den Vorwurf der Stereotypisierung. Bei näherem Hinsehen ist dieser Begriff keineswegs so klar, wie es scheint. Um der sozialen Umwelt Bedeutung zu verleihen, sind Menschen dem britischen Soziologen Stuart Hall zufolge auf Typisierungen angewiesen, die ihnen erlauben, das Besondere unter das Allgemeine zu subsumieren. Mit Blick auf Menschen bedeute dies, sie durch ein für ihr Leben spezifisches Rollenset zu charakterisieren, also anhand von Alter, Geschlecht, Status, *Race*, Bildung, Beziehungsstatus, Sprache, Sexualität und vielen weiteren Kategorien bis hin zu persönlichen Eigenheiten und Hobbys. Stereotypisierung reduziert Menschen auf wenige dieser Eigenschaften, die vermeintlich besonders hervorstechen und weder verändert noch zurückgewiesen oder abgelegt werden können. So führten Stereotype zugleich auch eine Spaltung zwischen dem Normalen und dem Anormalen ein, das gesellschaftlich ausgeschlossen werden muss und nicht dazugehört.[200] Stereotypisierung und Rassismus hängen offensichtlich eng zusammen, denn konsumierende Aneignungen führen zu einer Reduktion des Anderen, dessen Kultur ihrer Komplexität entledigt wird, um sie in mundgerechte Stücke zu zerschneiden und für die Konsumption aufzubereiten.

Wäre dies das einzige Problem, könnten die Betroffenen es vielleicht sogar mit einem Lächeln ertragen. Sami und andere Menschen in ähnlichen Situationen würden zuschauen, wie die Angehörigen der Mehrheitskultur sich dem Ethno-Chic hingeben und im Glauben an die eigene Weltgewandtheit benehmen wie ein Haufen kulturloser Idioten. Doch so einfach ist es nicht. Schließlich hängt der Respekt gegenüber den kulturellen Artefakten Indigener Gemeinschaften eng mit dem Respekt gegenüber ihren Symbolen und Traditionen zusammen.[201] Konsumierende Aneignungen beruhen nicht nur auf der Entwendung von Kulturbeständen und befördern Stereotypisierung. Sie schaffen darüber hinaus eine spezifische Form der Verletzlichkeit und bereiten so die Grundlage für weitere Diskriminierung und Missachtung.

Die Figur des Anderen ist in der Philosophiegeschichte intensiv diskutiert worden. Wesentlich ist in dieser Hinsicht vor allem Hegels Gedanke des Kampfes um Anerkennung, der bis heute eine große Rolle in der Sozialphilosophie spielt. Hegels Gedanke war im Grunde einfach. Wo das Subjekt sich zunächst allein wähnt, wird ihm das Auftauchen des Anderen zum Problem, denn auch dieser Andere ist ein Subjekt und erhebt Anspruch auf die Welt. Dadurch stellen die beiden sich wechselseitig in ihrer Existenz infrage und beginnen um die Anerkennung durch den anderen zu kämpfen, denn um Subjekt zu sein, muss der Andere diesen Anspruch bestätigen. In dieser Auseinandersetzung erkennen sie schließlich ihre Verbundenheit und gelangen zu dem Schluss, dass der einzige Weg aus ihrem Dilemma in wechselseitiger Anerkennung liegt.[202]

Jean-Paul Sartre hat diesen Gedanken aufgenommen und weiterentwickelt. Wenn das Subjekt seine Umgebung erblickt, ist es ihm zufolge das Zentrum der Welt, alle Abstände entfalten sich ausgehend von ihm und erlangen so erst ihre Bedeutung als Teile der subjektiven Welt. Mit dem Auftreten des Anderen verändert sich diese Situation grundlegend, da nun ein zweites Zentrum auf der Bildfläche erscheint und das zuvor seiner selbst gewisse Subjekt einer radikalen Dezentrierung unterwirft. Unter dem Blick des Anderen entgleitet die Welt der Kontrolle, und das Subjekt fühlt sich in ein Objekt verwandelt, dessen Bedeutung im Ermessen eines ihm entzogenen

Bewusstseins liegt.[203] Anders als bei Hegel gibt es aus diesem Dilemma bei Sartre allerdings keinen Ausweg in Form wechselseitiger Anerkennung. Stattdessen bleibt der Andere eine ständige Herausforderung für das Selbst und stellt es durch seine Existenz immer wieder infrage.

Der Andere ist im europäischen Denken immer eine störrische Figur gewesen, die den Menschen durch ihr Auftreten aus seiner Mitte reißt und in ein Kräftefeld ins Rutschen geratener Bedeutungen wirft. Soziologisch betrachtet lässt sich die philosophische Interpretation der Figur des Anderen um die These erweitern, die Andersheit des Anderen nehme in dem Maße zu, wie Kultur, Herkunft, *Race* mancher Menschen durch rassistische Diskurse zu etwas Fremdem stilisiert werden, das anschließend nur noch wenige oder gar keine Anknüpfungspunkte für zwischenmenschliche Beziehungen bietet.

Die mit konsumierenden Aneignungen einhergehende Stereotypisierung ist ein effizienter Weg, die lästige Andersheit des Anderen loszuwerden und ihn als Eigenes zu assimilieren. Statt als komplexe Persönlichkeiten mit individuellen Erfahrungen und Geschichten zu erscheinen und dadurch die Perspektive durchschnittlicher Konsument*innen infrage zu stellen, wird der Andere im Rahmen des Konsums in leicht zu verstehende Abziehbilder aus dem Sortiment westlich domestizierter Fremdheitserfahrungen verwandelt. Wo das Andere vor allem unterhalten oder, wie in der Mode, den eigenen Stil unterstreichen soll, ist es von einem konkreten Gegenüber zu einer Verlängerung des Subjekts geworden, das sich mit ihm schmückt und es dadurch beherrscht. Als Beziehungsmodus ist das nicht ohne Perfidie, wird hier doch das Andere paradoxerweise durch Nähe auf Distanz gehalten – was eine Kritik derartiger Aneignungsformen zudem äußerst schwierig macht.

In den meisten warenförmigen Erscheinungsweisen ist das Andere ausgelöscht, da eine Ware keine Persönlichkeit mehr besitzt und das Andere auf wenige Merkmale reduziert – auf jene, die *weiße* Menschen dem Anderen in seiner jeweiligen Verkörperung zuschreiben. In der Konfrontation mit dem stereotypisierten Anderen trifft das Subjekt vor allem auf sich selbst und ist von störenden Einflüssen wie der Dezentrierung seines Egos oder einer Infragestellung seiner Lebensweise befreit. Vieles von dem, was sich heute Toleranz nennt, beruht auf einer solchen Assimilationsbewegung. Wo die Kultur der Anderen vor allem als Objekt des Konsums erscheint, geht von ihr keine Verunsicherung oder Infragestellung der eigenen Lebensweise mehr aus. Während unseres wöchentlichen Gangs zum Bauchtanzkurs glänzen wir in vordergründiger kultureller Offenheit und halten die mit dem Tanz verbundene Tradition zugleich auf Abstand, schließlich können wir jederzeit die Tür des Tanzstudios hinter uns zuwerfen und den Dauerauftrag kündigen.

Ein weiteres Beispiel für diese Dynamik sind die Auseinandersetzungen um den sogenannten »Kimono-Wednesday«. 2015 veranstaltete das Museum of Fine Arts in Boston eine Ausstellung zur als »La Japonaise« bezeichneten Epoche der zweiten Hälfte des 19. Jahrhunderts, als die japanische Kultur Frankreich im Sturm eroberte und zur angesagtesten Form der Mode überhaupt wurde. Eine Hauptattraktion dieser Ausstellung war ein Bild Monets, auf dem seine in einen Kimono gehüllte Frau zu sehen ist. Die Besucher·innen hatten die Möglichkeit, eine Replikation des Kimonos anzuprobieren und sich dabei fotografieren zu lassen, was massive Proteste von Mitgliedern der AAPI-Community (Asian Americans and Pacific Inlanders) nach sich zog, die dem Museum Orientalismus, Rassismus und eine Fortschreibung imperialer Strukturen vorwarfen – was bemerkenswert ist, da gerade Japan eine bedeutende Kolonialmacht war.

Die Proteste waren in vieler Hinsicht unglücklich organisiert und führten zu Missverständnissen über deren eigentliche Ursachen und Ziele, weshalb sich zahlreiche Japaner·innen bewusst abgrenzten und Gegenveranstaltungen organisierten, auf denen sie ihre Zustimmung zur Veranstaltung des Museums bekundeten.[204] Verantwortlich für diese verfahrene Situation war unter anderem sicherlich die Tatsache, dass die Möglichkeit zur Anprobe der Kimonoreplikation und das Bild Monets vom Boston Museum of Fine Arts vermarktet wurden, als handelte es sich um einen Schokoriegel oder eine beliebige andere Ware mit Eventcharakter. Die Besucher·innen sollten ihre »innere Camille Claudel finden«, sich dem Bild »auf eine andere Weise« nähern und sich auf diese Weise einem »Flirt mit dem Exotischen« hingeben.[205] Wo die Thematik der Ausstellung eine Vorlage für die Auseinandersetzung mit historischen Stereotypen über asiatische Menschen hätte sein können, geriet sie durch den ursprünglichen Ansatz des Museums zu einer Form kommodifizierter Unterhaltung, der diese vielschichtigen Bedeutungen ebenso verschwinden ließ wie die Bedeutung des Kimonos selbst. Das Foto im Kimono kann in diesem Sinn als Metapher für das Subjekt des Kulturkonsums gesehen werden, das die Andersheit des Anderen verschwinden lässt, indem es sie sich in einer Assimilationsbewegung einverleibt wie jedes andere Konsumobjekt auch.

Ein solcher Bezug ist nicht nur wegen seiner konstitutiven Oberflächlichkeit bedenklich. Vielmehr hat er auch gravierende ethische Konsequenzen. In Kants *Grundlegung zur Metaphysik der Sitten* findet sich eine berühmte Formulierung, die die moralische Grundlage lebendiger zwischenmenschlicher Beziehungen zu definieren versucht: »Handle so, daß du die Menschheit sowohl in deiner Person, als in der Person eines jeden andern jederzeit zugleich als Zweck, niemals bloß als Mittel brauchest.«[206] Als Mittel zum Zweck wird der Andere zum Objekt der von Horkheimer und anderen Autoren der Frankfurter Schule kritisierten instrumentellen Vernunft, die Dinge wie Menschen auf ihre Nützlichkeit und Verwertbarkeit hin befragt, statt sie um ihrer selbst willen zu schätzen. Genau diese Verkehrung der Zweck-Mittel-Relation ist auch das kennzeichnende Merkmal konsumierender Aneignungsformen, die der Samikultur nur insofern Wertschätzung entgegenbringen, wie sie als Vorlage für Modekreationen dienen kann, und den Kimono analog zu Duftkerzen als Mittel zur Schaffung einer »exotischen« Stimmung begreifen.

Auf kulturelle Aneignung zu verzichten ist prinzipiell trotzdem möglich. Es erfordert eine kritische Reflexion der eigenen kulturellen, sozialen und ökonomischen Position und einen ebenso kritischen Blick auf vielleicht liebgewonnene Konsumgewohnheiten. Verzicht mag ein guter Anfang sein, ist aber nicht mehr als eine individuelle Strategie, und wird kulturelle Aneignung deshalb nicht zum Verschwinden bringen. Es stimmt natürlich: Würden die Mitglieder der westlichen Dominanzkulturen endlich aufhören, sich Kulturelemente anzueignen, als gäbe es kein Morgen, um sie anschließend als Waren feilzubieten, dann würden sie niemanden mehr auf diesem Wege ausbeuten, beließen die Deutungshoheit an ihrem Ort und enthielten sich der Assimilation des Anderen. Doch der Verzicht auf die Aneignung anderer Kulturen ist in etwa ebenso wahrscheinlich wie ein kompletter Verzicht auf das Auto. Wie Pier Paolo Pasolini in seinen *Freibeuterschriften* bemerkt hat, führt die Konsumkultur zu einer »anthropologischen Mutation« der Menschen, in deren Folge das Konsumieren ihnen zur zweiten Natur wird.[207] Das Leben in den industrialisierten Ländern des globalen Nordens bewegt sich zwischen einer dem Konsum vorbehaltenen Freizeit und einer der Produktion gewidmeten Arbeitszeit und kennt allenfalls noch den Schlaf als alternative Zeitform. Sich der Umwelt über konsumierende Aneignungsformen zu nähern, ist dem Menschen des modernen Kapitalismus, mit Bourdieu gesprochen, zum Habitus geworden und wie Geschlechtsidentität, Status oder *Race* in seinen Leib selbst eingeschrieben.

Zudem lässt sich kulturelle Aneignung im Konsumbereich deutlich schwerer bestimmen als im Falle kolonialer Beutekunst oder der Enteignung diskursiver Repräsentationen. Denn die Stimmen unter den von konsumierenden kulturellen Aneignungsformen betroffenen Menschen sind durchaus vielfältig. So gab es unter den Sami auch solche, die der Ansicht waren, Gudrun Sjödéns Modekollektion würde die Samikultur populär machen und sie dadurch stärken,[208] und Beschäftigte aus der japanischen Kimonoindustrie vertraten den Standpunkt, jede·r könne das Design von Kimonos verändern, wie er oder sie es wünsche, und angesichts der sinkenden Umsätze der Kimonoindustrie in Japan hänge deren Überleben in der Zukunft nicht zuletzt vom Erfolg des Kimonos auf dem internationalen Markt ab.[209] Diese Stimmen zu ignorieren, um das Bild einer homogenen verletzten Minderheit aufzubauen, ist eine der vielen Varianten des Sprechens für Andere, die im vorhergehenden Kapitel analysiert wurden, und führt die Kritik kultureller Aneignung ebenso ad absurdum wie ihr mögliches Abgleiten in den Kulturessentialismus. Das stellt nicht die hier formulierte Kritik konsumierender Aneignungen infrage, zeigt aber noch einmal, dass die Kritik kultureller Aneignung es vermeiden sollte, sich zum Anwalt über Kultur, Herkunft oder *Race* konstruierter Gemeinschaften zu machen, da diese sich im Zweifelsfall keineswegs untereinander einig sind und viele Standpunkte entsprechend umstritten sind.

An dieser Stelle können einige Stränge zusammengezogen werden. Durch Betrachtung der drei Formen der Aneignung wird das ihnen innewohnende Verletzungspotential recht schnell deutlich. Bei Kunstgegenständen mit einer Kolonialgeschichte wie die der Benin-Bronzen ist es schlicht und einfach Diebstahl. Wenn anderen die Stimme genommen wird, da sie sich angeblich nicht selbst vertreten können, handelt es sich um Entmündigung und Infantilisierung. Und wo die Kultur des Anderen als Konsumobjekt dient, wird er als Anderer in der Stereotypisierung assimiliert und durch marktkonforme Stereotype ersetzt. Auf den ersten Blick scheinen die drei Dimensionen kultureller Aneignung damit auf drei verschiedene Formen von Verletzungen hinauszulaufen. Ist kulturelle Aneignung angesichts dessen überhaupt ein sinnvoller Begriff? Oder fasst er lediglich Altbekanntes zusammen und verschleift es dadurch obendrein? Diebstahl als kulturelle Aneignung zu bezeichnen, könnte beispielsweise als ein Euphemismus verstanden werden, der durch die vordergründige Neutralität des Begriffs das Unrecht der Kolonialzeit zum Verschwinden bringt.

Doch weisen die drei Dimensionen der Aneignung auch einen gemeinsamen Fluchtpunkt auf. Der Diebstahl von Kunstgegenständen ist nicht nur eine Verletzung von Eigentumsrechten. Vielmehr ist er ein Angriff auf das Selbstverständnis der beraubten Menschen, da ihnen die Möglichkeit genommen wird, ihre Geschichte und Kultur zu erfahren und an ihre Kinder weiterzugeben. Ebenso wird ein Mensch, dem die Fähigkeit abgesprochen wird, für sich selbst zu sprechen, nicht nur entmündigt. Ihm wird ebenso die Fähigkeit genommen, öffentlich Anerkennung für das zu suchen, was ihn seiner Überzeugung nach ausmacht, und dadurch wird er mit an Sicherheit grenzender Wahrscheinlichkeit ein hohes Maß an Entfremdung zu erleiden haben. Die Stereotypisierung durch Konsum schließlich reduziert die komplexen Persönlichkeiten und Geschichten von Menschen auf eindimensionale warenförmige Repräsentationen kultureller Allgemeinplätze. Durchtrennung geschichtlicher Kontinuität, Verweigerung von Anerkennung und Beschneidung der Persönlichkeit: Der Fluchtpunkt kultureller Aneignungsformen ist Identität. Und eben hier liegt die Nützlichkeit des Begriffs: Er lässt uns das gemeinsame Thema hinter sozialen Geschehnissen verstehen, die wir ohne ihn als voneinander getrennte Phänomene wahrnehmen würden.

Identität und Hegemonie

Das zentrale Problem bei kultureller Aneignung liegt also in der Beschädigung von Identität. Damit scheint die Lösung auf der Hand zu liegen: Stärkung der Identität minoritärer kultureller Gruppen durch Identitätspolitik mit dem Ziel gesellschaftlicher Sichtbarkeit und Anerkennung. Doch Identität ist ein zweischneidiger Begriff, der nicht vorschnell umarmt werden sollte. Einerseits ist eine klar definierte, gesellschaftlich lesbare, in der Norm liegende Identität zwar die Eintrittskarte zu sozialer Anerkennung und damit zu einem Platz in der Gesellschaft. Andererseits kann dies insofern problematisch sein, als Identitäten auch Zuschreibungen von außen sind, mit ihrer Affirmation also die Reproduktion von Diskriminierungsmechanismen einhergehen kann. Zumal sind Menschen nicht einfach Verkörperungen von Identitätskategorien, sondern machen sich diese in komplexen Prozessen der Identifikation zu eigen, deren Abschluss längst nicht nur durch die Kultur, Herkunft, *Race* oder andere Kategorien determiniert ist. Aus diesem Grund ist es für das Verständnis des Begriffs kulturelle Aneignung hilfreich, den Begriff der Identität vor dem Hintergrund des Kampfes um Hegemonie zu betrachten. Die Diskussion verlagert sich durch diesen Schritt vom Terrain der Kultur stärker auf das der Politik, wodurch die Frage, wer welcher Kultur angehört, zugunsten der Frage in den Hintergrund tritt, welche Gruppen sich mit welchen kulturellen Artefakten, Wissensbeständen und Praktiken identifizieren, welche Ziele sie damit verfolgen und wie diese Prozesse durch kulturelle Aneignung torpediert werden.

Identität und Identitätspolitik

Wenn kulturelle Aneignung also zur Beschädigung von Identität führt, ist zu klären, was Identität eigentlich ist, um dann zu fragen, wie sie geschützt und verteidigt werden kann. Identität entsteht, einfach betrachtet, wenn Menschen über sich selbst nachdenken und nach einer Antwort auf die Frage »Wer bin ich?« suchen. Das klingt, als würde es sich um einen Prozess handeln, den Menschen im Stillen mit sich selbst austragen, doch auch wenn dies sicherlich einen relevanten Faktor der Bildung von Identität darstellt, ist es bei Weitem nicht der einzige und wahrscheinlich auch nicht der wichtigste. So wird die Bildung von Identität auch von Institutionen begleitet, die zur Selbstbefragung ermuntern oder diese gar erzwingen, z. B. in der Schule, bei der Psychotherapie oder Beichte[210], und ist tief in die sozialen Strukturen und Normen der Gesellschaft eingelassen. Zu Individuen mit einer nur ihnen eigenen Identität werden Menschen erst durch die aktive Auseinandersetzung mit anderen Menschen und der Gesellschaft als Ganzem.

In der Soziologie wird Identität aus diesem Grund oft als Zusammenspiel eines sozialen und eines persönlichen Teils betrachtet. Berühmt geworden ist in dieser Hinsicht die Unterteilung des US-amerikanischen Philosophen und Soziologen George Herbert Mead, der zwischen dem »I« (Ich) und dem »me« (Mich) unterschied.[211] Während das »me« sich aus den auf Normen und Rollen basierenden Erwartungen der Außenwelt zusammensetzt, stellt das »I« die Antwort darauf dar und besteht in einer Übernahme der gesellschaftlichen Anforderungen auf Basis der Besonderheit des Individuums. Identität stellt so betrachtet den Versuch dar, die Erwartungen der Gesellschaft mit dem Streben nach Individualität zu versöhnen, und setzt das Individuum einem Dilemma aus. Einerseits muss es auf andere Menschen (und die Gesellschaft) eingehen, andererseits aber muss es sich innerhalb dieses Prozesses gleichzeitig als besonders darstellen, um in der fraglichen Situation und auch darüber hinaus als es selbst erkannt zu werden.[212] Identität setzt die permanente Auseinandersetzung mit sich selbst, den anderen und der Gesellschaft voraus, erfordert stets aufs Neue einen Kompromiss zwischen sozialer Konformität und Einzigartigkeit und stellt aus diesem Grund ein überaus zerbrechliches Konstrukt dar, das nur um den Preis ständigen Engagements aufrechterhalten werden kann.

Wie der Soziologe Lothar Krappmann betont hat, gibt es zu dieser Anstrengung allerdings keine Alternative. Da Menschen nicht als Einsiedler*innen leben könnten (zumindest nicht alle), seien sie aufeinander und auf einen Platz in der sie umgebenden Gesellschaft angewiesen, wozu sie mit anderen Menschen kommunizieren und interagieren müssten. Krappmann definiert Identität ausgehend von dieser Grundannahme als »die Leistung, die das Individuum als Bedingung der Möglichkeit seiner Beteiligung an Kommunikations- und Interaktionsprozessen zu erbringen hat«.[213] Mit dem an dieser Stelle vielleicht deplatziert wirkenden Begriff der Leistung soll die Eigenleistung des Individuums bei der Herausbildung von Identität betont und gleichzeitig auf die dabei zu überwindenden Hindernisse verwiesen werden. Was als Formulierung so unscheinbar klingt, ist doch von immenser Relevanz. Wenn Identität die Eintrittskarte für die zum Leben unabdingbaren Kommunikations- und Interaktionsakte darstellt, hängt das Leben eines Menschen eng von der Reaktion auf seinen Anspruch auf Identität ab. Wie in den noch folgenden Kapiteln zu sehen sein wird, bedeutet die im Rahmen kultureller Aneignung stattfindende Beschädigung von Identität für die Betroffenen eine Reduktion ihres Zugangs zu genau jenen Kommunikations- und Interaktionsformen, die nach Krappmann für die soziale Existenz von Menschen zwingende Voraussetzung sind.

Da Identität den Zugang zur Gesellschaft ebnet, spielt die Frage der Anerkennung hier eine zentrale Rolle. Menschen müssen nicht nur unausgesetzt ihre eigenen Wünsche und Vorstellungen mit den an sie gestellten Erwartungen, für sie vorgesehenen Rollen und das soziale Leben regelnden Normen zu einer »balancierten« Identität vereinen.[214] Darüber hinaus ist das Individuum mit Blick auf seine dergestalt konstruierte Identität zwingend auf die Anerkennung der es umgebenden Menschen angewiesen, die seinen Identitätsentwurf bestätigen und in der Interaktion spiegeln müssen. Andernfalls kann es Identität nur für sich behaupten, findet aber bei seinen Mitmenschen dafür keinen Rückhalt und wird nicht gemäß seiner Wünsche und Bedürfnisse gesehen und behandelt. Wenn Identität existentiell an Anerkennung gekoppelt ist, liegt in ihr ein Paradox verborgen. Der Weg zu der mit ihr assoziierten Einzigartigkeit des Individuums führt über das Erfüllen allgemeingültiger Normen und Rollenmuster und die dadurch eröffnete Partizipation an der Gesellschaft.[215]

Die moderne Anerkennungstheorie geht davon aus, dass Menschen existentiell auf die Anerkennung ihrer sozialen Umwelt angewiesen und deswegen unlöslich an andere Menschen gebunden sind. Der Sozialphilosoph Axel Honneth unterscheidet in seinem Buch *Kampf um Anerkennung*[216] von 1992 drei Anerkennungsdimensionen, die ihm zufolge in der Liebe, dem Recht und der Solidarität liegen. Das Modell hat er in späteren Veröffentlichungen verändert und Solidarität durch Leistung für die Gesellschaft ersetzt[217] – und der Platz von Aspekten wie Freundschaft oder sozialen Netzwerken ist bis heute nicht wirklich klar. Der zentrale Punkt liegt hier aber an anderer Stelle. Der Begriff der Anerkennung zeigt, wie immens die Konsequenzen verweigerter Anerkennung für Identität sind. Keinen Zugang zum Rechtssystem zu besitzen, kann Menschen in moderne Vogelfreie verwandeln, ebenso wie sie als überflüssig angesehen werden können, wenn ihr Beitrag zum Funktionieren der Gesellschaft nicht als Leistung gewürdigt wird oder sie angesichts verweigerter Solidarität in Notsituationen vollkommen schutzlos dastehen. Mit Identität geht aus dieser Sicht immer auch Verletzlichkeit einher, da Anerkennung keine Selbstverständlichkeit darstellt und an die Erfüllung gesellschaftlich vorgeschriebener Normen gebunden ist, deren Übertretung oder Nichteinhaltung die Basis für Diskriminierung darstellen kann.

Der kanadische Soziologe Erving Goffman hat hierfür den Begriff Stigma geprägt. Stigmatisierung findet ihm zufolge statt, wenn Menschen aufgrund eines ihrer Merkmale (Behinderung, *Race*, Krankheit, usw.) abgewertet und von sozialen Interaktions- und Kommunikationsprozessen ausgeschlossen werden.[218] Für die Betroffenen gibt es unabhängig davon, wie absurd, abwegig oder unfair diese Zuschreibungen sind, keine Möglichkeit, ihnen zu entkommen, denn diese werden ihnen von der Mehrheitsgesellschaft entgegengebracht und konstituieren eine entsprechende soziale Realität. Stigmata stellen Goffman zufolge eine massive Beschädigung von Identität dar, insofern sie eine Kluft zwischen Ich und Ich-Ideal hervorrufen, die sich in milderen Fällen als Scham äußert und in gravierenden zu Selbsthass und Selbsterniedrigung führen kann.[219] Von stigmatisierten Personen werde in diesem Zusammenhang nicht nur erwartet, die ihnen zugedachte soziale Position zu akzeptieren, vielmehr sollten sie dabei obendrein noch den Eindruck von Normalität erwecken und über die ihnen zugefügten Verletzungen und Beschädigungen schweigen, da Vertreter·innen der Mehrheitsgesellschaft sich andernfalls in ihrer Gegenwart nicht wohlfühlen würden.[220] Die Verweigerung von Anerkennung kann dabei abhängig von der Normabweichung unterschiedlich intensiv sein und von Unterdrückung bis zum totalen Ausschluss von gesellschaftlicher Sichtbarkeit reichen.[221]

Goffman zufolge besteht die zentrale Aufgabe im Leben stigmatisierter Menschen darin, Strategien zur Bewältigung ihrer gesellschaftlich beschädigten Existenz zu finden. Genau hier setzt Identitätspolitik an. Sie ist mit dem Übergang von der Industrie- zur Dienstleistungsgesellschaft in den westlichen Ländern an die Stelle des lange Zeit die linke Diskussion dominierenden zentralen Klassengegensatzes Bourgeoisie - Proletariat getreten und manifestiert sich in politischen Kämpfen an zahlreichen Stellen der Gesellschaft, deren gemeinsamer Nenner in der Forderung nach Anerkennung besteht.[222] Dadurch rücken Differenzen zwischen Menschen und Gruppen in den Vordergrund, die bislang vom Klassengegensatz und dem Ziel gesellschaftlicher Umverteilung verdeckt wurden.

Wie stark sich die Perspektive von sich ihrer Anerkennung sichern Menschen von der Situation diskriminierter Menschen unterscheiden kann, zeigt die Reaktion der Schwarzen

Journalistin Yassmin Abdel-Magied auf die im Kapitel über Transkulturalität bereits diskutierte Keynote Lionel Shrivers beim Brisbane Writers Festival. Letztere hatte in ihrem Vortrag auch noch geäußert, Mitglied einer größeren Gruppe zu sein (sie nennt als Beispiele Homosexualität und Behinderung, prinzipiell fallen aber natürlich auch *Race* oder Gender in den Geltungsbereich dieser Aussage) stelle keine Identität dar, da Menschen stets mehr seien als die Schubladen, in die sie gesteckt würden.[223] In ihrem Artikel warf Abdel-Magied Shriver daraufhin vor, unreflektiert *weiße* Privilegien auszuspielen, Minderheiten als nicht menschlich anzusehen und damit in letzter Konsequenz den Boden für genozidale Politiken zu bereiten.[224]

Dass Shriver hier auf so heftigen Widerspruch gestoßen ist, liegt neben der *weißen* Selbstgefälligkeit ihres Vortrags auch an ihrer Ignoranz gegenüber der Vielschichtigkeit des Identitätsbegriffs. Wo Shriver, Anerkennung voraussetzend, der Einzigartigkeit von Menschen nachspürt, fragt Abdel-Magied nach den Zwangsmechanismen hinter zentralen Identitätskategorien sowie den damit verbundenen Machtmechanismen. Wenn Shriver also suggeriert, Schwarzsein sei keine Identität, hat sie im Hinblick auf die Individualität von Menschen sicherlich recht, übersieht aber die mit der Norm des *Weißseins* verbundene strukturelle Gewalt, durch die BIPoCs in einer von Rassismus geprägten Gesellschaft auf ihre *Race* und die damit verbundenen Zuschreibungen reduziert werden. Wie die muslimische deutsche Journalistin Kübra Gümüşay in ihrem Buch *Sprache und Sein* 2020 geschrieben hat, stellt eine komplexe Identität, wie Shriver sie beschreibt, das Privileg von Menschen dar, die in der Gesellschaft volle Anerkennung genießen, wohingegen Menschen jenseits der Norm primär als Repräsentant·innen der ihnen zugeschriebenen Abweichungsform (z. B. die Muslima) und nicht als Individuen betrachtet würden. Individualität sei daher in einer von Rassismus geprägten Gesellschaft ein Privileg und keineswegs eine Selbstverständlichkeit.[225] Das übersieht Shriver ebenso wie die von Prozessen kultureller Aneignung ausgehenden Beschädigungen und denunziert mit ihrem Bashing des Identitätsbegriffs im gleichen Zug die Möglichkeit der Gegenwehr in Form von Identitätspolitik. Dass ihre *Race* die stillschweigende Voraussetzung ihrer eigenen Position zum Identitätsbegriff sein könnte, kommt Lionel Shriver dabei nicht in den Sinn.

Doch ist Anerkennung aufgrund ihrer Verwobenheit mit der Unterwerfung unter Normen auch kein einfaches Heilmittel gegen Diskriminierung und Rassismus. Foucault hat in einem seiner Aufsätze geschrieben, im Verhältnis zur Macht gäbe es nicht den einen »Ort der großen Weigerung«, da der Widerstand in letzter Konsequenz immer mit der Macht verbunden sei und sie zu tragen helfe, indem er ihr als Zielscheibe und Gegner diene.[226] In der feministischen Theorie ist diese Zwiespältigkeit seit den 1990ern intensiv diskutiert worden. Wo der klassische Gleichheitsfeminismus nach Anerkennung strebte, damit Frauen endlich die gleichen Rechte und Pflichten wie Männer genießen könnten, meldeten junge Feminist·innen wie Judith Butler damals Zweifel an, ob dieser Kampf aus den Problemen heraus oder ganz im Gegenteil noch weiter in sie hinein führen würde.[227] »Die Frauen« schien bis zu diesem Zeitpunkt mit aller Selbstverständlichkeit das politische Subjekt des Feminismus zu sein. Wer sollte sonst um die Gleichberechtigung kämpfen, wenn nicht die Frauen selbst?

Doch wie Butler betont, versteht sich der Begriff Frau keineswegs von selbst, da er offensichtlich mehr bedeutet als »Mensch mit Vulva« und stattdessen auf ein hochkomplexes Normenset zur Definition von »Weiblichkeit« verweist. Wenn das Subjekt »die Frauen« aus Normierungsprozessen hervorgeht, deren Idealbild innerhalb einer patriarchalen Gesellschaft vor allem von Männern definiert wird, schließt der Begriff Butler zufolge auch jene Mechanismen ein, durch die Menschen erst zu Frauen im Sinne des sozialen Geschlechts gemacht werden. Folglich könne er nicht unhinterfragt zum Subjekt des Feminismus oder gar zum Schlüssel der Befreiung erklärt werden. Ganz im Gegenteil würde eine unkritische Verwendung des Begriffs genau jene verletzenden Mechanismen reproduzieren, zu deren Bekämpfung der Feminismus eigentlich angetreten sei.[228] Diese Problematik existiert nicht nur im Bereich des Feminismus. In ihrem Kampf um Anerkennung geht Identitätspolitik Kwame Anthony Appiah zufolge immer auch das Risiko ein, Ausgrenzungs- und Diskriminierungsmechanismen festzuschreiben, da sie gezwungen sei, auf Begriffen zu beharren, für die in einer freien Welt kein Platz mehr wäre.[229] Noch einen Schritt weiter geht die nigerianische Schriftstellerin Chimamanda Ngozi Adichie. In ihren Augen ist Identitätspolitik eine ursprünglich *weiße* Erfindung, die das Fundament der rassistischen Segregation gebildet habe und deswegen keineswegs um Anerkennung ringenden Minderheiten vorbehalten sei. Im Zuge *weißer* Identitätspolitik seien Schwarzen Menschen die Bürgerrechte verweigert worden, und noch angesichts der Wahl von Barack Obama sei öffentlich immer wieder die Frage erhoben worden, ob die USA denn wirklich reif für einen Schwarzen Präsidenten seien.[230] Ebenso wie das Konzept kultureller Aneignung kann auch Identitätspolitik von rechts umarmt und zweckentfremdet werden. Das spricht nicht gegen sie, führt aber zu einem Abgrenzungsproblem.

Die Antwort auf dieses Dilemma der Identitätspolitik wurde lange Zeit in einer Flexibilisierung des Identitätsbegriffs gesucht. Michel Foucault und Judith Butler sahen den Ausweg vor allem in einer Destabilisierung klassischer Identitätskategorien, die umgeschrieben und vor allem flexibilisiert werden müssten, um den Menschen mehr Freiheit zu gewähren und den Machtmechanismen etwas entgegenzusetzen. In Deutschland ist in diesem Zusammenhang mit Blick auf die Geschlechterpolitik von einer Strategie der »Veruneindeutlichung« gesprochen worden,[231] die von folgender Grundannahme ausgeht: Damit Identität nicht zu einem repressiven Käfig wird, müssen ihre Überschneidungen, Unschärfen und ihre Unbestimmtheit gestärkt werden. Je mehr Bedeutungen unter einen bestimmten Begriff von Identität fallen, so die Überlegung, desto weniger eindeutig ist diese Identität bestimmt und desto weniger ist sie imstande, das soziale Leben von Menschen zu determinieren.

Die subversive Vision hinter diesen Ansätzen besteht in der schrittweisen Auflösung sozialer Kategorien, die vor allem dem Sortieren, dem Platzieren und der normgerechten Zurichtung von Menschen dienen, um den Weg in eine Gesellschaft zu öffnen, in der das Recht auf ein soziales Leben nicht mehr an die Frage geknüpft ist, ob jemand heterosexuell, schwul, Schwarz oder behindert ist. Einerseits werden die infrage gestellten Identitätskategorien im täglichen Ringen um Anerkennung beibehalten, weil sich ohne sie existierendes Unrecht nicht beschreiben ließe. Andererseits aber werden sie verschoben, geöffnet und mit neuen Bedeutungen versehen, um die in ihnen steckenden Momente von Gewalt und Zwang zu relativieren.

Identitätskategorien können in manchen Fällen allerdings auch in Konflikt miteinander geraten oder sich mehrdeutig zueinander verhalten, was Identitätspolitik im Zweifelsfall wesentlich erschwert und ihr Grenzen setzen kann. Auf der Whitney Biennale in New York wurde 2017 das Gemälde »Open Casket« der *weißen* Künstlerin Dana Schutz ausgestellt. Es zeigt den grausam misshandelten Körper des 14-jährigen Emmett Till, der 1955 von zwei *weißen* Männern schwer misshandelt und getötet wurde, weil er angeblich mit der Frau des einen geflirtet hatte. Gegen das Gemälde erhob sich massiver Protest aus Teilen der Schwarzen Kunstszene. Schutz würde sich am Tod eines Schwarzen Jungen bereichern, indem sie sich ein Stück Schwarzer Kultur aneigne, zu dem sie als *weiße* Person keine Verbindung unterhalten könne und würde. Das Recht *weißer* Menschen auf freie Meinungsäußerung und Kunstausübung beruhe auf der Unterdrückung anderer und stelle keineswegs ein natürliches Recht dar, schrieb die Künstlerin Hannah Black in einem offenen Brief an die Kurator·innen und forderte die Zerstörung des Bildes, damit es weder auf den Kunstmarkt kommen noch in einer anderen Ausstellung gezeigt werden könne.[232] Schutz hatte es nach eigenem Bekunden als Statement zu den Morden an Schwarzen Menschen durch die US-amerikanische Polizei angefertigt und sah sich nun ausgerechnet durch die Betroffenen mit massivem Widerspruch konfrontiert.

Dass eine *weiße* Frau ein Schlüsselereignis aus der langen Geschichte der rassistischen Diskriminierung herausgriff, um sich durch ein Kunstwerk politisch zu positionieren, wurde nicht als Geste der Solidarität aufgefasst, sondern von Hannah Black ganz im Gegenteil als kulturelle Aneignung bezeichnet und in Zusammenhang mit rassistischer Diskriminierung und kapitalistischer Ausbeutung gestellt.[233] In einem Statement entgegnete die Künstlerin, sie könne zwar nicht nachvollziehen, wie es sich anfühle, als Schwarzer Mensch in den USA zu leben, sei aber ebenso eine Mutter wie die Mutter von Emmett Till und könne sehr wohl den Schmerz ermessen, den der Verlust eines Kindes bedeuten würde.[234] Wo Identitätspolitik zu eng an bestimmte Identitäten gekoppelt werde, lebe jede*r schließlich in einer Blase und kommuniziere nur noch mit den Mitgliedern der eigenen Community, sagte die asiatisch-amerikanische Co-Kuratorin der Whitney Biennale, Mia Locks, mit Blick auf die Diskussion in einem Interview.[235]

Zwischen der durch Hannah Black formulierten Anklage und der Entgegnung von Dana Schutz liegt ein Widerspruch, der interessanterweise nicht auf unterschiedliche Standpunkte zurückgeht, da Schutz offen einräumt, nicht ermessen zu können, was es bedeutet, als Schwarzer Mensch diskriminiert zu werden. Der Widerspruch liegt in der jeweils gewählten Aussageposition. Während die eine als Schwarze Frau spricht, formuliert die andere ihre Position als Mutter und versucht damit einen gemeinsamen Boden der Auseinandersetzung aufzumachen (falls Schutz es ehrlich gemeint hat). Die damit im Raum stehende Frage ist, welche Identitätskategorie mit Blick auf die Situation entscheidend ist. Ebenso wie durch *Race* werden unsere Identitäten durch Geschlecht, Alter, Sexualität und viele weitere Kategorien geprägt, zu denen unter anderem auch Elternschaft gehören kann – auch wenn das in der wissenschaftlichen Diskussion eher in der Kategorie Geschlecht aufgehen würde und Schutz' Argument schon allein deshalb ein wenig hilflos wirkt, weil beim Tod von Emmett Till und der Diskussion um ihr Gemälde ganz offensichtlich *Race* im Vordergrund stand. Und diese Komplexität des Identitätsbegriffs ist es, die Identitätspolitik erschweren kann, da nicht immer automatisch klar ist, wer ausgehend von welcher Identitätskategorie spricht und welche Überschneidung sie zu anderen Kategorien aufweist.

Um der Vielschichtigkeit von Diskriminierungsmechanismen sowie ihrer wechselseitigen Verbundenheit gerecht zu werden, brachte die Schwarze US-amerikanische Juristin Kimberlé Crenshaw in den 90er Jahren den Begriff der Intersektionalität ins Spiel.[236] Aus intersektionaler Sicht wirken vielfältige soziale Kategorien auf das Leben von Menschen ein und bringen durch ihr komplexes Zusammenwirken deren spezifische Lebenssituation hervor. Das Leben einer Schwarzen Frau ist demnach von anderen Unterdrückungsmechanismen gekennzeichnet als das einer *weißen* Frau, das eines behinderten Schwarzen Mannes unterscheidet sich von dem eines nicht-behinderten Schwarzen Mannes. Angesichts der potentiellen Anzahl für das Leben relevanter sozialer Kategorisierungen werden Beschreibungen wie diese sehr schnell äußerst komplex.

Wie Kwame Anthony Appiah festgestellt hat, führt dies zu einem Problem hinsichtlich der Art, wie Menschen ihre Identität zur Geltung bringen. Eine Identität zu haben, geht für ihn nicht automatisch mit dem Recht einher, als Repräsentant·in dieser Identität zu sprechen, es sei denn, dieses Recht wurde durch demokratische Delegation erworben. Ausgehend von Crenshaws Gedanken schreibt er, Männer würden in der Gesellschaft mit Blick auf ihre Geschlechterrolle sicherlich alle ähnliche Erfahrungen machen, gleichzeitig würden ihre Erfahrungen aber auch stark voneinander variieren, da sie auch mit sexueller Orientierung, Status und weiteren Faktoren verbunden seien. Eine auf den ersten Blick gemeinsame Identität geht für Appiah deswegen nicht automatisch damit einher, ähnliche Erfahrungen zu machen.[237] Den Gedanken der Intersektionalität ernst zu nehmen, bedeute deswegen, der Komplexität des Identitätsbegriffs und der Verflechtung sozialer Normen Rechnung zu tragen. In diesem Sinne sprach sich Appiah in seiner Kolumne für die *New York Times* dafür aus, die

Menschen sollten weniger im Namen kollektiver Identitäten und mehr für sich selbst sprechen.[238] Wichtig ist hier allerdings ein nuancierter Blick. Appiah spricht sich keineswegs gegen Identitätspolitik aus. Vielmehr kritisiert er den seiner Meinung nach heute nahezu automatischen Reflex, jeder Aussage von gewisser Tragweite automatisch eine an Zugehörigkeiten orientierte Eingrenzung ihrer Gültigkeit mit auf den Weg zu geben. Entscheidend sei die Komplexität des Identitätsbegriffs, die durch das Affektpotential identitätspolitischer Debatten schnell aus dem Blick geraten könne.

Dass Identitätspolitik, wie jede andere Form emanzipatorischer Politik, Widersprüche in sich trägt, spricht indes keineswegs gegen ihre Notwendigkeit in einer von Rassismus und Ausbeutung strukturierten Welt. Schließlich stellt sie eine zentrale Komponente im Kampf um Anerkennung marginalisierter Minderheiten dar, auch wenn sie von *weißen* Menschen zur Durchsetzung rassistischer Politiken missbraucht wurde und mitunter auch für strittige Szenen sorgt. In gewisser Weise wiederholt sich mit Blick auf Identitätspolitik das bereits deutlich gewordene Problem des strategischen Essentialismus, der einerseits darum kämpft, Schubladen für Menschen so weit wie möglich abzuschaffen, diese Schubladen aber unmöglich kritisieren kann, ohne sie zu benennen und dadurch soziale Kategorisierungen erneut festzuschreiben. Wie der Kritik kultureller Aneignung wurde deswegen auch der Identitätspolitik der Vorwurf des umgekehrten Rassismus gemacht.[239] Und wie in der Diskussion über kulturelle Aneignung stellt dieser Vorwurf auch hier eine unfaire Ausbeutung des für antirassistisches Argumentieren konstitutiven Widerspruchs dar. Von Rassismus betroffenen Menschen mit einem besserwisserischen Fingerzeig auf theoretische Widersprüche ein politisches Instrument zu nehmen, dessen sie sich (wie Hengameh Yaghoobifarah und Stefanie Lohaus vom *Missy Magazine* in einem Interview sagten) aus »Notwehr« bedienen,[240] ist keine Lösung und hilft den betroffenen Menschen nicht einen Schritt weiter.

Auf der einen Seite gilt es also, mit den Widersprüchen der Identitätspolitik zu leben, die im Kampf gegen Rassismus,

Sexismus und andere Unterdrückungsformen beachtliche Erfolge erzielt hat. Auf der anderen Seite ist es aber auch notwendig, nach potentiellen Lösungen für die der Identitätspolitik inhärenten Probleme zu suchen, damit diese nicht weiterhin politisch ausgebeutet werden können und sie sich nicht in ihren eigenen Widersprüchen verfängt. Wie beim Thema kulturelle Aneignung ist die von Adichie diagnostizierte Offenheit der Identitätspolitik für eine Umarmung von rechts allerdings ein Problem, weil sie zu unnötigen Diskussionen mitsamt ebenso unnötigem Klärungsbedarf führt und der linke Diskurs sich so weit wie möglich gegen eine entsprechende Übernahme immunisieren sollte. Aus diesem Grund wird in den nächsten beiden Kapiteln Identitätspolitik ausgehend vom Begriff der Identifizierung begriffen und auf ihre Rolle in politischen Kämpfen um Hegemonie hin befragt.

Der Kampf um Hegemonie

Wie bereits ausgeführt werden Menschen nicht mit einer Identität geboren, sondern erschaffen sich diese erst im Laufe ihres Lebens in einer stetigen Auseinandersetzung mit sich, anderen und dem sie umgebenden gesellschaftlichen Kontext. Mit Blick auf die gesellschaftliche Identität zielen die dabei konstitutiven Identifikationsprozesse auf allgemeine soziale Identitätskategorien wie Mann, Frau, Schwarz, weiß, heterosexuell oder homosexuell, die Menschen ein sicheres soziales Leben ermöglichen oder ihnen dabei Steine in den Weg legen können.[241] Dabei stellen wir unsere Identität nicht bewusst und frei wählend zusammen. Ganz im Gegenteil kann Identität auch auf Zwang und Leid zurückgehen, wie bereits Simone de Beauvoir feststellte, als sie 1949 schrieb: »Man kommt nicht als Frau zur Welt, man wird es« und hinzufügte, es gäbe keine biologische, psychische oder ökonomische Bestimmung, die festlegen würde, welche Gestalt der weibliche Mensch in der Gesellschaft einnehmen wird.[242] Die existierenden Identitätskategorien sind durch Normen strukturiert, die den Absichten und Gefühlen von Menschen diametral widersprechen und sie auf eine Existenzweise festlegen können, unter der sie leiden oder wegen derer sie diskriminiert werden. Aufgrund dieser Ambivalenz ist der springende Punkt mit Blick auf Identität vor allem die Frage, wie Menschen sich zu den Kategorien verhalten, von denen ihr Leben geprägt wird; ob sie ihnen mit Akzeptanz, Gleichgültigkeit oder Widerstand begegnen.

Stuart Hall betont aus diesem Grund, dass der Prozess der Identifikation ein niemals abgeschlossener Akt des Strebens und Wünschens ist, der stets unter neuen Bedingungen und mit neuen Zielen wieder aufgenommen wird.[243] Der Identitätsbegriff wechselt aus dieser Sicht das Feld vom Sein im Sinne dessen, was wir sind, zum Haben im Sinne dessen, was wir uns zu eigen machen. Niemand *ist* ein*e Deutsche*r, ein*e *Weiße*r oder ein*e Heterosexuelle*r. Vielmehr machen Menschen sich diese oder andere Identitäten im Rahmen eines Identifikationsprozesses zu eigen, der im Prinzip stets offen für Verschiebungen ist (auch wenn dies nicht immer einfach ist). Das trifft auf dominante Identitäten ebenso zu wie auf diskriminierte, wenn auch in gänzlich unterschiedlicher Weise.

Während Vertreter*innen der Dominanzkultur die ihnen zukommenden Identitätskategorien in der Regel akzeptieren, da sie in vielen Fällen mit Anerkennung einhergehen (im Falle von Armut, nicht binärer Geschlechtsidentität, Behinderung und anderen Abweichungen von der Norm kann sich dies durchaus anders verhalten), erkennen sich unter Diskriminierung leidende Menschen in den ihnen zugeschriebenen Kategorien häufig nicht wieder und versuchen, diesen eigene Identitätsentwürfe entgegenzustellen. Doch im einen wie im anderen Fall bildet Identifikation das verbindende Element, entweder in Form unkritischer Affirmation oder in Form der Zurückweisung zugunsten eines Gegenentwurfs. Wenn Identität etwas ist, das Menschen sich zu eigen machen, steht sie immer zur Disposition, kann sich verändern, ausgegrenzt oder zerstört werden (durch Entzug von Anerkennung etwa).

Kulturelle Aneignung zielt, so betrachtet, weniger auf die Identität marginalisierter Gruppen als auf die von deren Mitgliedern vollzogenen Identifikationsakte, durch die kulturelle

Identität erst zustande kommt. Aus diesem Grund sind, wie bei dem Beispiel des »Kimono Wednesday« deutlich wurde, auch die Mitglieder der zum Objekt der Aneignung gewordenen Kultur sich in vielen Fällen keineswegs einig, ob ihnen Unrecht getan wurde oder nicht. Identifikation ist – verglichen mit der Vorstellung der Verkörperung einer bereits fertigen Rolle – ein komplexer Akt.[244] Aus einem Land Asiens zu kommen, bedeutet keineswegs, sich mit der AAPI-Community zu identifizieren, und auch die Identifikation mit der Community kann gänzlich verschiedene Formen annehmen und zu stark abweichenden Einstellungsmustern gegenüber Fragen der Diskriminierung und des Protestes führen. Wo diese Differenzierung fehlt und Menschen stattdessen genormte Identitäten mitsamt homogenen Verletzlichkeiten, Einstellungsmustern und Interessen unterstellt werden, droht ein so wohlmeinender wie unreflektierter Antirassismus durch den Gebrauch von essentialisierenden Argumentationsmustern in sein Gegenteil umzuschlagen.

Da Identitäten in sich widersprüchlich und unabgeschlossen sind (auch wenn dies Menschen in sehr unterschiedlichem Maße betrifft), werden sie bei Stuart Hall mit einem auf Edward Said zurückgehenden Begriff als »imaginäre Geografien« bezeichnet, die in Raum und Zeit verortet sind, eine eigene »Landschaft« bilden, ein Zuhause und Heimat bedeuten.[245] Wenn Identitäten aber einen so starken Bezug zum Imaginären unterhalten, in sich selbst heterogen sind und die Bindung an sie durch Akte der Identifikation geschieht, werden sie zu einem umkämpften Feld, das sich aus vielfältigen Bedeutungen zusammensetzt. In diesem Sinne hat Stuart Hall mit Blick auf die Identitätskategorie »Schwarz« von einem Ende der »unschuldigen Vorstellung« eines Schwarzen Subjekts gesprochen, um auf die Notwendigkeit hinzuweisen, das statische Verständnis von Identität zugunsten eines historisch und kulturell dynamischen zu verlassen.[246]

Statt als einfache Forderung nach Anerkennung für jenseits der etablierten Norm liegende Identitäten erscheint Identitätspolitik aus dieser Perspektive als Kampf um die Definitionsmacht über und die Bedeutung von Identitäten. Dies ist nicht zuletzt ein Kampf um die Sprache. Ausgehend von der Annahme sprachlicher Performativität, der zufolge Diskurse ihren Gegenstand nicht nur beschreiben, sondern ihn im gleichen Augenblick auch konstituieren, wurde von Judith Butler der Begriff »Resignifikation« ins Feld der Identitätspolitik eingeführt. Ausgegrenzte Identitätskategorien können subversiven Aneignungen unterzogen werden, um ihre Bedeutung zu verschieben und sie von einer Diskriminierung in eine selbstbewusste Eigenbezeichnung zu verwandeln.[247] Sich in solch starkem Maße auf die Macht der Sprache und deren Performativität zu verlassen wie die frühe Judith Butler es so optimistisch getan hat, erscheint aus heutiger Perspektive fragwürdig. Doch veranschaulicht der Kampf um die Bedeutung von Identitätskategorien, wie umstritten die Identität von Menschen ist. Stuart Hall beschreibt in einer eindrücklichen Passage über seine Erlebnisse als gegen Rassismus kämpfender jamaikanischer Einwanderer in England mit Blick auf den Begriff »Schwarz« etwas ganz ähnliches wie Judith Butler mit ihrer Strategie der Resignifikation:

»Wir sagten: ›Ihr habt fünf-, sechs- oder siebenhundert Jahre damit verbracht, eine Symbolik zu entwickeln, in der ›Schwarz‹ zu einem negativen Faktor wurde. Jetzt will ich keinen anderen Ausdruck. Ich will diesen negativen Ausdruck, genau den. Ich möchte einen Teil dieser Sache. Ich möchte ihn aus seiner bisherigen Artikulation mit religiösen, ethnografischen, literarischen und visuellen Diskursen herauslösen. Ich möchte ihn aus dieser bisherigen Artikulation herausreißen und auf eine neue Weise artikulieren.‹«[248]

In diesem Kampf geht es ebenso um die Sprache wie um reale Machtverhältnisse, den Zugang zu Ressourcen und die Verteilungsmechanismen der Gesellschaft. »Schwarz« ist hierbei ein Schlüsselfaktor zur Legitimation der Ausbeutung und Diskriminierung von Menschen durch Verweis auf die angebliche Minderwertigkeit der Ausgebeuteten. Zugleich ist »Schwarz« aber auch ein Schlüsselfaktor des Widerstands, indem der Begriff anders codiert und dadurch morgen zum

Skandal wird, was heute der Mehrheit als normal gilt. Aus dieser Perspektive erscheint Schwarz ebenso als kulturelle wie als politische Kategorie und wird dadurch wesentlich dynamischer, da diese sich erst im Laufe politischer Auseinandersetzungen entwickelt und in diesem Prozess stetig neu ausgelotet wird. In identitätspolitischen Auseinandersetzungen geht es um das politische Ausfechten dessen, was verschiedene Identitätskategorien bedeuten, wie sichtbar sie in der Öffentlichkeit sind und wer hinsichtlich dieser Fragen über Definitionsmacht verfügt.

Was Stuart Hall mit Blick auf die subversive Übernahme des Begriffs »Schwarz« ausführt, veranschaulicht diesen politischen Charakter des Identitätsbegriffs eindringlich. Die Identitätskategorie »Schwarz« funktioniert hier wie ein begrifflicher Fluchtpunkt der politischen Ambitionen einer Gruppe von Menschen, die durch die gemeinsame Erfahrung rassistischer Diskriminierung einerseits und den Entschluss zur politischen Gegenwehr andererseits miteinander verbunden sind.[249] Um die Bedeutung des Begriffs »Schwarz« zu kämpfen, hat dabei höchst lebenspraktische Auswirkungen, die von der Zuerkennung der vollen Bürgerrechte (Martin Luther King) bis zur Forderung der Beendigung rassistischer Strukturen in den staatlichen Institutionen (Black Lives Matter) reichen können.

Wie Stuart Hall schreibt, wehrten sich aus diesem Grund in den 70er Jahren viele Schwarze Menschen gegen die Begriffe der Ethnizität und der Multikulturalität, weil sie darin vor allem eine Tendenz zur Aufspaltung in die Kulturen der Karibik, Ostafrikas, Pakistans oder Bangladeschs bei gleichzeitiger Exotisierung des Fremden erkannten. Zwar habe seitens der Beteiligten niemand behauptet, es gäbe zwischen den Menschen aus den genannten Ländern keine Unterschiede, doch angesichts des Rassismus der Mehrheitsgesellschaft habe der Wunsch überwogen, trotz der vorhandenen Heterogenität durch Gemeinsames verbunden zu sein.[250] Wenn der Begriff Ethnizität aus dieser Perspektive überhaupt etwas bedeuten könne, dann dass von einer bestimmten sozialen Position und vor dem Hintergrund einer konkreten Geschichte und Erfahrungswelt aus gesprochen wird.[251] Die Geschichte der Kolonialisierung, die Geschichte der Sklaverei, die anhaltende Ausgrenzung in allen Bereichen des öffentlichen Lebens wurden durch diese Verschiebungen nicht länger von umhegten kulturellen Inseln aus betrachtet. Stattdessen wurden sie zu einem gemeinsamen Bezugspunkt, der die Formierung eines neuen politischen Subjekts erlaubte, welches die Selbstverständlichkeit des Normengebäudes der Gesellschaft radikal kritisierte und aus dem Gleichgewicht brachte.

Ähnliche Kämpfe wurden in Deutschland seit dem Ende der 70er Jahre von den »Krüppelgruppen« mit Blick auf den Status von behinderten Menschen, 1969 in New York beim Aufstand nicht-heterosexueller Menschen in der Christopher Street sowie in feministischen Kämpfen gegen von Männern gemachte Gesetze zur Disziplinierung des weiblichen Körpers während der 70er Jahre geführt. Sie setzen sich bis heute in Kämpfen um die Stellung und Definition ausgegrenzter Menschengruppen fort. Dass es sich hier nicht notwendigerweise um Minderheiten handeln muss, zeigt die Geschichte des Kampfs um Frauenrechte paradigmatisch.

Dieser Kampf um die Deutungshoheit über die soziale Wirklichkeit ist in der politischen Philosophie als Kampf um Hegemonie beschrieben worden. Der Begriff der Hegemonie wurde durch den Vorsitzenden der Kommunistischen Partei Italiens, Antonio Gramsci, geprägt, der unter Mussolini von 1926 an im Gefängnis saß und in seinen Gefängnisheften eine Abkehr vom erstarrten Marxismus der Sowjetära vollzog, indem er die Rolle der menschlichen Praxis in den Vordergrund stellte.[252] Der klassische Marxismus hatte seit seinem Bestehen stets auf die Arbeiterklasse als revolutionäres Subjekt gesetzt und auf die verführerische Narration vom Proletariat als revolutionärer Klasse, die schließlich den Kapitalismus überwinden und dadurch die klassenlose Gesellschaft einläuten würde. Die am weitesten entwickelten kapitalistischen Länder England, Frankreich und Deutschland waren allerdings keineswegs Vorreiter auf dem Weg in die kommunistische Zukunft, und in

Russland brach die Revolution schließlich in einem Land aus, das überwiegend von Bauern und Bäuerinnen bewohnt wurde und in dem industrielle Produktion nur eine randständige Rolle spielte. Zudem hatten sich die Gesellschaften Westeuropas in starkem Maße ausdifferenziert und wiesen eine weit komplexere Struktur auf, als der bipolare Klassengegensatz des traditionellen Marxismus sie beschreiben konnte. Gramsci unterschied aufgrund dessen beim Kampf um Hegemonie zwischen »Bewegungskrieg« und »Stellungskrieg«.[253] Wo sich früher zwei Mächte gegenüberstanden (Bewegungskrieg), war das Terrain des Konflikts nun zerklüftet, umfasste mehr Akteur*innen, und die Kämpfe spielten sich an zahlreichen Orten gleichzeitig ab (Stellungskrieg).

Gramscis Gedanken haben starken Einfluss auf die Entwicklung der kritischen Theorie genommen. 1985 erschien mit *Hegemonie und radikale Demokratie* von Ernesto Laclau und Chantal Mouffe in England ein Buch, das die Ideen Gramscis aufnahm und über ihn hinausführte (wie der Untertitel *Zur Dekonstruktion des Marxismus* verdeutlicht, über den Gramsci sicherlich alles andere als begeistert gewesen wäre). Die Politikwissenschaftler*innen Laclau und Mouffe betrachten Gramscis Werk zwar als Wendepunkt der marxistischen Theorie, bemängeln aber gleichzeitig, auch er habe die Begriffe »Ökonomie« und »Klasse« nicht wirklich hinter sich gelassen und falle aus diesem Grund in den Determinismus der Ökonomie zurück.[254] Für Laclau und Mouffe bedeutet die Zugehörigkeit zu einer Klasse oder das vielzitierte Verhältnis zwischen Produktivkräften und Produktionsverhältnissen im Grunde nichts; zumindest nicht in dem Sinne, dass die Klassenzugehörigkeit eines Menschen dessen politische Interessen bestimmen oder ökonomisch prekäre Verhältnisse automatisch emanzipativen Widerstand hervorrufen würden.

Was Laclau und Mouffe von Gramsci übernehmen, ist die Unterscheidung zwischen Bewegungs- und Stellungskrieg. Für sie ist mit dem Niedergang des realexistierenden Sozialismus und der zunehmenden Relevanz sozialer Bewegungen (wie die bereits erwähnten »Krüppelgruppen«, die LGBTQIA+-Bewegung, die feministische Bewegung) eine neue politische Situation entstanden. Wo die Erzählung von der Klassengesellschaft von einem alles bestimmenden Antagonismus zwischen Proletariat und Bourgeoisie durchzogen war, hat sich ihnen zufolge die moderne Gesellschaft zu einem Schauplatz vielfältiger Auseinandersetzungen mit nicht weniger vielfältigen politischen Subjekten entwickelt.[255]

Diese Auseinandersetzungen finden hegemonietheoretisch betrachtet nicht mehr entlang einer breiten politischen Front statt, die in den Sturm auf das Winterpalais mündet. Stattdessen ist die Gesellschaft ebenso wie die in ihr waltenden Machtverhältnisse in eine Vielzahl von Antagonismen zerfallen, entlang derer um politische Hegemonie gerungen wird. Neben der Verteilungs- und Wirtschaftsordnung als klassischem Terrain linker Politik geraten dadurch Themen wie die Diskriminierung von Minderheiten, der Status von Geflüchteten, die Lebensbedingungen von LGBTQIA+-Menschen oder die Zerstörung der Natur in den Blick. Und während im einen Bereich der Gesellschaft die hegemonialen Verhältnisse noch die alten sein mögen, beginnen sie in einem anderen vielleicht bereits zu wackeln.

Hegemonie ist vor allem das Ergebnis konkreter politischer Praxis, die ständig in Bewegung ist und auf die Bildung von strategischen Allianzen statt auf eine bereits vorausgesetzte Einheit wie z. B. das Proletariat zurückgeht.[256] Um diese Dynamik besser zu veranschaulichen, haben Laclau und Mouffe den Begriff des »leeren Signifikanten« entwickelt. Leere Signifikanten sind Symbole, die im Laufe politischer Auseinandersetzungen mit Inhalten gefüllt und dadurch schließlich von einer Fraktion des politischen Spektrums hegemonisiert werden. Sie spielen in der politischen Öffentlichkeit die Rolle von Ankerpunkten, an denen sich politisch umkämpfte Probleme verdichten, und dienen politischen Gruppen als gemeinsamer Bezugspunkt ihres Denkens und Handelns.[257] Genau diesen Prozess beschreibt Stuart Hall, wenn er auf den Zusammenschluss der in England lebenden Menschen aus Bangladesh, Pakistan, ostafrikanischen und anderen Ländern unter dem dadurch politisch werdenden Signifikanten »Schwarz« zurückschaut, der bislang von *Weißen* hegemonisiert wurde, um nun radikal rekodiert und zum Symbol der Forderung nach Gleichberechtigung und Anerkennung zu werden.[258] Leere Signifikanten sind also nicht im Wortsinn leer, sondern zeichnen sich durch ein äußerst breites Bedeutungsspektrum aus, das es vielfältigen Gruppen und Bewegungen erlaubt, einen von ihnen allen geteilten Bezugspunkt zu finden, unter dem sie sich vereinen und gemeinsam agieren können.

Zuvor voneinander getrennte Gruppen können nun eine politische Kraft hervorbringen, die keine der Gruppen für sich hätte mobilisieren können. Diese ist keine zwangsläufige Entwicklung. Politische Gruppen können auch zerstreut sein, obwohl sie ähnliche Arbeitsfelder besetzen und ähnliche Forderungen stellen. In diesem Fall bleibt die etablierte Hegemonie unhinterfragt, erscheint den meisten Menschen als selbstverständlich und nicht als Resultat politischer Praxis.[259] Doch auch – und dies ist die zentrale Botschaft der Hegemonietheorie – wenn die hegemonialen Verhältnisse wie in Stein gemeißelt zu sein scheinen, können sie sich jederzeit ändern, da es keiner Kraft je gelingen kann, den Raum des Politischen ein für alle Mal zu dominieren.[260] Was die Folgen von Rosa Parks Weigerung sein würden, am 1. Dezember 1955 ihren Platz in einem Bus der Stadt Montgomery für einen *Weißen* freizugeben, hätte in diesem Moment niemand auch nur erahnen können, und doch wurde sie zu einem zentralen Symbol der Bürgerrechtsbewegung.

Auch in hegemonietheoretischer Hinsicht ist Identität nicht vorab gegeben, um dann in Kämpfen um Anerkennung politisch repräsentiert zu werden. Sie wird erst in politischen Auseinandersetzungen um die Deutungshoheit über die soziale Realität gebildet und ist damit in hohem Maße in die Dynamik von Machtverhältnissen eingebunden. In diesem Spannungsfeld verorten sich die Individuen, indem sie sich mit den im Spiel befindlichen Kategorien identifizieren, die hegemonialen Entwürfe von Identität mittragen, in gegenhegemonialen politischen Projekten gegen sie Partei ergreifen oder sich vielleicht auch von den Umständen treiben lassen, ohne selbstständig Position zu beziehen. Identität ist eine von den Macht-verhältnissen abhängige Gratwanderung zwischen Freiheit und Determination.[261]

Auf diese Weise ist auch zu erklären, warum in Auseinan-dersetzungen über kulturelle Aneignung seitens der Betroffe-nen so unterschiedliche Standpunkte vertreten werden. Wenn sich angesichts des »Kimono Wednesdays« einige Mitglieder der AAPI-Community massiv diskriminiert fühlen, während andere öffentlich ihre Zustimmung zum Ausstellungskonzept kundtun, oder unter den Sami keineswegs Einigkeit hinsicht-lich der Frage herrscht, ob die Muster ihrer traditionellen Klei-dung von Modelabeln aufgegriffen werden dürfen, zeugt dies von unterschiedlichen Verortungen der Beteiligten in den entsprechenden Auseinandersetzungen um Hegemonie. Ein Mensch aus Japan oder Sami zu sein, geht nicht automatisch mit einer bestimmten Haltung zu kulturellen und politischen Fragen einher, da diese eine Frage der Machtverhältnisse und des individuellen politischen Engagements freier Menschen ist. Sicher spielen kulturelle Artefakte, Wissensbestände und Praktiken in Kämpfen um Hegemonie eine Schlüsselrolle, da sie zu Symbolen für politische Positionen und zentrale Begrif-fe werden. Doch kommt diese Bedeutung ihnen nicht von sich aus zu, sondern ist das Ergebnis ihres Einsatzes in einem kom-plexen Netzwerk mit zahlreichen politischen Akteur*innen, die miteinander oder gegeneinander kämpfen, neue Allianzen schmieden und so die Bedeutungen ins Rutschen bringen.

Noch einmal zur Definition

Der Zusammenhang zwischen Identität, Hegemonie und kul-tureller Aneignung zeichnet sich an dieser Stelle bereits ab. Kämpfe um Hegemonie kreisen in den meisten Fällen um Macht, Anerkennung, Gleichberechtigung, Verteilungsgerech-tigkeit, den Umgang mit natürlichen Ressourcen oder die Be-deutung von Identitätskategorien. In diesem Spannungsfeld können kulturelle Elemente wie Kleidung, Musik, Tanz, Spra-che, Malerei u. v. m. zu zentralen Symbolen für die Ziele politi-scher Bewegungen werden, die deren Einheit nach außen und innen verbürgen. Das Kulturelle lädt sich politisch auf, während zugleich das Politische kulturalisiert wird. Aus diesem Blickwinkel ist es möglich, die Definition kultureller Aneignung basierend auf dem bisherigen Verständnis ein wenig zu verschieben:

> *Kulturelle Aneignung interveniert in Auseinandersetzungen um Hegemonie, indem Mitglieder oder Gruppen einer Dominanzkultur sich die Symbole um Emanzipation kämpfender diskriminierter Gruppen zu eigen machen, um diese zu eigenen Zwecken zu recodieren oder in Konsumartikel zu verwandeln, wodurch sie in ihrer Bedeutung verschoben und für die Repräsentation unbrauchbar gemacht werden.*

Diese Definitionsvariante stellt eine Verschiebung ins Politische dar, insofern sie das Oppositionsverhältnis zweier Kulturen durch die dynamische Konfrontation von Gruppen und Bewegungen innerhalb des Ringens um Hegemonie ersetzt. Wer von den Beteiligten auf welche Seite gehört, wer als Vertreter∗in welcher Kultur agiert und wer wie in Aneignungsprozesse verstrickt ist, wird hier zunächst offen gelassen und kann nur durch eine Analyse der zur Disposition stehenden Situation geklärt werden. Diese Offenheit kann sich aber als produktiv erweisen. Wie auch die Journalstin Ash Sarkar in ihrem bereits erwähnten Artikel für den *Guardian* 2019 gefordert hat,[262] schiebt die Definition das Urteil zunächst auf und setzt stattdessen auf eine genaue Auseinandersetzung mit den Standpunkten der Beteiligten. In Kämpfen um Hegemonie begegnen sich keine homogenen Kulturen, sondern in sich heterogene Gruppen oder Bewegungen, die durch ein gemeinsames politisches Ziel vereint sind und zum Zwecke der Repräsentation auf kulturelle Symbole zurückgreifen. Menschen erscheinen der gerade gegebenen Definition zufolge nicht länger als Exponent∗innen zugeschriebener kultureller Zugehörigkeiten, sondern machen sich ihre Identitäten in fortwährenden Akten der Identifikation zu eigen und beanspruchen dafür gesellschaftliche Anerkennung. Die Machtbeziehungen verlaufen nicht deckungsgleich mit der strategischen Setzung kultureller Grenzen, sondern werden stattdessen durch den Stand aktueller politischer Kämpfe definiert, die durchaus auch quer zu Faktoren wie Kultur, Herkunft oder Ethnie und anderen Identitätskategorien verlaufen können, wie sich bei Betrachtung der unterschiedlichen Haltungen innerhalb der Community der Sami und der AAPI gezeigt hat.

Übertragen wir die Definition versuchsweise auf die im dritten Kapitel beschriebenen Dimensionen der Aneignung. Der bis heute nicht rückgängig gemachte Diebstahl von Kulturgütern durch ethnologische und andere Museen schreibt die Aneignung von Kulturgegenständen fest, die für die betroffenen Länder eine wichtige Funktion für die öffentliche Dokumentation ihrer Kunst und Geschichte haben könnten. Das verfestigt die Bittstellerposition der ehemals kolonialisierten Länder auf dem Kunstmarkt und zugleich die Hegemonie des globalen Nordens, deren Infragestellung und Kritik Ziel der zahlreichen Interventionen kolonialismuskritischer Gruppen der Zivilgesellschaft und der eingebundenen Institutionen der Herkunftsländer ist.

Im Falle des ungefragten Sprechens für andere (z. B. durch selbsternannte »Islamexpert·innen«) besteht der Einsatz der Auseinandersetzung im Recht auf Repräsentation. Indem die »Expert·innen« der Mehrheitsgesellschaft sich den Diskurs der Betroffenen aneignen, wird deren Kultur nicht nur durch eine von hegemonialen Interessen geschliffene Linse betrachtet. Obendrein verlieren diese auch die Möglichkeit zu öffentlichkeitswirksamer Selbstrepräsentation, um der diskursiven Hegemonie der Dominanzgesellschaft etwas entgegenzusetzen.

Ganz ähnlich verhält es sich bei den konsumierenden Aneignungen. Auch hier wird diskursive Macht entfaltet, indem zu Anderen stilisierte Menschen und Gruppen in warenförmige Abziehbilder ihrer selbst verwandelt und infolgedessen durch die Mitglieder der Dominanzkultur überwiegend als kommensurable Stereotypen wahrgenommen werden. Statt als Menschen mit Wünschen und Zielen zu erscheinen, sehen sie sich einer Ansammlung von Klischees gegenüber, die sich aus Begehrlichkeiten und Vorurteilen der Mehrheitsgesellschaft zusammensetzt und aufgrund ihrer Allgegenwart nur schwer verschoben werden kann.

Der durch kulturelle Aneignungsprozesse verursachte Schaden liegt aus diesem Blickwinkel weniger im Erleiden von Diebstahl als in der Zerstörung von Repräsentationsformen, die in so langfristigen wie mühsamen politischen Auseinandersetzungen aufgebaut wurden und eine Schlüsselrolle im Zusammenhalt politischer Gruppen und Bewegungen einnehmen. Dies schwächt deren Stellung im Ringen um Hegemonie und führt dadurch zu einer Verlängerung oder gar Verschlimmerung der von ihnen bekämpften diskriminierenden Verhältnisse. Wer aus dem Slogan »Black Lives Matter«, wie die Rechte in den USA, »All Lives Matter« oder, schlimmer noch, »Blue Lives Matter« macht (blue steht hier für die Farbe der Polizeiuniformen), versucht, die Forderungen der Anderen zu überschreiben, und trägt dadurch aktiv zur Fortdauer rassistischer Polizeigewalt bei.

Schwieriger wird es etwa in modischen Fragen. Als Katy Perry sich mit Cornrows der Öffentlichkeit präsentierte, sprachen die einen von kultureller Aneignung, andere verwiesen auf die Freiheit der Mode. Wenn aber, wie Malcolm X in seiner Autobiografie eindringlich beschreibt, Schwarze Menschen sich über Jahrzehnte unter Zuhilfenahme chemischer Substanzen in schmerzhaften Prozeduren die Haare glätteten,[263] um diese im Zuge des wachsenden Widerstands der 1960er Jahre nicht länger zu verstecken und stattdessen Afros, Dreads, Zöpfe, Cornrows und andere Frisuren zu tragen – dann sind diese Frisuren Ausdruck eines neuen Selbstbewusstseins und zugleich ein politisches Statement.[264] Sollten *Weiße* sich also Cornrows und Dreadlocks machen? Wenn sie dem politischen Text dieser Frisuren beipflichten, wohl eher nicht, da die Bedeutung dieser Frisuren sich abhängig von der *Race* verändert. »Black Pride« kann nicht von *Weißen* gezeigt werden. Doch wie kann kulturelle Aneignung im Alltag vermieden werden, zumal in einer globalisierten Welt, die in starkem Maße von Hybridisierung gekennzeichnet ist und eine »Nationalkultur« lange hinter sich gelassen hat, wenn es denn je eine gegeben hat?

Wenn kulturelle Aneignung eine Intervention in von diskriminierten Gruppen geführte Kämpfe ist, sind die Fronten dieser Auseinandersetzung dynamischen Verschiebungen ausgesetzt. Was kulturelle Aneignung ist, hängt davon ab, wer zu welchem Zeitpunkt in welcher Situation mit welchen Argumenten für welche politische Agenda kämpft. Mit Blick auf den Streit um den Kimono sind aufgrund der Gespaltenheit der Community mindestens zwei Positionen möglich, die sich zudem diametral gegenüberstehen. Ob man als Außenstehender einen Akt der kulturellen Aneignung darin sieht, vom Angebot der Anprobe eines Kimonos Gebrauch zu machen, hängt von der eigenen Haltung gegenüber den Argumenten der hier selbst gespaltenen Community ab.

Es gilt, den Argumenten der Anderen zuzuhören und sich mit ihnen auseinanderzusetzen, was zugleich ein Abstandnehmen von der *weißen* Gepflogenheit bedeutet, zu allem immer schon eine Meinung zu haben und diese selbstverständlich als richtig anzusehen. Viele Fragen klären sich auf diese Weise recht schnell. Wenn ich als *Weißer* die Ziele der Black-Lives-Matter-Bewegung für wichtig halte, werde ich auf Cornrows ebenso verzichten, wie ein Warbonnet nichts auf meinem Kopf verloren hat, wenn ich das Ringen der Indigenen Menschen Nordamerikas um bessere Lebensbedingungen als berechtigten Kampf anerkenne. Sicherlich kann ich die Black-Lives-Matter-Bewegung ebenso zurückweisen wie das Ringen Indigener Gemeinschaften und meine Dreadlocks stolz mit Federn verzieren (um eine Formulierung Hengameh Yaghoobifarahs aufzugreifen).[265] Doch dann muss ich auch die Bereitschaft aufbringen, als Ignorant*in bezeichnet zu werden. Schließlich mache ich es den Betroffenen schwerer, ihre politischen Ziele zu erreichen, indem ich daran mitarbeite, ihre politischen Symbole zu verschleifen. Und der Kimono? Japan war eine wichtige Kolonialmacht und zählt zu den G7-Staaten.

Von einer Machtasymmetrie kann hier also nicht die Rede sein, weswegen es abwegig erscheint, in diesem Fall von kultureller Aneignung zu sprechen, auch wenn die Mobilisierung von um »Exotik« kreisenden Klischees durchaus als rassistisch kritisiert werden kann.

Doch geht es bei kultureller Aneignung wirklich immer nur um das Thema Kultur und die zwischen Kulturen bestehenden Machtverhältnisse? Und bezieht eine Dominanzkultur ihre Macht nur aus sich selbst, also aus ihrer Verbreitung und Akzeptanz? Noah Sow zählt in einem Lexikoneintrag für das kritische Nachschlagewerk *Wie Rassismus aus Wörtern spricht* eine Reihe von Beispielen für kulturelle Aneignung auf, die sie in zwei Kategorien teilt, von denen die erste sich belächeln ließe, während die andere strukturell sei und systemischen Charakter habe.[266] Zur ersten Gruppe gehören ihr zufolge:

- Große Ohrlöcher
- Piercings im Gesicht
- Mohawkfrisuren
- Buddha-Schmuck

und zur zweiten:

- Die öffentliche Darstellung der Lebensrealität Schwarzer Menschen durch *weiße* Menschen wie Günter Wallraff
- Die Vermittlung auf Exotik und Fremdheit getrimmter Geschichtsbilder durch Bücher und Filme wie die von Karl May
- Die Erklärung der Geschehnisse auf dem afrikanischen Kontinent durch *weiße* »Afrikaexpert·innen«
- Britische Soulmusik wie die von Duffy
- Transkulturelle Adoptionen[267]

Beginnen wir mit der zweiten Gruppe. Warum Sow transkulturelle Adoptionen in ihre Liste aufnimmt, ist vor dem Hintergrund der von ihr selbst gegebenen Definition kultureller Aneignung (siehe Definitionskapitel) nicht ganz einleuchtend, zumal Sow in einem Artikel zu diesem Thema (im selben Buch) vor allem kritisiert, die meisten transkulturell adoptierten Kinder würden von ihren *weißen* Eltern farbenblind erzogen und

bekämen eine unreflektierte *weiße* Weltsicht anerzogen[268].
Sicherlich sind derartige Adoptionen problematisch, da sie mit
einem starken Machtgefälle einhergehen, einige Familien sich
dabei sicherlich von rassistischen Stereotypen leiten lassen
und ihr *Weißsein* wohl nur in den wenigsten Fällen hinrei-
chend reflektieren. Doch wenn hier etwas angeeignet wird, so
ist es ein Kind, nicht dessen Kultur, die in einigen Fällen womöglich sogar eher als korrekturbedürftig und lästig angesehen wird.

Die anderen Punkte erschließen sich hingegen unmittelbar.
Günter Wallraff, Karl May und *weiße* Afrikaexpert·innen sind
einige der zahlreichen Varianten der bereits analysierten ungefragten Repräsentation von zu Anderen gemachten Menschen, denen so die Möglichkeit genommen wird, für sich
selbst zu sprechen und ihre Anliegen direkt zu formulieren.
Die Kritik an Musiker·innen wie Duffy unterstellt keineswegs,
nur Schwarze Menschen dürften Soul spielen. Schließlich
wird Soul mittlerweile auch von Bands gespielt, in denen *weiße* und Schwarze Menschen zusammen Musik machen, wie
Sharon Jones And The Dap-Kings, The Heavy, Black Pumas
und viele andere beweisen, die von Sow nicht kritisiert werden. Das Problem bei Duffy liegt für Sow vor allem in dem so
häufigen Endergebnis, dass *Weiße* viel Geld mit von Schwarzen Menschen geschaffenen Kulturgütern verdienen, weil
Schwarze Kultur sich besser vermarkten lässt, wenn sie von
Weißen gemacht wird.[269] Sämtliche dieser Fälle laufen darauf
hinaus, Schwarzen Menschen die kulturellen Mittel zur Repräsentation zu entziehen, um sie für Zielsetzungen im Sinne der
dominanten Kultur zu verwenden, was eine Schwächung der
Betroffenen in ihrem Kampf um Anerkennung ist, ob dieser
sich nun auf der Straße, in der Universität oder auf einer Fes-
tivalbühne abspielt. Was aber ist mit der ersten Gruppe? Sind
große Ohrlöcher, Piercings, Mohawkfrisuren und Buddha-
Schmuck wichtige kulturelle Repräsentationsformen innerhalb politischer Auseinandersetzungen um Hegemonie?

Kulturelle Aneignung und Kapitalismus

Die öffentlichen Diskussionen über kulturelle Aneignung sind meistens in Bereichen wie Mode, Musik und Konsum angesiedelt und deshalb eng mit der Frage des Kapitalismus verbunden. Über kulturelle Aneignung zu sprechen bedeutet aus diesem Grund auch, ihren Zusammenhang mit dem Kapitalismus zu hinterfragen (ihre Verwobenheit mit dem Rassismus ist Thema des nächsten Kapitels) und die Auswirkungen der zunehmenden Ökonomisierung der Gesellschaft auf den Bereich der Kultur zu betrachten. Wo Kultur zunehmend zu einer Ware wie alle anderen wird, verliert sie schrittweise an Bedeutung und Sinn und erschwert es den Menschen, sich in Auseinandersetzung mit ihrer Umwelt eine Identität aufzubauen.

Kommodifizierung der Kultur

Viele der heute unter dem Begriff kulturelle Aneignung verhandelten Ereignisse weisen eine enge Verbindung mit der kapitalistischen Verwertungslogik auf. In der Bay Area in San Francisco werden, wie Maisha Z. Johnson in ihrem bereits diskutierten Artikel beschreibt, im Rahmen der Gentrifizierung mexikanische Restaurants aus den Stadtvierteln verdrängt und durch von *Weißen* geführte Restaurants ersetzt, die an den Mehrheitsgeschmack angepasste Varianten mexikanischen Essens verkaufen und damit obendrein auch noch besser verdienen. Für Johnson ist dies ein klarer Fall von kultureller Aneignung, denn anstatt sozial gerecht zu teilen, würde die Machtasymmetrie zwischen Kulturen ausgebeutet.[270] Gentrifizierung verdrängt Menschen mit eingeschränkten materiellen Ressourcen aus lange Zeit von ihnen bewohnten Stadtvierteln, eine Dynamik, von der Migrant*innen häufig besonders betroffen sind, da sie sich aufgrund von struktureller Diskriminierung nicht selten in prekären Lebenssituationen befinden.

Indem Johnson vom Teilen spricht, macht sie implizit die Erwartung deutlich, die *weißen* Inhaber*innen der größeren Restaurants, die langsam, aber sicher die kleineren verdrängen, sollten Geld oder Ressourcen in die übervorteilten Communitys zurückfließen lassen.

Doch warum sollten sie das eigentlich tun? Appelliert Johnson an das Wohlwollen *weißer* Restaurantbesitzer*innen? Dies kann in einer auf Konkurrenz beruhenden Wirtschaftsstruktur wohl nur schwerlich erwartet werden. Dass kulturelle Praktiken, Objekte und Wissensbestände spätestens seit den 70er Jahren verstärkt in den Fokus kapitalistischer Verwertung geraten sind, lässt sich nur unzureichend verstehen, wenn dieser Prozess einseitig kulturell interpretiert wird – auch wenn er massive Rückwirkungen auf die Kultur hat. Die Debatte um kulturelle Aneignung leidet hier zum Teil unter der auch in der modernen Soziologie verbreiteten Tendenz, ökonomische Dynamiken als Konsequenz kultureller Entwicklungen zu verstehen und die Frage nach dem Kapitalismus dabei auszuklammern. So formulieren erfolgreiche Autoren wie Hartmut Rosa oder Andreas Reckwitz zwar ausführliche Kritiken der Kultur der Postmoderne, verbinden die von ihnen analysierten Phänomene wie Beschleunigung (Rosa) oder Singularisierung (Reckwitz) aber nicht mit der ihnen zugrunde liegenden ökonomischen Struktur und deren Eigendynamik. Doch die Verwandlung von Kultur in Waren hat für die Bedeutung des Kulturellen ebenso massive Konsequenzen wie für die Prozesse, durch die Menschen sich eine Identität aufbauen. Wie im folgenden Kapitel zu sehen sein wird, ist dies mit dem fortschreitenden Bedeutungsverlust verbunden, der tief in die Struktur des modernen Kapitalismus eingeschrieben ist und die Gesellschaft mehr und mehr ihres Sinns beraubt.

Zudem führt das Ausklammern der Ökonomie zu einer Überführung kollektiver Probleme – wie zum Beispiel der Gentrifizierung – in die Verantwortung von Individuen, die dann nicht selten auch noch in Gut und Böse aufgeteilt werden. Die Notwendigkeit der Kapitalismuskritik im Kampf um soziale Gerechtigkeit wurde auch von Huey Newton in einem Interview mit der Zeitschrift *The Movement* aus dem Jahr 1968 betont, als er scheinbar lapidar sagte:»We believe that culture itself will not liberate us. We're going to need some stronger stuff.«[271]

Dies ist wichtig für das Verständnis kultureller Aneignung, denn die Ausbeutungsverhältnisse sind strukturell in der kapitalistischen Gesellschaft angelegt und kein Resultat »falschen« menschlichen Miteinanders. Wo menschliches Fehlverhalten durch Bewusstwerdung und Reflexionsarbeit aufgebrochen werden kann, verschwinden Strukturen von Ausbeutung und Herrschaft noch lange nicht. Appelle zur Verhaltensänderung mögen im Einzelfall durchaus etwas bewirken, lassen aber die Struktur intakt, auf der das Verhalten basiert. Dass die Eigentümer·innen von durch Gentrifizierungsprozesse verdrängten Restaurants mit einiger Wahrscheinlichkeit als schlecht bezahlte Servicekräfte ihrer einstigen Konkurrent·innen enden, liegt mit Marx betrachtet in der Logik einer kapitalistischen Gesellschaft und kann daher ebenso wenig verwundern wie die Tatsache, dass zu diesem Zweck bereits existierende Strukturen von Ungleichheit, wie Rassismus oder Sexismus, ausgenutzt werden.

Marx' Analyse mag aufgrund der ihr zugrunde liegenden Begriffe wie Bourgeoisie oder Proletariat antiquiert wirken, ist aber auch aus heutigem Blickwinkel durchaus aktuell. Das Wirtschaftswachstum wird verkündet wie in einer religiösen Zeremonie, die Notwendigkeit permanenten Wachstums gilt den meisten Entscheidungsträger·innen in Politik und Wirtschaft als unhinterfragtes Dogma, und mit dem Begriff des Sachzwangs werden noch die bittersten Pillen an die Leute gebracht. Das Kapital funktioniert wie ein Perpetuum mobile und wird von der Eigendynamik seiner Struktur in Betrieb gehalten. Die Folge des Waltens dieses »automatischen Subjekts«[272] besteht neben permanentem Wachstum in der Erschließung immer neuer Lebensbereiche, die von der Ökonomie erobert und ihren Erfordernissen entsprechend umgestaltet werden. Zu Zeiten des Kolonialismus hatte diese Ausdehnung vor allem territorialen Charakter und brachte durch Er-

oberung neue Rohstoffmärkte ebenso hervor wie neue Absatzmärkte für europäische Waren. Heute macht dieser Prozess
der »Ökonomisierung« sich vor allem darin bemerkbar, das öffentliche Leben zunehmend dem ökonomischen Kalkül von
Gewinn und Verlust zu unterstellen, etwa durch die Privatisie-
rung des Bildungs- und Gesundheitswesens oder die zunehmende Kommerzialisierung intimer Beziehungen. Diese Entwicklung erstreckt sich auch auf die Menschen selbst, die
mehr und mehr lernen, sich selbst als Kapital zu verstehen:
Wir gehen ins Fitnessstudio oder sind zumindest dort ange-
meldet, das Handy zählt unsere Schritte und ermuntert uns zu
mehr Bewegung, natürlich haben wir uns schon lange das Rau-
chen abgewöhnt und betrachten unsere Lebensspanne als eine
Zeit des lebenslangen Lernens. Wendy Brown spricht mit Blick
auf diese lückenlose Eroberung des Subjekts durch das ökonomische Kalkül der Selbstverwertung vom »totalen Homo oeconomicus«[273], da das Subjekt sich durch einen ebensolchen
Mangel ökonomiefreier Zonen auszeichne wie die Gesellschaft
selbst.

Natürlich geht das an der Kultur keineswegs vorbei. Dass
Kapitalismus ohne Wachstum undenkbar ist, führt zu einem
folgenschweren Problem: Als riesige und stetig wachsende
Produktionsmaschine erscheint der Kapitalismus, wie Marx
es formuliert hat, als eine »ungeheure Warensammlung«[274] –
und diese Warensammlung muss verkauft werden, damit der
Kapitalkreislauf nicht zum Erliegen kommt (im Kapitalismus
eine Horrorvorstellung). Bereits Anfang des 19. Jahrhunderts
wurde eine intensive Debatte um dieses Problem geführt.
Trotz aller Divergenzen waren Rosa Luxemburg und Wladimir Iljitsch Lenin sich darüber einig, das Fortschreiten des Kapitalismus würde unweigerlich tiefer in den Kolonialismus hi-
neinführen und die Gefahr von Kriegen um die letzten freien
Märkte in die Höhe treiben. Vor dem Hintergrund der erbitter-
ten Kämpfe um Entkolonialisierung in den 50er und 60er Jahren des letzten Jahrhunderts hat sich diese Prognose als hell-
sichtig erwiesen; das sieht man auch noch im postkolonialen
Zeitalter, während die Länder des globalen Südens unter ihren

Schulden zusammenbrechen und vom globalen Norden weiterhin als Rohstofflager und Müllhalden genutzt werden.

Doch die Frage, wie die riesige Warensammlung eigentlich verwertet werden soll, kann heute nicht mehr durch die Eroberung neuer Absatzmärkte gelöst werden, schließlich ist die komplette Erde kapitalistisch erschlossen und zu einem einzigen globalen Markt geworden. Auch die Produktion hat ihren Charakter wesentlich verändert. Die grundlegenden Bedürfnisse wie Nahrung, Kleidung und Wohnung sind in den Ländern des globalen Nordens für die meisten Menschen gedeckt und der Markt steht einer Expansion nur noch bedingt offen, woran auch neue Chipssorten oder Brotaufstriche nicht wirklich etwas zu ändern vermögen. Deshalb gewinnen vor allem solche Waren an Relevanz, die über unmittelbare Bedürfnisse hinausgehen und, wie der deutsche Philosoph Gernot Böhme formuliert hat, der Stimulierung von »Begehrnissen« dienen, deren Befriedigung zum Leben keineswegs notwendig ist, die aber aus kapitalistischer Sicht die äußerst angenehme Eigenschaft besitzen, sich in dem Maße zu intensivieren, wie ihnen entsprochen wird.[275] Dadurch kommen Waren ins Spiel, deren Nutzen oft zweifelhaft ist, weshalb die kulturelle Inszenierung von Waren zu einem Schlüsselfaktor mit Blick auf ihren Verkauf wird. Mindestens alle zwei Jahre ein neues Handy zu brauchen, kann nur glaubhaft vermittelt werden, wenn das Neue mit außerhalb seiner selbst liegenden Bedeutungen aufgeladen wird und weniger den Gegenstand als den Menschen bewirbt, zu dem man als potentielle*r Käufer*in der Ware werden kann. Die das »Gebrauchswertversprechen«[276] vermittelnde Werbung führt das konsumierende Subjekt an fremde Orte voller Exotik, um farbenprächtige Kulturen kennenzulernen, mit schillernden Menschen zusammenzukommen, an ihrem Leben teilzuhaben, mit der Handykamera das Erlebte festzuhalten und es live in die sozialen Netzwerke hochzuladen. In der Ästhetisierung der Warenwelt und ihrer Distributionsorte geht es vor allem um die Schaffung einer Atmosphäre, die den Menschen das Gefühl gibt, Teil von etwas Größerem zu sein, sich zu verändern und zu verwirklichen.

Kultur dient der Inszenierung von Waren und wird gleichzeitig selbst zu einer Ware, wie alles andere im Kapitalismus auch. Das kommt der klassischen Definition kultureller Aneignung recht nahe, denn innerhalb dieser Prozesse greift mit der Ökonomie eine dominante Macht auf die Kulturbestände von gegenüber diesem Zugriff ohnmächtigen Gruppen zu, deren Kultur als attraktives Objekt der Verwertung betrachtet wird. Doch ist es von großer Wichtigkeit, hier nicht in einer ausschließlich kulturellen Analyse verhaftet zu bleiben und zu suggerieren, diesem Prozess könnte durch Reflexion und Konsumverzicht ein Ende bereitet werden. Denn auch wenn das ein guter Anfang wäre, braucht es mehr als das, um den Kapitalismus aus dem Weg zu räumen. Deswegen ist es wichtig zu verstehen, wie tief kulturelle Aneignung in die kapitalistische Verwertungslogik eingeschrieben ist und welche Konsequenz die Kommodifizierung von Kultur für die von diesem Prozess betroffenen Menschen und die Bedeutung von Kulturbeständen hat.

Sinn- und Bedeutungsverlust

Wenn die Produktion im Kapitalismus zum Selbstzweck wird und dadurch immer tiefer in die Gesellschaft und das Alltagsleben vordringt, hat dies auch massive Auswirkungen auf den Bereich der Konsumption als komplementärem Gegenstück zur Produktion. Denn der »Produktion um der Produktion willen« steht eine »Konsumption um der Konsumption willen«[277] gegenüber, die für die Konsument·innen weniger der Befriedigung konkreter Bedürfnisse gilt, als sie einen zur Gewohnheit gewordenen Habitus darstellt, der durch omnipräsente Werbung, fortwährend erneuerte Verheißungen der Warenwelt und die Sorge um das Zurückbleiben in der Statuskonkurrenz immer wieder aufs Neue befeuert wird und den Menschen des globalen Nordens zur zweiten Natur geworden ist.[278] Zugespitzt gesprochen werden Waren konsumiert, wie sie produziert werden, in möglichst kurzen Zyklen, mit dem Auge bereits beim nächsten Kauf, der das gerade Erworbene ersetzt, sobald es Verschleißerscheinungen zeigt oder nicht mehr den aktuellen Trends entspricht. Sicher gibt es Ausnahmen, Waren, die wirklich gebraucht werden, Menschen, die das Spiel des Konsums nicht mitspielen, doch die Regel ist eine andere und bringt das von ihr Abweichende in der durchökonomisierten Gesellschaft mehr und mehr zum Verschwinden.

Dabei verändert sich die Bedeutung von Waren ebenso wie der tägliche Umgang mit ihnen. Für Adorno und Horkheimer war die kapitalistische »Kulturindustrie« der Moderne ein massiver Angriff auf die Vernunft und den Geschmack der Menschen, die durch warenförmig gewordene Ideologie zugerichtet würden, bis sie im Konsum ihre eigene Unterdrückung zu genießen gelernt hätten. Auf diese Weise würde der Kulturkonsum zu einer Verlängerung der Arbeit, da sein Ziel in der Regeneration der Arbeitskraft läge, die sich immer wieder aufs Neue im Arbeitsprozess verausgaben müsse und keinem selbstständigen Zweck mehr dienen würde.[279]

Was zu Zeiten des ausgehenden Zweiten Weltkriegs noch im Entstehen begriffen war, hat sich heute zur vollen Blüte entwickelt. Shopping-Malls inszenieren sich als Erlebniswelten und lassen den Warenkauf und -konsum als Ausdruck eines selbstbewussten Hedonismus erscheinen, der das Glück beim Durchschreiten der arrangierten Warenwelt fest in den Händen hält. Die damit verbundene Konsequenz liegt im instrumentellen Bezug des Menschen zu seiner Umwelt, die, zur Warensammlung geworden, ihren Konsument*innen vor allem Genuss verschaffen soll. Paradigmatisch spiegelt sich dies in der enormen Verbreitung von »Unboxing-Videos«, in denen nur noch der Akt des Auspackens von Waren relevant ist und die Frage ihrer Nützlichkeit nicht einmal mehr gestellt wird.

So zutreffend diese Kritik an der Oberflächlichkeit des Kapitalismus ist, lässt sie auch einen schalen Geschmack zurück, wird mit ihr doch stets eine kulturpessimistische Klage um den Verlust vergangener Zeiten laut, in denen alles besser gewesen sei – oft einhergehend mit einem herablassenden Blick auf die Mitmenschen, die den Verblendungszusammenhang nicht durchschauen und ihren eigenen Untergang bejubeln.

Doch das Klischee von den kühnen Intellektuellen mit kritischem Durchblick auf der einen und der lethargischen Masse auf der anderen Seite unterschätzt die kritischen Fähigkeiten der meisten Menschen gewaltig. Zumal es hier auch ein erkenntnistheoretisches Problem gibt, denn falls der Verblendungszusammenhang so absolut ist, wie von Adorno, Horkheimer und anderen angenommen, ist nicht einzusehen, warum sie die exklusive Fähigkeit besitzen sollten, ihn zu durchschauen.

Oberflächlichkeit ist eine kritische Metapher, die sich gegen die Gleichsetzung von Äußerlichkeiten mit der Sache selbst wendet, um stattdessen die Auseinandersetzung mit der realen Vielschichtigkeit und Widersprüchlichkeit der Dinge einzufordern. Bei der Klage um Oberflächlichkeit geht es vor allem um den Verlust von Bedeutungs- und Sinnstrukturen, und dieser Prozess ist wesentlich tiefer im Kapitalismus verankert, als die heute verbreitete Kritik an dessen Kultur es vermuten lässt. Die Soziologie der Quantifizierung hilft, die hinter diesem Verlust steckende Dynamik besser zu verstehen. Wir leben in einer Zeit, die, vom Glauben an Zahlen getragen, versucht, möglichst viele Lebensbereiche der Quantifizierung zugänglich zu machen. Universitäten werden Rankings unterzogen, die Schufa erteilt Auskünfte über Kreditwürdigkeit, Produkte und Dienstleistungen erhalten Sterne, der Gesundheitszustand der Bevölkerung wird einem permanenten Monitoring unterzogen. Dieser Trend macht auch vor den Individuen nicht halt, die, unterstützt von Handys und Fitnessuhren, angehalten sind, von ihrer Schrittzahl über die täglich konsumierte Menge an Wasser bis hin zum Kalorienverbrauch alles an sich selbst zu zählen und im Blick zu behalten.

Dem Soziologen Steffen Mau zufolge hat sich durch diesen Trend eine »quantitative Mentalität« herausgebildet, die Zahlen zum zentralen Erkenntnisinstrument mit Blick auf soziale Phänomene macht und die Lebenswelt dem Imperativ der Vermessung unterwirft.[280] Quantifizierung will Dinge vergleichbar machen. Doch sie geht noch wesentlich weiter, da sie auch Dinge vergleicht, die nichts miteinander gemeinsam haben und eigentlich nicht miteinander verglichen werden können, ohne einen schwerwiegenden Kategorienfehler zu begehen. »Kommensuration« (englisch: *commensuration*) reduziert durch Abstraktionsprozesse heterogene Dinge oder Phänomene auf ein ihnen angeblich gemeinsames quantitatives Drittes, um sie dadurch in ein Verhältnis zueinander zu setzen und vergleichbar zu machen.[281] Ein Beispiel ist die Festsetzung eines Schmerzensgeldes im Anschluss an einen fremdverschuldeten Unfall. Das Ausmaß der Schmerzen eines Menschen, der von einem Auto angefahren wurde, lässt sich sicherlich nicht mit Geld quantifizieren, da zwischen beidem keinerlei Zusammenhang besteht, und doch ist dies eine vollkommen übliche Praxis. Was bei Unfällen ausgleichende Gerechtigkeit sein mag, bringt in anderen Fällen höchst fragliche Resultate hervor.

Die US-amerikanische Soziologin Wendy Nelson Espeland beschreibt dies am Beispiel des Kampfes der Yavapai, die seit Jahrhunderten im Bundesstaat Arizona in den USA leben, auch wenn ihnen nach zahlreichen Massakern und Umsiedlungsaktionen nur ein kleiner Teil ihres einstigen Territoriums geblieben ist. Die Yavapai haben Espeland zufolge eine sehr enge Bindung an ihr Land und sind davon überzeugt, nur durch ihre Beziehung zu diesem Land und seiner Geschichte ihre Identität wahren zu können. Mitten auf diesem Territorium sollte in den 70er Jahren des letzten Jahrhunderts ein großer Staudamm gebaut werden, was die dortige Natur geschädigt und dadurch die Community der Yavapai schwer getroffen hätte. Um die unterschiedlichen Interessen der Beteiligten gegeneinander abzuwägen, wurden Techniken der Statistik bemüht, mit denen die Vorteile des Damms gegen dessen Nachteile aufgerechnet werden sollten, indem für die zahlreichen relevanten Faktoren gemeinsame Nenner gefunden und diese anschließend miteinander verglichen wurden. So konnte z. B. der Preis, den die Yavapai für ihr Land erhalten würden, mit den Kosten verglichen werden, die ohne den Damm weiterhin angefallen wären (wobei der ideelle Wert des Landes natürlich unter den Tisch fiel). Die Geschichte ging zwar gut aus, da der Damm aufgrund des Widerstands der Yavapai nicht gebaut wurde,[282] doch der von Espeland anhand des Beispiels ausgeführte Punkt liegt an anderer Stelle. Der Fall zeigt, wie im Zuge der Kommensuration durch Statistik und Geld die konkrete Bedeutung des Landes für die dort seit Jahrhunderten lebenden Menschen verschwindet. Durch die Reduktion der Konsequenzen des Staudammbaus für die in ihren Interessenlagen so unterschiedlichen Beteiligten auf etwas Drittes zum Zweck des Messens und Vergleichens wird die absolute Bedeutung des Landes als etwas »Heiliges« aufgehoben und zu einem Faktor wie alle anderen auch gemacht. Alles kann aufeinander bezogen und verglichen werden, weil nichts mehr eine eigenständige Bedeutung besitzt, die sich gegen diesen Prozess sperren könnte und das zuvor Konkrete ins Abstrakte aufgelöst wurde.

Der Zusammenhang zwischen Kommensuration und Kapitalismus erschließt sich über die Rolle des Geldes und seine immense Relevanz für die Garantie allseitig anschlussfähiger Tauschbeziehungen.[283] Erst wenn Waren einen Preis haben, können sie sinnvoll aufeinander bezogen und getauscht werden. Zwar geht die moderne Besessenheit von der Quantifizierung nicht darin auf, allem und jedem einen Preis anzuheften, doch je weiter die Ökonomisierung voranschreitet, desto mehr entwickelt sich der Preis zum dominierenden Ausdruck einer omnipräsenten Quantifizierung.[284]

Marx hat sich im *Kapital* eingehend mit der Entstehung des Geldes beschäftigt. Durch das Geld findet auf dem Markt eine in ihrer Reichweite kaum zu überschätzende Kommensuration statt, insofern die riesige Zahl unterschiedlicher Waren, von der Leinwand über den Rock bis hin zur halben Tonne Eisen, plötzlich ein gemeinsames Drittes findet. Marx hat das Geld aus diesem Grund als »radikalen Leveller« bezeichnet, der die Unterschiede zwischen den Waren auslöscht, indem er sie in ihrem Geldausdruck einander gleichsetzt.[285]

Da Geld sich nicht von alleine vermehrt, muss es in der Zirkulation die Warenform durchlaufen, um dann wieder zu Geld zu werden und den Kreislauf von Neuem zu beginnen, indem es abermals zur Ware wird. Die Ware ist demnach vor allem eine Durchgangsstation für das Kapital, da sie weniger mit Blick auf ihre Nützlichkeit als auf ihren Verkaufswert produziert wird. Aus diesem Grund ist auch die Ware als vermeintlich konkreter Gegenstand tief von der abstrakten Logik des geldgewordenen Kapitals durchzogen.

Marx hat mit Blick auf die Ware wie bereits erwähnt zwischen deren Gebrauchs- und Tauschwert unterschieden.[286] Waren müssen über einen Gebrauchswert verfügen, damit Menschen bereit sind, sie zu kaufen, und besitzen zugleich einen Tauschwert, der aus dem Quantum der in ihre Herstellung investierten Arbeitszeit besteht und festlegt, zu welchen Mengen sich Ware A gegen Ware B tauschen lässt. Kurz gesagt repräsentieren die beiden Wertformen die qualitativen und quantitativen Aspekte der Ware und spiegeln damit zugleich die zur Herstellung eines bestimmten Produkts verwendete konkrete sowie die zur Schaffung einer bestimmten Wertmenge aufgebrachte abstrakte Arbeit.

Natürlich waren die Dinge bereits zu Marx' Zeiten nicht so klar voneinander zu trennen und sind es heute erst recht nicht. Viele Waren besitzen kaum noch einen Gebrauchswert und leben eher von der Inszenierung eines »Gebrauchswertversprechens«, und wohl kaum eine Ware wird zu ihrem Wert verkauft, sofern man diesen mit Marx als die zur Produktion einer Ware notwendige Arbeitszeit begreift. Doch Marx' Unterscheidung von Gebrauchs- und Tauschwert ist in analytischer Hinsicht von ungebrochener Relevanz.

Worauf Marx mit seiner Argumentation vor allem hinweisen wollte, ist die strukturelle Dominanz des Tauschwerts im Kapitalismus, welche die Nivellierung der Differenzen durch das als »radikaler Leveller« fungierende Geld vollendet. Wenn das Ziel des Kapitalkreislaufs in unaufhörlichem Wachstum liegt und der Tauschwert der Ware hierbei die Schlüsselrolle spielt, hat dies gravierende Bedeutung für die im Kapitalismus produzierten Waren. Wo das Geld sie einander gleichsetzt und ihre Unterschiede im Tausch zum Verschwinden bringt, erhebt das Kapital diese Form der Gleichmacherei zum Prinzip, insofern es ihm vollkommen gleichgültig ist, mit welchem Gebrauchswert oder Gebrauchswertversprechen die Ware einhergeht, solange sie nur ihre Funktion als Trägerin von abstraktem Wert im Tausch realisiert. Bedürfnisbefriedigung ist, wenn überhaupt, ein Nebenprodukt des Kapitalismus und auch das nur, solange sie sich mit der Kapitalverwertung deckt.[287] Dinge, Wissen oder Kunst – was zur Ware wird und in den Kreislauf des Kapitals gerät, verliert seine Sinn- und Bedeutungsstrukturen, bis lediglich der zum Verkauf notwendige Restsinn übrig bleibt. Und je mehr sich diese Logik ausdehnt, indem die Ökonomisierung bis in alle Nischen der Gesellschaft vordringt, während die Menschen sich gleichzeitig auch selbst als Kapital zu begreifen lernen, desto stärker setzt sich die Nivellierung der sozialen Sinnstrukturen durch.[288]

Da Kultur im Kapitalismus wie alles andere zur Ware wird, ist sie dieser Dynamik ebenso ausgesetzt. Wenn Kulturbestände in den Kreislauf des Kapitals geraten, verlieren sie ihre spezifische Bedeutung und werden zu ästhetisch aufbereiteten Verkaufsartikeln, deren Gebrauchswertversprechen im Klischee liegt. Der Zusammenhang dieser Tendenz des modernen Kapitalismus mit kultureller Aneignung lässt sich an Disneys Film *Pocahontas* verdeutlichen, der 1995 in die Kinos kam. Die beiden Geisteswissenschaftler Kent A. Ono und Derek T. Buescher haben in einem sehr hellsichtigen Essay beschrieben, welche Konsequenzen die Kommodifizierung der Figur Pocahontas für deren reale Bedeutung hatte.[289] Über den Film ist bereits viel Kritisches geschrieben worden: Die Liebesgeschichte zwischen Pocahontas und John Smith ist eine Erfindung des Disneykonzerns ohne jede historische Grundlage, der Film bedient in fulminanter Weise das Stereotyp der edlen Wilden, und in seiner Inszenierung stellt er die Aggression des Kolonialismus mit dem Widerstand der Indigenen Bevölkerung auf eine Stufe.

Doch die Konsequenzen der Kommodifizierung gehen darüber hinaus. Wie Ono und Buescher darlegen, bestand Disneys Verkaufsstrategie darin, sowohl mit dem Film als auch einer äußerst breit gefächerten Palette von Merchandising-Artikeln Geld zu verdienen. Die Autoren verwenden allein vier Seiten ihres Artikels darauf, diese mit dem Film in die Welt geschleuderte Warensammlung zu beschreiben, in der Zeitschriften ebenso einen Platz fanden wie Burger-King-Menüs und das unvermeidliche »Indianerkostüm«. Pocahontas wird ihnen zufolge durch diesen Prozess zu einer Ware gemacht, die vielfältige Formen annehmen kann und deren Sinn lediglich darin besteht, das entsprechende Gebrauchswertversprechen zu erhöhen, um Menschen zum Kauf zu animieren, und damit den in der Ware steckenden Tauschwert zu realisieren. Hinter diese Logik tritt alles zurück, was die wirkliche historische Person Pocahontas ausgemacht hat, bis nur noch ein Konsumprodukt überbleibt, das keine eigenständige Bedeutung mehr hat, geschweige denn eine Verbindung zu einem so verdrängten wie blutigen Stück der US-amerikanischen Geschichte. Schließlich bleibt nichts als ein Klischee, das die rassistischen Mechanismen der Unterdrückungsgeschichte der Indigenen Bevölkerung Nordamerikas in Gang hält, aller gegenteiligen Inszenierung des Films zum Trotz.[290]

In der Diskussion um kulturelle Aneignung wird mit Blick auf konsumierende Aneignungen zumeist kritisiert, diese würden die Menschen aus der »beraubten« Kultur ausbeuten und deren Kulturbestände bis zur Unkenntlichkeit verzerren oder auf Klischees reduzieren. Diese Kritik ist zutreffend. Doch zugleich muss erkannt werden, wie tief der hinter diesen Aneignungen liegende Prozess in der Logik des Kapitalismus verankert ist, der einerseits schon immer auf Ausbeutung beruhte und andererseits die noch viel zu wenig diskutierte Tendenz aufweist, soziale Sinn- und Bedeutungsstrukturen zu zerstören, wovon der Bereich der Kultur als einer der Hauptträger dieser Strukturen am stärksten betroffen ist. Kapitalismus *ist* kulturelle Aneignung und muss unter anderem als solche kritisiert werden. Da Kapitalismus aber zugleich eine ökonomische Struktur mit einer nicht zu unterschätzenden Eigendynamik darstellt, kann ihm nicht nur Kulturkritik entgegengehalten werden, so notwendig diese auch ist. Wenn Kapitalismus Kultur in eine Ware verwandelt, sie dadurch entleert und schließlich zerstört, wird dieser Prozess nur dann zum Stehen kommen, wenn dem Kapitalismus entschlossen entgegengetreten wird. Der Kampf gegen kulturelle Aneignung muss deswegen auch eine Auseinandersetzung mit dem Kapitalismus und möglicher Alternativen sein.

Ausgehöhlte Identitäten

Die Tendenz zur schleichenden Beseitigung von Sinn- und Bedeutungsstrukturen innerhalb des modernen Kapitalismus hat weitreichende Auswirkungen auf die Menschen, denn der Warenlogik ist nicht zu entkommen. Der strukturellen Dominanz des Tauschwerts wird oft durch einen Verweis auf die Wichtigkeit des Gebrauchswerts begegnet. Menschen sollen sich, dieser Haltung folgend, nicht von Werbeversprechen ködern lassen, sondern auf das wirklich Notwendige schauen, achtsam sein und zur Kultur des Kapitalismus auf Distanz bleiben. Dadurch würde sicherlich weniger Müll produziert, vielleicht gar negatives Wachstum erreicht und die Ökonomie entschlackt, doch so wünschenswert dies wäre, es stellt keinen Weg aus der Warenlogik dar.

Denn der Teufel steckt, wie gesagt, auch im Gebrauchswert, der den Umgang mit den Waren einer rein instrumentellen Logik unterwirft, in deren Folge die Dinge ihre Existenzberechtigung vor allem mit Blick auf die Frage erhalten, was mit ihnen anzufangen ist. Hinter dieser Reduktion auf das Nützlichkeitskalkül verschwinden die Dinge in ihrer Vielschichtigkeit und Differenz nicht weniger als durch ihre Gleichsetzung im Tauschwert.[291] Für den Gebrauchswert ist zudem vollkommen gleichgültig, wer eine Ware konsumiert, solange sie sich nur verwertet. Ob sich jemand durch den Gebrauch verletzt fühlt, ob es hinsichtlich der Nutzung ethische Bedenken gibt oder geistiges Eigentum ausgebeutet wird – das alles sind keine relevanten Fragen, da das Versprechen des Gebrauchswerts prinzipiell allen Menschen in ihrer Eigenschaft als potentielle Käufer*innen unterbreitet wird. Dem Rock sei es übrigens gleichgültig, ob er vom Schneider oder dessen Kunden getragen werde, bemerkt Marx in seinen Ausführungen über Gebrauchs- und Tauschwert süffisant und weist damit auf die abstrakte Dimension im auf den ersten Blick so überaus konkreten Gebrauchswert hin.[292] Um der mit dem Kapitalismus verwobenen kulturellen Aneignung zu begegnen, reicht es daher nicht, einseitig hedonistischem Konsum die Ernsthaftigkeit »wirklicher« Beschäftigung mit Kultur entgegenzusetzen. Sie mag dann von mehr Respekt getragen sein (was prinzipiell zu begrüßen ist), die Ökonomisierung der Gesellschaft mitsamt der sie begleitenden Einebnung von Sinn- und Bedeutungsstrukturen schreitet unterdessen aber weiter voran.

Wenn Identität, wie in den vorherigen Kapiteln ausgeführt, auf einem Zusammenspiel von Prägung und Identifikation basiert, stellt sich die Frage, worauf sich die Identifikationsprozesse von Menschen heute richten sollen. Das Konterfei Che Guevaras kann ebenso gut T-Shirts von Linken zieren wie die Wände von hippen Werbeagenturen, das Einerlei längst sinnfreien Fernsehens wird durch höhere Bildschirmauflösung kompensiert und der Klimawandel ist von einer wissenschaftlichen Tatsache zu einer Frage individueller Vorlieben geworden, als handle es sich um die Wahl zwischen verschiedenen Eissorten. Je weniger Bedeutung die Dinge haben, desto schwerer wird es, sich eine Identität aufzubauen, die zur zunehmenden Sinnentleerung der Gesellschaft auf sicherer Distanz bleibt und lebendige Beziehungen zu anderen Menschen und der Welt zulässt. Denn Menschen binden sich nicht nur an konkrete Andere wie Eltern, Freunde oder Vorbilder, sondern auch an Ideen, Ideale und Ziele. Dafür aber muss die den Menschen umgebende Welt ein Mindestmaß an Bedeutung, Sinn und nicht zuletzt Stabilität aufweisen. In den 60ern oder 70ern des letzten Jahrhunderts war die Welt zwar keineswegs in Ordnung, da sie Menschen in die Zwangsjacken enger Rollendefinitionen und strikt vorgezeichneter Lebensläufe steckte, ließ ihnen dadurch aber immerhin die Möglichkeit, sich gegen eine falsche Gesellschaft aufzulehnen und dieser einen subversiven Lebensentwurf entgegenzustellen. In der Kultur des modernen Neoliberalismus ist Normabweichung zu einer Erwartung im Rahmen des Projekts Selbstverwirklichung geworden, Rebellion warenförmig umhegt und damit nahezu unmöglich.

Das mit der Durchsetzung des Neoliberalismus zunehmende Verschwinden fester Bedeutungen durch ihre Gleichsetzung in der sich allerorten durchsetzenden Warenform gefährdet die Voraussetzungen zum Aufbau von Identität erheblich, da es unter anderem zu dauerndem Wandel und stetiger Beschleunigung führt. Hartmut Rosa verdeutlicht dies an einem anschaulichen geschichtlichen Beispiel. In den agrarischen Gesellschaften der Frühmoderne überdauerten die Familien- und Arbeitsstrukturen deutlich das Leben eines Individuums, das in eine stabile Familie hineingeboren wurde und in den meisten Fällen den Beruf der Eltern übernahm, wohingegen sich dieses Verhältnis in der Industriegesellschaft bereits auf die Spanne einer Generation reduzierte, da der Familienzusammenhalt mit dem Tod der Eltern zerfiel und die Kinder einen eigenen Beruf wählen konnten, während heute Liebesbeziehungen und Arbeitsverhältnisse nicht mehr für das ganze Leben bindend und offen für Veränderung sind.[293] Wenn die Vergangenheit das ist, was nicht mehr gilt, und die Zukunft das, was noch nicht gilt, stellt der Bereich dazwischen die Gegenwart dar und zeichnet sich durch ein Zusammenfallen von Erfahrungen und den darauf basierenden Erwartungen aus. Je stärker die Zeit von Beschleunigung ergriffen wird, desto kleiner wird dieser Raum, weswegen nach Rosa Beschleunigung zu einer Schrumpfung der Gegenwart führt.[294] Diese ist aus seiner Sicht ein Moment der Stabilität, der es Menschen erlaubt, aus den Erfahrungen ihres täglichen Lebens Pläne zu schmieden und Beziehungen zu anderen, zur Gesellschaft und zur Welt einzugehen, die angesichts der Umstände als realistisch gelten können, auch wenn sie nicht immer gelingen mögen.

Wo die Warenlogik sich durchsetzt, bringt sie eben diese Strukturen zum Verschwinden, da sie alles Bedeutungs- und Sinnvolle aushöhlt und damit jede Form von Stetigkeit zum Verschwinden bringt. Der dem Kapitalkreislauf innewohnende Drang zur Konkurrenz und Steigerung führt zu einem ständigen Wandel, bis die einzige Kontinuität der Wandel selbst ist und mit dem Ewiggleichen zusammenfällt.[295] Wo Veränderung etwas Lustvolles sein kann, wenn sie überkommene Strukturen zum Bersten bringt und Freiheitsgewinne schafft, wird sie hier zu einem leeren Ritual, bei dem trotz aller Monotonie doch alle mitmachen müssen, um nicht zurückzubleiben und nicht den Boden unter den Füßen zu verlieren.

Was dies für das Individuum bedeutet, schildert der US-amerikanische Soziologe Richard Sennett in seinem Buch *Der flexible Mensch* von 1988 anhand von Enrico und dessen Sohn Rico. Sennett blickt aus der Perspektive kurz vor dem Jahrhundertwechsel auf das Leben Enricos zurück, dessen Generation der 1970er Jahre sehr stabile Biografien aufweise, da sie über verlässliche Arbeitsverhältnisse verfügte, die selten oder gar nicht gewechselt wurden, wusste, wann die Rente anstand und wie viel Geld dann zur Verfügung stehen würde. Die im Arbeitsleben gemachte Erfahrung spiegelte sich Sennett zufolge in beruflichem Aufstieg und der damit verbundenen wachsenden Entlohnung, was Menschen wie Enrico erlaubt habe, ihr Leben rückblickend in ein lineares Narrativ zu fassen, das sich durch eine klare Richtung und damit vor allem Sinnhaftigkeit auszeichnete und Basis ihres Selbstwertgefühls gewesen sei.[296] Enricos Sohn Rico arbeitet demgegenüber im modernen Kapitalismus des ausgehenden 20. Jahrhunderts, in Zeiten ständigen Wandels, weshalb seine Arbeitsbiografie sich in Sennetts Schilderung massiv von der seines Vaters unterscheidet. Inmitten häufig wechselnder Beschäftigungsverhältnisse, regelmäßiger Umzüge und entgrenzter Arbeitszeiten sei Rico ständig von der Angst getrieben, die Kontrolle über sein Leben zu verlieren. Seine Arbeitsstrukturen seien in Form eines mobilen und sich ständig ändernden Netzwerkes organisiert, in dem Menschen und Projekte kommen und gehen und es kaum Möglichkeiten zum Aufbau von Stetigkeit gebe. Sein Verhalten am Arbeitsplatz und die dort geltenden Regeln würden keine stabile Grundlage für die Erziehung seiner Kinder und sein sonstiges Privatleben darstellen, da sie funktionierende und lebendige soziale Beziehungen zunehmend schwerer machten.[297]

Ricos Probleme stellen die lebenspraktische Konsequenz der, wie Hartmut Rosa es genannt hat, »Gegenwartsschrumpfung« dar, die aus dem immer stärkeren Zusammenrücken von Vergangenheit und Zukunft resultiert. Da immer weniger abzusehen ist, ob das Morgen noch zur Gegenwart gehören wird, bleibt vielen Menschen nichts übrig, als sich ständig für einen Wandel offenzuhalten, dessen Gestalt sie nicht wirklich vorhersagen können. Was Menschen in solch einer Situation bleibt, ist die Flexibilisierung ihrer zuvor festgefügten Identität, die nicht länger einem »Lebensplan« folgt, um sich stattdessen von Gelegenheit zu Gelegenheit treiben zu lassen.[298] Der »flexible Mensch« (um es mit Sennett zu formulieren) ist genötigt, seine Chancen zu nutzen und stets ein wachsames Auge dafür zu haben, wann und als was er gebraucht wird. Dazu muss er sich selbst als eine Ware verstehen lernen und damit bereit sein, dem abstrakten Kriterium der Tauschbarkeit gegenüber seiner konkreten Persönlichkeit mit ihrer Geschichte, ihren Wünschen und Ängsten den Vorzug zu geben.

Erich Fromm, Sozialpsychologe und Mitarbeiter des Frankfurter Instituts für Sozialforschung, hat mit Blick auf diese Haltung von der »Marketing-Orientierung« gesprochen, die sich durch das Kalkül der Selbstkommodifizierung auszeichne, entsprechend abhängig von Moden sei und als Wertkriterium des Menschen vor allem den Erfolg im Blick habe.[299] Da Erfolg einseitig auf die Meinung von anderen zurückgeht, ist die mit der Marketing-Orientierung verbundene Selbstachtung, wie Fromm betont, von Faktoren außerhalb des Handlungsspielraums der Menschen abhängig, die sich vor allem durch die Augen anderer zu betrachten gelernt haben, um deren Anerkennung zu gewinnen. Das Identitätsgefühl des modernen Menschen sei deswegen ebenso fragil wie sein Selbstwertgefühl und basiere auf dem entmutigenden Credo: »Ich bin so, wie ihr mich wünscht.«[300]

Der fortschreitende Sinnverlust der Gesellschaft durch das Verschwinden konkreter Bedeutungs- und Sinnstrukturen und der von Autoren wie Fromm, Sennett, Rosa und anderen beschriebene beschleunigte Wandel aller ehemals festeren Verhältnisse sind komplementäre Erscheinungen und verstärken einander in ihrem Verlauf wechselseitig. Wo das Verschwinden von Bedeutung zu immer neuen Strategien nötigt, konkrete Sinnverhältnisse immerhin zu simulieren, untergräbt der damit verbundene Wandel diese Zielsetzung zugleich. Und wo Beschleunigung auf die Schaffung stetig neuer Sinn- und Bedeutungsverhältnisse hinarbeitet, quetscht sie die Gegenwart zu einem Spalt zusammen, der kein sinnvolles Handeln mehr erlaubt und jeden Lebensentwurf kontingent erscheinen lässt.

Für die im modernen Kapitalismus lebenden Menschen ergibt sich daraus ein gravierendes Problem. Denn das Subjekt wird im Narzissmus der allseits geforderten Selbstverwirklichung niemals finden, was es bei anderen und in der Welt vermisst. Zwar ist der Mensch, Freud zufolge, am Anfang seines Lebens tief in eine narzisstische Beziehung zu sich selbst verstrickt, muss diese im Laufe seiner Entwicklung aber überwinden, indem er einen Teil seiner Ichlibido in Objektlibido verwandelt, um Beziehungen zu anderen Menschen und der Welt herzustellen.[301] Mit der klassischen Psychoanalyse betrachtet, lautet die Alternative damit: Entweder sich den anderen und der Welt zuwenden oder schließlich und endlich erkranken. Genau in dieser Hinwendung liegt aber das Problem. Wo die Gesellschaft zunehmend ihren Sinn verliert, soziale Beziehungen verflacht werden, der Mensch sich selbst als Ware begreift und den anderen als Chance zum Vorankommen in Gestalt von sozialem Kapital, gibt es immer weniger Anlässe, Ich- in Objektlibido umzuwandeln.

Der Zusammenhang zwischen dem modernen Kapitalismus und dem Heranwachsen narzisstischer Charaktere ist deutlich erkennbar. Das überbordende Konsumangebot stellt die Menschen unausgesetzt vor die Frage, wie sie ihr Leben noch schöner gestalten können. Allerorten erklingt die Aufforderung, etwas aus sich zu machen, seinen Style zu finden und vor allem seinen Traum zu leben. Beratungsangebote und Coachings rufen die Menschen zur »Selbstklientelisierung«[302] auf. Doch ist die Sache weniger einfach, als sie auf den ersten Blick scheint. Sicherlich triggert der moderne Kapitalismus narzisstische Verhaltensweisen und suggeriert, das Thema unseres Lebens seien vor allem wir selbst. Niemand hat das so anschaulich auf den Punkt gebracht wie die Postbank mit ihrem an Grausamkeit grenzenden Werbeslogan »Unterm Strich zähl ich«. Doch Narzissmus ist nicht notwendigerweise ein Problem. Der Psychoanalytiker Heinz Kohut bemerkte mit Blick auf die Ächtung des Narzissmus als negativer Charaktereigenschaft, diese sei nicht weniger verlogen als die Haltung gegenüber der Sexualität während des viktorianischen Zeitalters und müsse ebenso wie diese überwunden werden.[303] Für ihn stellt die Existenz narzisstischer Libido eine Tatsache dar, die nicht durch ihre moralische Geißelung verschwinden wird, womit sich zugleich die Frage erhebt, ob die verbreiteten Klagen über den Narzissmus das Problem nicht noch schlimmer machen, indem sie es mit Gefühlen individueller Schuld aufladen. Narzissmus kann Kohut zufolge die Quelle von Rückzug und Gleichgültigkeit gegenüber anderen, aber auch die Basis von künstlerischem Schaffen, Einfühlungskraft, Sinn für Humor und nicht zuletzt sogar Weisheit sein.[304] Damit dies geschieht, müssten narzisstische Regungen produktiv in die Persönlichkeit integriert werden, was Kohut zufolge durch die Hingabe an Ideale geschieht.[305]

Das Problem des Narzissmus hat aus dieser Perspektive betrachtet zwei Seiten. Einerseits ruft die Kultur des modernen Kapitalismus die Menschen allerorten und ununterbrochen dazu auf, das wichtigste Gut in ihrem Leben in sich selbst zu erblicken. Andererseits bietet sie ihnen infolge des zunehmenden Verschwindens von Sinn- und Bedeutungsstrukturen aber immer weniger Gelegenheit zur produktiven Integration dieses allerorten geforderten Narzissmus. Die Menschen werden durch die Gesellschaft auf sich selbst zurückgeworfen und laufen Gefahr, schließlich mit sich allein zu sein. Denn auch Freundschaften und Liebesbeziehungen sind keine sicheren Rückzugsorte mehr, da sie zu ihrem Gelingen lebendige soziale Beziehungen voraussetzen, die über exklusive Zweierbeziehungen hinausgehen[306] und damit in letzter Konsequenz ebenfalls auf einem lebendigen Verhältnis zur sozialen Umwelt fußen. Ohne diese Basis läuft der andere Gefahr, nicht mehr als eigenständiges Wesen geliebt zu werden. Stattdessen wird er in einer narzisstischen Objektbeziehung in eine Extension des eigenen Ichs verwandelt, der vor allem die Funktion zukommt, dessen Größenphantasien zu spiegeln.

Der virtuelle Abschluss dieser Dynamik liegt in einem von seiner eigenen Leere verzückten Ich. Adorno hat dies in *Minima Moralia* in klingende Worte gefasst: »Der Narzissmus, dem mit dem Zerfall des Ichs sein libidinöses Objekt entzogen ist, wird ersetzt durch das masochistische Vergnügen, kein Ich mehr zu sein [...].«[307] Die zunehmende Leere der Gesellschaft spiegelt sich in der Tendenz zur fortschreitenden Aushöhlung der in ihr lebenden Menschen. Ob Adorno recht hat und diese Dynamik von den Betroffenen genossen wird, sollte indessen bezweifelt werden. Denn warum sollten sie? Und wer sollte Träger dieses Vergnügens sein, wenn das Ich sich doch längst verabschiedet hat? Adornos berechtigten Kassandrarufen zum Trotz versuchen die Menschen auch heute, ihrem Leben einen Sinn abzugewinnen und eine sinnvolle Antwort auf die Frage zu finden: »Wer bist du?«.

Kämpfe gegen kulturelle Aneignung lassen sich vor diesem Hintergrund auch als Kämpfe gegen die Entleerung von Kultur sowie die daraus resultierenden Konsequenzen für das Individuum lesen. Dies zeigt sich vor allem in der häufig formulierten Kritik an der Verzerrung oder Nivellierung von Kulturbeständen durch ihre Einbettung in Konsumstrukturen. Dass diese Kritik oft von kulturellen Minderheiten vorgebracht wird, legt den Schluss nahe, sie seien von der allgemeinen Tendenz des Sinn- und Bedeutungsverlustes innerhalb des modernen Kapitalismus besonders stark betroffen. In diese Richtung weisend hat Toni Morrison in einem ihrer Essays das »Verschwinden der Sprachen und Kulturen« aller Minderheiten, die einer »lähmenden Nivellierung« unterworfen würden, als eine der größten mit der Globalisierung verbundenen Ängste bezeichnet.[308] Diese These lässt sich durch mindestens zwei Argumente untermauern:

Zum einen bieten sich die Kulturen von Minderheiten als Objekt der Kommodifizierung an, da sie dem Geschmack der Mehrheitsgesellschaft als »exotisch«, »fremd«, »spirituell«, »ursprünglich« oder Ähnliches erscheinen und damit zur Konstruktion eines überzeugenden Gebrauchswertversprechens besonders geeignet sind. Stilisierte Andersheit wird zu einem Mittel, potentiellen Käufer·innen weiszumachen, sie würden über die Ware (Lebensmittel, Sport, Kleidung, usw.) noch etwas dazubekommen, das über deren unmittelbaren Gebrauchswert hinausgeht und eine Erweiterung ihrer Persönlichkeit darstellt. Durch den Konsum des als »anders« und »fremd« Wahrgenommenen gewinnt das Subjekt einen Hauch von Individualität und Weltläufigkeit, für den es nichts anderes zu tun braucht als zu bezahlen und zu konsumieren, wodurch es gleichzeitig dominiert und kontrolliert.

Zum anderen haben Minderheiten Aneignungsversuchen weniger entgegenzusetzen als die Mehrheitsgesellschaft. Wenn sie es sind, die kulturelle Aneignung beklagen, so deshalb, weil sie von den Härten des Kapitalismus auch auf kulturellem Gebiet besonders betroffen sind. Der Sinn- und Bedeutungsverlust im Zuge kapitalistischer Ökonomisierung und die damit einhergehende Aushöhlung des Subjekts betrifft sie abgesehen von den genannten Gründen auch deshalb in besonderem Maße, da ihre Identität durch Diskriminierung und Prekarisierung ohnehin schon bedroht ist.

Wo die Kultur stückweise kommodifiziert wird und ihre Bedeutungsstrukturen aufgelöst werden, bis jede Differenz nicht mehr ist als »Differenz von der Stange«,[309] wird die verschwindende Bedeutung der Kultur zu einem Anlass politischer Auseinandersetzungen und das Kulturelle damit selbst zu einer politischen Frage. Wenn Minderheiten angesichts dieser Entwicklung ihre Kultur gegen kapitalistische Vereinnahmung schützen, verteidigen sie ihre Sichtbarkeit, ihre Identität und damit letztlich ihre Existenz. Zudem widersetzen sie sich dem Trend zur Entleerung, der die Gesellschaft ergreift und Minderheiten mit besonderer Härte trifft. Je nachdem, wie weit fortgeschritten die Kommodifizierung einer Kultur ist, kann potentiell jeder ihrer Aspekte einen höchst politischen Gehalt besitzen und zum Gegenstand von Kämpfen um Hegemonie werden. Die bereits diskutierte Rede von der Identitätspolitik als »Notwehr«[310] lässt sich aus dieser Perspektive auch als Widerstand gegen die Aushöhlung der Identität kultureller Minderheiten durch die für sie besonders spürbare Kommodifizierung der Kultur lesen. Doch auch wenn kulturelle Aneignung und Kapitalismus eng miteinander verwoben sind, gehen sie doch nicht ineinander auf.

Rassistische Begehrlichkeiten

Auf der Alltagsebene erscheint kulturelle Aneignung in Form von scheinbar ganz normalen Handlungen: Jemand macht sich eine neue Frisur, die Familie besucht am Wochenende das Ethnologische Museum, und bei der Modekette in der Innenstadt werden diese Pullis mit den schicken Ethnomustern angeboten. So etwas als Rassismus zu bezeichnen wirkt kleinlich. Schließlich ist es ein gewaltiger Unterschied, sich in Berlin die Benin-Bronzen anzuschauen oder jemanden auf der Straße rassistisch zu beleidigen. Oder nicht? Um den Zusammenhang zwischen kultureller Aneignung und Rassismus in den Blick zu nehmen, muss zunächst der Begriff des Rassismus genauer geklärt werden. Dadurch wird sich zeigen, wie tief Rassismus in den Strukturen der Gesellschaft verankert ist und in welch starkem Maße er unsere Denk- und Handlungsmuster durchdringt. Kulturelle Aneignung wird sich aus dieser Perspektive als eine der Erscheinungsweisen des gesellschaftlich verbreiteten Rassismus erweisen, die aufgrund ihrer vermeintlichen Alltäglichkeit nur schwer als solche zu erkennen und gerade deshalb problematisch ist. Rassismus ist nicht nur eine Haltung, sondern auch eine Struktur, die von den bestehenden Machtverhältnissen getragen wird, sich in ihren Institutionen verkörpert und unseren Alltag durchzieht. Und gerade diese Dimension von Rassismus ist es, die ihn als individuelle Haltung ins Recht setzt und ihm solche Macht verleiht.

Race und Rassismus

Im Artikel über seine·ihre Fahrt zur Fusion bezeichnet Hengameh Yaghoobifarah Dreadlocks als kolonialistisch und die bei diversen Kulturen entliehenen Kostüme (für die *weißen* Festivalbesucher·innen handelt es sich nicht um traditionelle Bekleidung, sondern um Kostüme) der *weißen* Besucher·innen als rassistisch. Da es sich bei dem Artikel um eine Polemik handelt, wird der Zusammenhang zwischen Rassismus und kultureller Aneignung eher behauptet als argumentativ herausgearbeitet. Der Rassismus liegt Yaghoobifarah zufolge vor allem in der beim *weißen* Publikum verbreiteten Mischung aus Unbekümmertheit, Respektlosigkeit und Dominanz, mit der die Leute sich bei den Kulturen anderer Menschen bedienen, als würden sie im Supermarkt einkaufen.[311] Von anderen wird oft auch die Verteilungsproblematik als Zeichen für Rassismus angeführt. Auf TikTok gab es beispielsweise *weiße* Tänzer*innen, die von Schwarzen Menschen entworfene Choreografien tanzten, damit Millionen von Klicks erhielten und Verträge mit großen Marken abschlossen, ohne die Quellen ihrer Performances zu nennen oder sie an den Einnahmen zu beteiligen. Für die Journalistin und Bloggerin Shivani Persad stellt dies einen klaren Fall von kultureller Aneignung und Rassismus dar, da sich *Weiße* hier auf dem Rücken von Schwarzen Menschen bereichern und sie dadurch um die ihnen urheberrechtlich zustehende Anerkennung und Entlohnung bringen.[312]

Im 1965 von der UN-Generalversammlung verabschiedeten »Internationalen Übereinkommen zur Beseitigung jeder Form von Rassendiskriminierung« wird Rassismus in Artikel 1 in der deutschsprachigen Fassung definiert als:

»[...] jede auf der Rasse, der Hautfarbe, der Abstammung, dem nationalen Ursprung oder dem Volkstum beruhende Unterscheidung, Ausschließung, Beschränkung oder Bevorzugung, die zum Ziel oder zur Folge hat, dass dadurch ein gleichberechtigtes Anerkennen, Genießen oder Ausüben von Menschenrechten und Grundfreiheiten im politischen, wirtschaftlichen, sozialen, kulturellen oder jedem sonstigen Bereich des öffentlichen Lebens vereitelt oder beeinträchtigt wird.«[313]

Rassismus ist demnach eine auf vermeintlich »natürlichen« Unterschieden zwischen Menschen basierende Kategorisierung, mit der die Ungleichbehandlung diskriminierter Gruppen gerechtfertigt werde. Paradigmatische Beispiele hierfür könnten unter anderem die zahlreichen Versuche sein, Sklaverei und Kolonialismus mit einer vorgeblich »natürlichen« Unterlegenheit der Betroffenen zu rechtfertigen, die nicht ausgebeutet oder vernichtet, sondern in ihrem eigenen Interesse an die Zivilisation herangeführt würden. Doch die Definition weist auch Probleme auf. Durch ihre unkritische Aufnahme des Begriffs »Rasse« suggeriert sie, »Rasse« stelle auch in Bezug auf Menschen eine anerkannte biologische Kategorie dar, wodurch Rassismus, wie Ta-Nehisi Coates so treffend formuliert hat, zur »unschuldigen Tochter von Mutter Natur«[314] wird. Gerade aus biologischer und zoologischer Perspektive ist der Begriff »Rasse« aber definitiv vom Tisch. In der »Jenaer Erklärung« von 2020 positionieren sich Biologen und Zoologen (es wäre schön, hier gendern zu können) mit Unterstützung der Deutschen Zoologischen Gesellschaft und des Präsidenten der Universität Jena eindeutig gegen jede mögliche Fundierung des Begriffs »Rasse« in angeblich entsprechenden biologischen Eigenschaften des Menschen. Rassismus sei niemals das Ergebnis von Unterschieden zwischen »Rassen« gewesen, sondern umgekehrt das Sprechen von »Menschenrassen« erst das Ergebnis des Rassismus.[315] Auch Noah Sow zufolge beginnt Rassismus nicht dort, wo zwischen biologisch vermeintlich unterscheidbaren Gruppen von Menschen Stufen von Höher- und Minderwertigkeit behauptet werden, sondern schon allein der Glaube daran, Menschen ließen sich genetisch differenzieren und in Gruppen mit bestimmten natürlichen Anlagen unterteilen, ist ihr zufolge rassistisch, und zwar unabhängig von der Bewertung dieser angeblichen Unterschiede.[316] Rassistisch ist aus dieser Sicht also nicht erst die Abwertung bestimmter Menschen aufgrund der ihnen zugeschriebenen »Rassen«, sondern bereits die Behauptung, es würde so etwas wie »Menschenrassen« überhaupt geben.

»Rasse« erweist sich unter diesem Blickwinkel als soziale Konstruktion (*Race*), doch ganz offensichtlich trägt diese Erkenntnis nicht zur Überwindung des Begriffs bei. Der Rassismus ist in seiner Macht ungebrochen und als ideologische Kategorie fester Bestandteil der politischen Öffentlichkeit. Dies hat vor allem auch mit der immensen Flexibilität des Begriffs zu tun. Die Bindung des Rassismus an den Rassenbegriff ist aus historischer Sicht lediglich eine seiner zahlreichen Manifestationen. Als soziale Erscheinung ging er dem Begriff der »Rasse« lange voraus, und als eigenständiger Begriff entstand er erst, nachdem der Begriff der »Rasse« bereits existierte.[317] Was ihn in all seinen Formen auszeichnet, ist dem Soziologen Wulf Dietmar Hund zufolge die Behauptung der Existenz unterschiedlicher Grade des Menschseins, die für natürliche Differenzen zwischen Menschen verantwortlich seien und sich in einer Hierarchie verschiedener Kulturen spiegelten.[318] Deswegen lasse er sich in vielfältiger Weise formulieren. Die heute wohl populärste Spielart dürfte in der Substitution des Begriffs der »Rasse« durch den der »Kultur« mitsamt der Rede von den »Mentalitäten« bestehen, die an die Stelle der »natürlichen Eigenschaften« treten. Definitionen wie die der UN-Generalversammlung machen das zugrunde liegende Problem der Unterscheidung und Abwertung deutlich. Doch sie sind nur unzureichend in der Lage, der Vielgestaltigkeit des Rassismus gerecht zu werden, und setzen zudem implizit biologistische Argumentationsmuster ins Recht. Die Definition des tunesisch-französischen Soziologen Albert Memmi in seinem 1982 erschienenen Buch *Rassismus* (im französischen Original *Le Racisme*) umgeht diese Probleme und bietet einen weiterreichenden Blick auf Rassismus an:[319]

»Rassismus ist die verallgemeinerte und verabsolutierte Wertung tatsächlicher oder fiktiver Unterschiede zum Nutzen des Anklägers und zum Schaden seines Opfers, mit der seine Privilegien oder seine Aggressionen gerechtfertigt werden sollen.«[320]

Wie an gleicher Stelle betont wird, kann die Definition durch eine biologische Interpretation der »tatsächlichen oder fiktiven Unterschiede« verengt oder durch die Auslassung eines solchen Bezugs weiter gefasst werden, um über bloß biologische, letztlich also am Körper festzumachende Unterschiede hinauszugehen. Memmi selbst gibt der letzten Variante den Vorzug und verwendet sie als Grundlage seiner weiteren Ausführungen. In dieser Form lässt seine Definition den Begriff der »Rasse« außen vor, rückt den Konstruktionsaspekt des

Rassismus in den Vordergrund und benennt mit Privilegien und Rechtfertigungen auch den mit rassistischer Diskriminierung einhergehenden Gewinn. Zudem lässt die Definition ein breites Spektrum rassistischen Handelns aufscheinen, das von subtilen Diskriminierungen über passives Profitieren bis zur mit Aggression verbundenen physischen Gewalt reicht. Auf den ersten Blick mag der Begriff »Ankläger« verwirren, da er juristisch konnotiert ist und an die Anklage innerhalb eines Gerichtsprozesses erinnert. Wie im weiteren Textverlauf bei Memmi deutlich wird, ist dies jedoch keineswegs die Intention der Definition, die vielmehr zu zeigen versucht, wie die erwähnten Unterschiede zur Grundlage der Beschuldigung werden, das Gegenüber besitze bestimmte negative Eigenschaften, aufgrund derer es zu Recht abgewertet und ausgegrenzt würde. Dieser Prozess nimmt durchaus oft die Form einer Anklage im weiten Sinne an, etwa wenn der Andere beschuldigt wird, aufs Geld versessen zu sein, hinter dem Rücken der Gesellschaft zu konspirieren, eine unkontrollierbare Sexualität zu besitzen, nicht zu Kulturleistungen in der Lage zu sein oder was der rassistischen Stereotype mehr sind. Der*die Rassist*in schwingt sich in diesem Kontext metaphorisch zur*zum Ankläger*in auf und vollstreckt die eigenmächtig festgesetzte Strafe nur allzu gern gleich selbst.

Mit Memmis Definition lässt sich analysieren, was Ta-Nehisi Coates mit Blick auf seine Kindheit und Jugend während der 70er und 80er Jahre in den USA beschreibt: Die Omnipräsenz der Gewalt in von Armut und Segregation gekennzeichneten Stadtvierteln, die Angst der Eltern um ihre Kinder in einer von rassistischer Gewalt durchzogenen Umwelt, die Suche nach einer unter dominanten *weißen* Narrativen verschütteten Schwarzen Geschichte und die Enteignung des Schwarzen Körpers durch von *Weißen* dominierte Machtverhältnisse.[321] Ebenso kann sie auf die Situation in den afrikanischen Kolonien angewandt werden, die unter dem dünnen ideologischen Firnis der Verbreitung westlicher »Zivilisation« von Ausbeutung, Gewalt und Völkermord zum Zweck strategischer Geopolitik und ökonomischer Interessen geprägt war. Doch lässt die

Definition sich auf kulturelle Aneignung anwenden? Ist kulturelle Aneignung dieser Definition zufolge also rassistisch?

Sicherlich lässt sie sich sehr gut auf den Diebstahl von Kulturgütern anwenden. Zwar ist die widerrechtliche Aneignung von Artefakten wie den Benin-Bronzen eine historisch zurückliegende Form des Diebstahls im Rahmen von Übervorteilung, Ausnutzung ungleicher Machtbeziehungen und Plünderungen. Doch durch den immanenten Rassismus der Kolonialpolitik beruhte dieser Diebstahl auf rassistischen Strukturen, schrieb sie fort und verstärkte sie. Wenn noch heute die Rückgabe von während des Kolonialismus erbeuteten Kunstobjekten verweigert und diese Weigerung, wie in Deutschland, mit Verweis auf das damals geltende rassistische Kolonialrecht legitimiert wird, stellt dies eine Fortführung kolonialrassistischer Rechts- und Machtstrukturen dar. Dies ist vor allem dann der Fall, wenn mit dem Gestus westlicher Überlegenheit darauf verwiesen wird, die Kunstschätze des afrikanischen Kontinents seien in Europa besser aufgehoben, da in den Herkunftsländern nicht die notwendige Museumsinfrastruktur existiere, um sie entsprechend auszustellen und zu schützen. Der Vorteil der Täter*innen, der Nachteil der Opfer und die Rechtfertigung von Privilegien und Aggressionen treten hier überdeutlich zutage.

Auch bei der Entmündigung von Menschen aus vermeintlich anderen Kulturen springt der Zusammenhang mit Rassismus nach Memmis Definition ins Auge. Erzählungen über die Ziele des Islams oder die Bedeutung des Kopftuchs als Mittel zur Unterwerfung von Frauen, wie sie seitens solcher »Islamexpert*innen« wie Horst Seehofer oder Thilo Sarrazin formuliert werden, verwandeln ihr Objekt in ein stereotypisiertes Feindbild. Im einen wie im anderen Fall werden Unterschiede betont und ein dichotomes Weltbild inszeniert, in dem das Eigene auf- und das Andere abgewertet wird und dadurch Vorteile für die Täter*innen geschaffen oder konsolidiert werden.

Mit Blick auf konsumierende Aneignungen ist der Zusammenhang zu Memmis Rassismusdefinition ebenfalls erkennbar. Sie beruhen auf der Warenform, die zur Steigerung ihrer Verkäuflichkeit die Andersheit des Anderen betont, dessen

Kultur in ein leicht konsumierbares und markttaugliches Klischee verwandelt und dadurch massiv in die Konstruktion von Unterschieden eingebunden wird. Der Konsum dieser Waren sowie die immer weitergehende Kommodifizierung von Kulturen behaupten dabei ein Privileg auf Verwertung und Aneignung, welches durch den Verweis auf die eigenen Rechte noch lautstark untermauert wird. Gleichzeitig schadet sie den enteigneten Anderen, die dadurch Stück für Stück die Mittel zu einer selbstbestimmten Repräsentation verlieren und der Aushöhlung ihrer Kultur beiwohnen. Mit jeder weiteren Aneignung werden diese ungleichen Machtverhältnisse weiter festgeschrieben, wodurch sich konsumierende Aneignung letztlich als ebenso rassistisch erweisen kann wie Kunstraub oder Entmündigung.

Kulturelle Aneignung lässt sich indes nicht nur durch Appelle zum Boykott von Ausstellungen oder Verzicht auf den Konsum bestimmter Waren aus der Welt schaffen. Ein solcher Ansatz tendiert dazu, Rassismus mit bewussten Willensentscheidungen gleichzusetzen. Dies ergibt zwar bei den Kunst- und Kulturgegenständen durchaus Sinn, da in diesem Fall konkrete politische Entscheidungen über das Schicksal der geraubten Artefakte entscheiden. Bei entsprechendem politischen Willen können Kunstgegenstände wie die Benin-Bronzen offensichtlich durchaus zügig an ihre Herkunftsländer zurückgegeben werden.

Beim entmündigendem Sprechen über als fremd wahrgenommene Menschen verhält es sich schon anders. Schließlich haben die westlichen Gesellschaften eine jahrhundertelange Geschichte des Rassismus, wodurch rassistische Denk- und Handlungsmuster so prägende wie unbewusste Bestandteile hiesiger Sozialisationsverläufe sind. Entsprechend können sie nicht durch eine bewusste Verhaltensänderung aufgebrochen werden, da den Handelnden die Bedeutung ihrer Taten in vielen Fällen nicht einmal bewusst ist. Dies gilt mehr noch mit Blick auf konsumierende Aneignungen. Es gibt inzwischen genug Anlass und Gelegenheit, auf die rassistischen Strukturen unserer Gesellschaft aufmerksam zu werden, da in den letzten

Jahren viel passiert ist und die Stimmen rassismuskritischer Menschen in der Öffentlichkeit heute stärker vertreten sind. Ohne die Anstrengung einer und eines jeden, die Wirkmächtigkeit des Rassismus in den Bedingungen der eigenen Sozialisation zu erkennen und sich von ihnen stückweise zu befreien, wird der Kampf gegen Rassismus aussichtslos bleiben.

Hier stehen zu bleiben würde bedeuten, sich im Kampf gegen Rassismus auf Appelle zur Selbstreflexion zu beschränken und seine Beseitigung damit der Anstrengung eines und einer jeden zu überantworten. Das aber wäre nur eine weitere Spielart der in neoliberalen Zeiten so beliebten Strategie der Individualisierung gesellschaftlich verursachter bzw. struktureller Probleme. Rassismus wäre unter diesen Umständen ebenso ein Gegenstand der Häme wie angeblich falsche Ernährung, mangelnde Altersvorsorge oder ein Mangel an Sport zugunsten von Zigaretten und Alkohol. Der Kampf gegen Rassismus würde dadurch zu einem Mittel sozialer Distinktion verkommen und die sozialen Realitäten des Rassismus würden bleiben wie zuvor.

Rassismus ist nicht nur eine Frage der individuellen Einstellungs- und Handlungsmuster. Mit ihm verhält es sich so, wie der französische Philosoph Maurice Merleau-Ponty es über die Gewalt ausgeführt hat. Vor dem Hintergrund des Zweiten Weltkrieges und des beginnenden Kalten Krieges stellte Merleau-Ponty in den 1960er Jahren fest, es sei nicht an uns, die Gewalt zu wählen oder abzulehnen, weil die Gewalt immer schon vor uns da und dadurch ein Teil von uns und der Welt sei.[322] Wie die Gewalt ergreift der Rassismus uns, bevor wir überhaupt die Möglichkeit haben, ja oder nein zu ihm zu sagen. Mit Blick auf Memmis Rassismusdefinition gilt es deswegen zu beachten, dass sie über die individuelle Dimension hinaus auch gesellschaftliche Verhältnisse beschreibt.

Die Macht der Strukturen

In ihrem Buch von 2017 (dt. 2019), *Warum ich nicht länger mit Weißen über Hautfarbe spreche* (die deutsche Übersetzung des Titels ist irreführend, da sie den Begriff Hautfarbe verwendet. Der Originaltitel lautet: *Why I'm No Longer Talking To White People About Race*), nimmt die Schwarze britische Journalistin Reni Eddo-Lodge auf die äußerst bündige Rassismusdefinition von Patricia Bidol aus dem Jahr 1970 Bezug: »Vorurteil plus Macht«.[323] Noah Sow greift diese Definition auf, hebt aber den rassifizierenden Charakter des Vorurteils und die strukturelle Dimension der Macht hervor und betont, wie wenig strukturelle Macht an Mehrheitsverhältnisse gebunden sein muss, indem sie auf postkoloniale Gesellschaften verweist, in denen die ökonomischen Ressourcen von einer kleinen *weißen* Minderheit kontrolliert werden.[324]

Wichtig ist hier die klare Trennung zwischen Vorurteil und Macht. Alle Menschen können Vorurteile haben und andere auf deren Basis diskriminieren, und jede dieser Praktiken hat Konsequenzen in der realen Welt, z. B. wenn wir bestimmten Leuten aus dem Weg gehen, weil wir keine Lust haben, uns ihren entwertenden Stereotypen und Generalisierungen auszusetzen. Doch damit aus Vorurteilen Rassismus wird, müssen sie in die Strukturen der Gesellschaft, ihre Institutionen und ihre Gesetze eingehen und auf diese Weise mit Macht ausgestattet werden.[325] Dies ist die Grundlage einer Gesellschaft, in der *weiße* Menschen einseitig definieren können, wie die soziale Wirklichkeit korrekt interpretiert wird, da sie Schlüsselpositionen in Politik, Kultur und Ökonomie innehaben. Im englischsprachigen Diskurs wird diese Form struktureller, nicht infrage gestellter Vormacht als »White Supremacy« (»*Weiße* Überlegenheit«) bezeichnet. Sie geht mit einem auf Hierarchisierung von Menschengruppen basierenden rassistischen Framing einher, demzufolge *Weiße* als kulturell und zivilisatorisch überlegen gelten, wodurch gleichzeitig *weiße* Dominanz begründet und von der *weißen* Norm abweichende Andere mit negativen Stereotypen und Bildern belegt werden.[326] Entscheidend bei diesem Prozess ist, wie stark er unser Verständnis von Normalität prägt. Wie die Geschichte des Kolonialismus zeigt, hielten die meisten der damals lebenden Menschen die allerorten kursierenden Rassentheorien für den letzten Stand der Wissenschaft, und so stellte die daraus resultierende Hierarchisierung von Menschen lediglich die logische Konsequenz dar.

Inwiefern auch unser heutiges Leben von solchen falschen Selbstverständlichkeiten durchzogen ist, veranschaulicht Reni Eddo-Lodge anhand einer Situation aus ihrem Privatleben. Sie unterhielt sich mit der *weißen* Freundin eines Freundes über Rassismus, und weil das Gespräch gut zu laufen schien, fasste sie Vertrauen und erzählte, wie sie in einer Bewerbungssituation zugunsten einer *Weißen* mit nahezu identischer Berufserfahrung übergangen wurde; eine Situation, in der sie den strukturellen Rassismus in der Gesellschaft wie einen Schlag ins Gesicht gespürt habe. Ihre Gesprächspartnerin fragte auf diese Schilderung hin, wie sie denn sicher sein könne, der Grund für ihren Misserfolg hätte im Rassismus bestanden, woraufhin die Autorin noch einige Versuche unternahm, ihrem Gegenüber zu erklären, was Rassismus für Betroffene bedeute, ihr Unterfangen aber schließlich aufgab, da sie im Umfeld ihres Freundes nicht als »Unruhestifterin« gesehen und ausgeschlossen werden wollte.[327]

Das Perfide an der von Eddo-Lodge beschriebenen Situation ist, dass ihre Gesprächspartnerin durchaus Recht gehabt haben *könnte*. Ja, Schwarze Menschen werden auf dem Arbeitsmarkt diskriminiert und sind gegenüber *Weißen* strukturell benachteiligt, ja, diese Form des Ungleichgewichts hat ihre Wurzeln schon in der Bildungsbenachteiligung an Schulen, und ja, das ist ein zu beseitigender gesellschaftlicher Missstand. Doch kann es im Einzelfall auch immer an etwas anderem gelegen haben. Vielleicht beherrschte die *weiße* Konkurrentin ein für die Firma wichtiges Computerprogramm oder hatte zuvor in einer Schwesterfirma gearbeitet. Dass es die sozialen Strukturen sind, die *weiße* Menschen begünstigen und Schwarze Menschen und BIPoCs benachteiligen, kann mit Blick auf den konkreten Einzelfall immer bestritten oder infrage gestellt werden. Das nimmt den Strukturen aber nicht ihre Wirkmächtigkeit und angesichts dessen ist es sehr viel wahrscheinlicher, dass Eddo-Lodge mit ihrer Einschätzung richtig lag. Die von ihrer Gesprächspartnerin vorausgesetzte falsche Selbstverständlichkeit besteht darin, Rassismus als eine individuelle Haltung zu verstehen und darüber die Wirkmächtigkeit von Strukturen zu ignorieren. Ihre Wahrnehmung beruht darauf, dass sie diese Strukturen als *weiße* Person nicht zu spüren bekommt.

Wo der Rassismus mit solcher Macht ausgestattet ist, dass er sich durch alle Knotenpunkte der Gesellschaft zieht, handelt es sich bei seinen Manifestationen nicht nur um individuelle Ereignisse.[328] Genau an diesem Punkt scheitert das Gespräch zwischen Eddo-Lodge und ihrem Gegenüber. Während die eine über Strukturen spricht, flüchtet die andere auf das Gebiet des Ereignisses, wo immer eine Ausnahme von der Regel existieren kann, in deren Namen man den kritischen Blick von der Struktur abwendet, um die unbequeme Wahrheit der Wirkmächtigkeit von Rassismus nicht zu sehen. Rassismus durchzieht die Gesellschaft wie ein unsichtbares Netz. Er schlägt sich auch in Staats- und Regierungsorganen nieder, die offiziell an Gleichbehandlungsgesetze und Diskriminierungsverbote gebunden sind, und manifestiert sich auf diesem Weg als institutioneller Rassismus.

Der Begriff des institutionellen Rassismus wurde erstmals von Stokely Carmichael und Charles V. Hamilton in den Mittelpunkt der Diskussion gerückt, als sie 1967 inmitten der Auseinandersetzungen zwischen *weißer* Mehrheitsgesellschaft und Schwarzer Bürgerrechtsbewegung in den USA das Buch *Black Power* veröffentlichten.[329] Sie stellten den Begriff dem von ihnen als individuellen Rassismus[330] bezeichneten Rassismus einzelner Menschen gegenüber und wandten sich damit auch gegen den noch heute wirkmächtigen »Bad Apples«-Mythos, demzufolge rassistische Übergriffe durch staatliche Organe wie die Polizei nur die Taten Einzelner sind, die das System als Ganzes nicht infrage stellen.[331] Wie Carmichael und Hamilton zeigen, widersprach das der unmittelbaren Lebensrealität der Schwarzen Community in den USA der 60er Jahre. Lebenslang sei ihnen der amerikanische Traum gepredigt worden, demzufolge Arbeit und Leistung zu gesellschaftlicher Anerkennung und Erfolg führen würden; sogar die *Weißen* würden glauben, dieser Traum gelte auch für Schwarze Menschen. Doch in letzter Instanz sei der amerikanische Traum keine Frage des Glaubens, sondern eine des wirtschaftlichen und politischen Systems der USA, das Menschen abhängig von ihrer *Race* entweder Privilegien zugestehe oder sie ihnen verweigere und deswegen in seinem institutionellen Funktionieren selbst rassistisch sei.[332] Dieser Rassismus verrichtet sein Werk versteckt und unauffällig. Wie Carmichael und Hamilton immer wieder verdeutlichen, muss in einem System des institutionellen Rassismus keineswegs jede*r *Weiße*r* bewusst rassistisch handeln. Schon die stille Komplizenschaft mit dem System reicht aus, um die Strukturen sozialer Ungleichheit und Diskriminierung aufrechtzuerhalten und von ihnen zu profitieren.[333]

Dieser Umstand ist zum Verständnis der strukturellen und institutionellen Dimension von Rassismus damals wie heute von zentraler Wichtigkeit. Die institutionelle Dimension des Rassismus schlägt sich auch in einer Kultur nieder, die unser Verständnis von Normalität definiert. Dadurch liefert institutioneller Rassismus auch eine Legitimation für das eigene Verhalten, das sich immer auf die geltende Normalität berufen kann, und delegiert die Verantwortung damit komfortabel an eine letztlich anonyme Machtinstanz, die durch das individuelle Handeln vieler erst wirksam und aufrechterhalten wird. In letzter Konsequenz sind es immer alle und niemand gewesen. Carmichael und Hamilton führen zur Veranschaulichung Beispiele aus dem täglichen Leben an. Demnach würden die meisten *weißen* Bürger*innen Terrorismus gegen Schwarze Menschen ablehnen, es aber gleichzeitig nicht als Rassismus vestehen, wenn Hunderte Schwarze Säuglinge pro Jahr sterben, weil es ihnen aufgrund der staatlichen Strukturen an Nahrung und medizinischer Versorgung fehlt.[334] Wie sie eindringlich betonen, beruht institutioneller Rassismus auf der gleichen rassistischen Ideologie der Ungleichheit wie individueller Rassismus. Sobald die durch den institutionellen Rassismus fixierten Privilegien infrage gestellt würden, trete seitens der sich bedroht fühlenden *Weißen* der individuelle Rassismus sehr schnell als offen zerstörerische Kraft hervor.[335]

Institutioneller Rassismus schafft und verfestigt die sozialen Probleme diskriminierter Gruppen: Segregation führt zur Verdrängung der Schwarzen Bevölkerung in prekäre Wohnviertel, diese zur gesonderten Beschulung der Kinder in nach *Race* getrennten Schulen, was wiederum eine niedrigere Qualifikation mit sich bringt und schließlich zu einer untergeordneten Stellung auf dem Arbeitsmarkt führt.[336] An der Oberfläche erscheint all dies weit weniger spektakulär als die 1991 an Rodney King verübte Gewaltorgie, der Mord an George Floyd 2020 oder viele andere Beispiele von Polizeigewalt, ist in der Konsequenz aber nicht weniger zerstörerisch. Ta-Nehisi Coates bezeichnet die Ghettos seiner Kindheit aus diesem Grund einerseits als »eleganten Akt des Rassismus«, andererseits auch als »staatlich verordnete Schlachtfelder«, in denen die Menschen der Schwarzen Community ihrer Würde und in letzter Konsequenz ihres Lebens beraubt würden.[337] Institutioneller und individueller Rassismus bilden einen sich verstärkenden Teufelskreis, indem institutionell hervorgebracht wird, was anschließend zur Rechtfertigung rassistischer Stereotype dient (z. B. der im Vergleich zu *Weißen* geringere Bildungserfolg von Schwarzen Menschen in den USA) und sich schließlich abermals in die Strukturen einschreibt und sie verfestigt. Aufgrund dieser engen Verwobenheit weist der Schwarze US-amerikanische Rassismusforscher Ibram X. Kendi die analytische Unterteilung von Rassismus als redundant zurück und betont, Rassismus sei immer strukturell, institutionell und damit systemischer Natur.[338]

Kulturelle Aneignung baut auf diesen Strukturen von institutionalisiertem Rassismus auf. Ebenso wie die meisten *weißen* Menschen Rassismus nicht bewusst ausüben, beabsichtigen sie in den meisten Fällen auch nicht, für diskriminierte Gruppen wichtige Symbole und Repräsentationsformen zu missbrauchen oder deren Positionen in politischen Kämpfen zu schwächen. Doch die Strukturen der Gesellschaft sind zu einem hohen Grad unabhängig vom konkreten Willen der Handelnden. Ein gutes Beispiel hierfür ist die Musikindustrie. Musiker*innen wie Jamiroquai, Duffy oder Joss Stone stützen sich Noah Sow zufolge auf Schwarze musikalische Traditionen wie Soul und sind dabei hinsichtlich ihrer Reichweite und vor allem ihres kommerziellen Erfolgs vielen im Stil vergleichbaren Schwarzen Musiker·innen deutlich überlegen.[339] Das machen sie keineswegs aus rassistischen Motiven heraus. Ganz im Gegenteil äußern sie in Interviews ihren Respekt und ihre Bewunderung für die Leistungen Schwarzer Künstler·innen und würden sich wohl auch von jeder Art des Rassismus im Sinne der oben gegebenen Definition Albert Memmis weit distanzieren. Da Rassismus aber tief in den Strukturen und Institutionen der Gesellschaft verankert ist, reicht es mit Blick auf Fragen wie die Aneignung musikalischer Traditionen nicht, nur die Haltung von Individuen oder das, was sie davon preisgeben, zu berücksichtigen. Rufen wir uns also noch einmal die Definition Albert Memmis in Erinnerung:

»Der Rassismus ist die verallgemeinerte und verabsolutierte Wertung tatsächlicher oder fiktiver Unterschiede zum Nutzen des Anklägers und zum Schaden seines Opfers, mit der seine Privilegien oder seine Aggressionen gerechtfertigt werden sollen.«[340]

Wertungen müssen nicht zwangsläufig von Individuen getragen werden. Sie stecken ebenso in den von uns geschaffenen und perpetuierten Strukturen, auch wenn wir diese in ihrer Wirkmächtigkeit in vielen Fällen nur unzureichend durchschauen mögen. Die Wertung vom Standpunkt der Musikindustrie und des von ihr bedienten Marktes konstatiert zwei »tatsächliche oder fiktive Unterschiede«. Erstens ist Schwarze Musik im Gegensatz zu *weißer* Musik in den Augen vieler Menschen deutlich attraktiver und deswegen besser verkäuflich. Zweitens verfügen Schwarze Menschen gesellschaftlich betrachtet über ein im Vergleich zu *Weißen* deutlich geringeres Maß an Macht und können der Musikindustrie aus diesem Grund weniger Widerstand entgegensetzen. Die Argumente (etwa Joss Stones Zurückweisung des Vorwurfs kultureller Aneignung), mit denen die Gründe für diese Situation auf die Struktur der Gesellschaft oder die Mechanismen des Marktes geschoben werden, dienen letztlich als Rechtfertigung von *weißen* gegenüber Schwarzen Musiker*innen, wodurch erstere ihre Privilegien bestätigt finden und auch weiterhin reinen Herzens Geld verdienen können, indem sie von existierenden Ungleichheitsstrukturen profitieren. Eine Künstlerin wie Duffy ist von der ihr als Vorbild dienenden klassischen Soulmusik vielleicht wirklich einfach nur fasziniert und hat keineswegs die Absicht, kulturelle Aneignung zu betreiben und dadurch Schwarze Künstler*innen zu beschädigen. Trotz allem verwandeln die von Rassismus durchzogenen Strukturen der Musikindustrie ihr Schaffen mit steigendem Erfolg immer mehr in Richtung kultureller Aneignung, weil sie als *weiße* Künstlerin de facto Schwarze Künstler*innen verdrängt und ihre Musik dabei auf Schwarzen Musiktraditionen aufbaut. Wie tief Menschen in rassistische Strukturen verstrickt sind, hat mit ihren Absichten nur sehr bedingt etwas zu tun, sondern geht auf ihre Position im sozialen Gefüge zurück und kann dazu führen, dass das eigene Handeln schließlich das genaue Gegenteil von dem hervorbringt, was man eigentlich damit erreichen wollte. Aus diesem Grund unterstützen wir Rassismus oft, ohne es zu wollen oder auch nur zu wissen.

An dieser Stelle ließe sich der Einwand erheben, die Ausbeutung in der Musikindustrie sei nicht primär rassistisch, sondern beruhe auf dem sie dominierenden kapitalistischen Kalkül, nach dem sich eben Schwarze Musik von *Weißen* besser verkauft. Das Problem sei also der Kapitalismus, nicht der Rassismus. Wie Robin DiAngelo vor dem Hintergrund ihrer Erfahrung als Coach von Antirassismuskursen berichtet, ist dies eine beliebte Abwehrstrategie, um die Diskussion vom Rassismus auf ein anderes Themengebiet zu verlagern.[341] Rassismus und Kapitalismus sind zwei parallel existierende Strukturen, die allerdings eng miteinander verflochten sind, da der Kapitalismus auf rassistisch konstruierten Unterschieden aufbaut und sie ausnutzt, um z. B. soziale Ungleichheit zu rechtfertigen oder an billige Arbeitskraft zu kommen.[342] Zwischen Kapitalismus und Rassismus besteht kein kausaler, aber ein sehr enger funktionaler Zusammenhang, weswegen es kurzsichtig ist, sie gegeneinander auszuspielen.

Alice Hasters hat den institutionellen Rassismus und die sozialen Strukturen und Institutionen, durch die er so wirkmächtig ist, mit der Metapher der »Echokammer« veranschaulicht, die *weißen* im Gegensatz zu Schwarzen Menschen zur Verfügung stünde und ihre Vorurteile in soziale Realität verwandele, statt sie wie im umgekehrten Fall ins Leere laufen zu lassen.[343] Dies bedeutet nicht zu sagen, BIPoCs könnten nicht rassistisch sein, weil sie über keine Macht verfügten. Für Ibram X. Kendi ist gerade diese Verknüpfung von Machtlosigkeit mit einer angeblichen Unfähigkeit zu rassistischem Denken und Handeln nur ein rassistisches Stereotyp. Schließlich seien keineswegs alle Schwarzen Menschen machtlos, und viele von ihnen hätten mit Blick auf ihre Schwarzen Mitmenschen durchaus rassistische Vorurteile.[344] Auch rassistische Einstellungen Schwarzer Menschen gegenüber *weißen* Menschen sind Kendi zufolge möglich, wenn eine generelle Unterlegenheit *Weißer* gegenüber anderen Menschen behauptet würde.[345] In diesem Zusammenhang verweist er auf das Buch *Message to the Blackman in America* von Elijah Muhammad, der von 1934 bis zu seinem Tod 1975 die Nation of Islam leitete. Dort wird im Kapitel *The Making of the Devil* dargelegt, wie die *weißen* Menschen vor mehr als 6.000 Jahren von einem bösen Schwarzen Wissenschaftler als eine »Rasse von Teufeln« geschaffen wurden, die daraufhin die Herrschaft an sich riss und Verderben über die Welt brachte. Ansichten wie diese, so Kendi, seien nicht mehr als eine invertierte Form des *weißen* Rassismus gegen Schwarze Menschen.[346]

Doch zwischen rassistischen Vorurteilen und institutionellem Rassismus besteht ein immenser Unterschied. Denn während rassistische Einstellungsmuster ohne »Echokammer« wirkungslos verpuffen, ohne die Angehörigen der Dominanzgesellschaft zu tangieren, sind sie bei Bestehen entsprechender sozialer und institutioneller Strukturen für das Leben der Betroffenen potentiell tödlich und für die Täter·innen oft folgenlos. Auch wenn Kultur sicherlich nicht nur von *weißen* Menschen aus dem globalen Norden angeeignet wird, lässt

sich der Vorwurf kultureller Aneignung nicht umkehren –
denn die Wirkung ist nicht vergleichbar.

»Das machen doch alle«

Aufgrund dieser tiefen Verwobenheit mit den sozialen und institutionellen Strukturen der Gesellschaft ist Rassismus in
den Ländern des globalen Nordens kein Problem, das nur von
rechten Gruppierungen am Rand des politischen Spektrums
verursacht würde. Ganz im Gegenteil reicht er bis weit in die
Mitte der Gesellschaft und lässt sich in allen politischen Lagern nachweisen, da er den Boden dessen bereitet, was als sag-
bar gilt, ohne als rassistisch wahrgenommen zu werden. Von
der Mitte der Gesellschaft zu sprechen, ist angesichts der sie
kennzeichnenden Einstellungsmuster ein Euphemismus. So
kommt die Leipziger Autoritarismusstudie von 2020 zu dem
Ergebnis, Zustimmung zu »ausländerfeindlichen« Aussagen
fände sich zwar erwartungsgemäß bei der AfD am häufigsten,
sei aber auch bei der CDU/CSU, der SPD, der FDP sowie der
Linken weitverbreitet und ließe sich vereinzelt auch bei den
Grünen nachweisen.[347] Das mag nicht zuletzt daran liegen,
dass angesichts der Verbreitung des strukturellen Rassismus
viele Menschen Fragen, die in Studien wie der Leipziger Autoritarismusstudie als ausländerfeindlich oder auch rassistisch
eingestuft werden, überhaupt nicht als bedenklich, sondern
als Teil des unbedenklich Sagbaren wahrnehmen.

Das Bild vom vernachlässigten *weißen* Mann, der in Jog-
ginghosen mit Lichtenhagener Fleck und Bierdose in der
Hand lautstark gegen Ausländer und Geflüchtete hetzt und damit den rechten Rand repräsentiert, ist eine der sozialen Distinktion dienende Imagination der gebildeten Mittelschicht.
Schon Anfang der 90er Jahre machte die Rassismusforscherin
Birgit Rommelspacher darauf aufmerksam, dass entgegen solcher auch in der akademischen Soziologie gehegten Narrative
die Wähler·innen der Republikaner überdurchschnittlich häufig ein Haus oder eine Wohnung besaßen und eine verglichen
mit Wähler·innen von SPD und Grünen höhere Zufriedenheit
mit ihrer sozialen Lage bekundeten.[348] Diese Feststellungen

haben bis heute Gültigkeit. Ebenso wie damals Die Republikaner ist auch die AfD als parlamentarischer Arm des Rechtsextremismus keine »Prekariatspartei«. Ganz im Gegenteil verdienen AfD-Anhänger∗innen überdurchschnittlich gut, setzt die Basis der Partei sich zum großen Teil aus Menschen mit mittlerem Einkommen zusammen und sind Sorgen mit Blick auf materiellen Mangel entsprechend wenig verbreitet.[349]

So wie in den Strukturen und Institutionen der Gesellschaft steckt der Rassismus also auch in den Köpfen der Menschen, von denen die Gesellschaft getragen wird, in der sie jeden Tag arbeiten gehen, im Supermarkt ihre Besorgungen machen, ihre Kinder erziehen und sich mit Freund∗innen und Nachbar∗innen unterhalten. Wie sollte es auch anders sein? Die bereits zuvor zitierte Aussage Edward Saids, »jeder Europäer« habe die Orientalistik für ein »System von Wahrheiten« gehalten und sei deswegen ein »fast absolut eingestellter Rassist oder Imperialist« gewesen,[350] lässt sich durchaus auf die heutige Zeit übertragen. In Deutschland geboren zu sein bedeutet, in einer Kultur aufzuwachsen, die von einer mangelnden Aufarbeitung des Kolonialismus und Nationalsozialismus gekennzeichnet ist und in der Einstellungsmuster wie Chauvinismus, Rassismus oder Antisemitismus weitverbreitet sind. Sicherlich gibt es nicht wenige Menschen, die rassistische Denkmuster bewusst vertreten und bei sich bietender Gelegenheit auch entsprechend handeln. Doch gegenüber denjenigen, die von sich behaupten, keine Rassist∗innen zu sein, gleichzeitig aber den Kopf voller einschlägiger Vorurteile haben, dürften sie in der Unterzahl sein. Das Handeln der einen prägt die Gesellschaft allerdings genauso wie das der anderen und führt für BIPoCs in Deutschland zu einer ständigen Konfrontation mit dem, was Noah Sow im Untertitel ihres Buches *Deutschland Schwarz Weiß* als »alltäglichen Rassismus« bezeichnet hat.[351]

Der Begriff »Alltagsrassismus« stellt keineswegs eine Verharmlosung von Rassismus dar. Er behauptet nicht, Rassismus sei ein normales, alltägliches Phänomen, an das sich Betroffene schließlich gewöhnen müssten. Ganz im Gegenteil zeigt der Begriff des Alltagsrassismus, wie gestört unsere Beziehungen (als Vertreter*innen der Dominanzkultur) zu anderen Menschen und uns selbst unter den Bedingungen des rassistischen Normalvollzugs eigentlich sind. Der Begriff des »Alltags« meint hier die Bühne, auf der sich unser aller Leben abspielt und wo wir mit den unmittelbaren Auswirkungen politischer Entscheidungen und gesellschaftlicher Entwicklungen konfrontiert werden. Damit ist er das wesentliche Element im Verhältnis eines jeden Menschen zur konkreten sozialen Wirklichkeit.[352] Rassismus in jedweder Form artikuliert sich schließlich im täglichen Leben und ist damit integraler Bestandteil des Lebens einer und eines jeden.

Wie Kenneth Binyavanga Wainaina in einem seiner Artikel betont hat, erscheint z. B. der afrikanische Kontinent in der medialen Darstellung des Westens in der Regel als undifferenziertes Ganzes, das sich aus beeindruckender Natur, allerorten stattfindenden kriegerischen Auseinandersetzungen und unter Gewalt sowie vor allem Hunger leidenden Menschen zusammensetzt. Berichtet würde überwiegend in einem romantischen (Tiere und Sonnenuntergänge) oder mitleidigen Tonfall (Flüchtlingslager und Gewalt), fast nie aber auf eine Weise, die das normale Leben zeigt und die Menschen auf Augenhöhe erscheinen ließe.[353] Wahrnehmungsmuster wie diese reichen bis tief in die Sprache hinein. Das N-Wort wird heute glücklicherweise immer weniger benutzt. Begriffe wie »Schwarzafrika« oder »subsaharisch« werden hingegen in der Öffentlichkeit weiterhin oft vollkommen unkritisch verwendet, auch wenn sie den afrikanischen Kontinent in zwei Hälften unterteilen, von denen die nördliche als Verlängerung Europas (vor allem Ägypten wegen der Pyramiden) und die südliche als vor sich hin dämmernde Wildnis begriffen wird.[354] Auch unsere alltägliche Sprache ist also voll mit Wörtern, die uns Dinge sagen lassen, die in vielen Fällen unseren Intentionen widersprechen, indem sie die Geschichte des Rassismus abermals ins Recht setzen. Albert Memmi schrieb mit Blick auf diese Tatsache, Rassismus sei ein kultureller Diskurs und würde uns umgeben wie die Luft, die wir atmen, als kollektive Sprache, die unseren Gefühlen Ausdruck verleihe.[355]

Verglichen mit rassistischen Gewalttaten durch Individuen, Gruppen oder Institutionen mag Alltagsrassimus sich auf den ersten Blick vergleichsweise unschuldig ausnehmen. Das ist er jedoch keineswegs. Die Schwarze Antirassismustrainerin Tupoka Ogette verweist in diesem Zusammenhang auf das aus der Psychologie stammende Modell der Mikroaggression.[356] Es geht auf den US-amerikanischen Psychologen Derald Wing Sue zurück und beschreibt die Folgen der scheinbar so kleinen wie alltäglichen »Kränkungen, Beleidigungen, Demütigungen und Verleumdungen«, die BIPoCs seitens scheinbar freundlicher *weißer* Menschen über sich ergehen lassen müssen.[357]

Das Problem bei Mikroaggressionen seitens selbstdefinierter liberaler *Weißer* ist, wie wenig bewusst sie den Menschen sind, von denen sie ausgehen. Diesem geringen Problembewusstsein entspricht in vielen Fällen eine umso größere Empörung, wenn sie mit dem Vorwurf des Rassismus konfrontiert werden. Aus ihren Antirassismustrainings beschreibt Robin DiAngelo Abwehrmechanismen, die von Argumentieren über Rückzug bis hin zu Weinen reichen, begleitet von Beteuerungen, mit Rassismus nichts zu schaffen zu haben und zu Unrecht angeklagt zu werden.[358] Vor dem Hintergrund solcher Selbstgerechtigkeit hat schon Martin Luther King gesagt, die eigentliche Gefahr für die Emanzipation der Schwarzen Menschen in den USA läge weniger bei offen rassistischen Organisationen wie dem Ku Klux Klan als vielmehr auf Seiten der moderaten *Weißen*. Wie Reni Eddo-Lodge schreibt, kann die »lauwarme Akzeptanz« viel frustrierender sein als offene Zurückweisung.[359]

Die Studien zu Mikroaggressionen belegen dies. Wo im Falle direkter rassistischer Beleidigungen immerhin die Fronten klar sind, versetzen Mikroaggressionen das Gegenüber in eine zwiespältige Situation, da es sich zwar zu Recht angegriffen fühlt, dies aber kaum beweisen kann und der andere sich zudem keines Fehlverhaltens bewusst ist.[360] Mikroaggressionen führen den Studien Sues zufolge zu einer Verschlechterung der seelischen und psychischen Gesundheit der Betroffenen und senken stressbedingt ihre Produktivität. Zudem festigen

sie rassistische Strukturen und machen es von Rassismus betroffenen Menschen damit schwerer, ein Leben entsprechend
ihrer Ziele und Wünsche zu führen.[361]

Der Zusammenhang zwischen kultureller Aneignung und
Mikroaggressionen erschließt sich nahezu von selbst. Wenn
weiße Menschen aus dem globalen Norden sich, womöglich
noch gegen den erklärten Willen zahlreicher Stimmen von
BIPoCs, freimütig überall aus deren Kultur bedienen und dabei den Vorwurf des Rassismus weit von sich weisen, indem
sie auf noble Motive wie die Respektbezeugung gegenüber anderen Kulturen verweisen oder die Absicht, diese zu bewahren, strafen sie die Stimmen kritischer BIPoCs mit Ignoranz
und fügen den von ihnen erlittenen Aggressionen dadurch
eine weitere hinzu. Ausgehend von der Problematik des Alltagsrassismus ist kulturelle Aneignung ein weiterer der vielen
Nadelstiche, denen BIPoCs durch die Mehrheitsbevölkerung
alltäglich ausgesetzt werden. Ob beim Durchschreiten eines
mit kolonialem Diebesgut vollgestopften Museums, dem Blick
auf die Werke Peter Scholl-Latours über den Islam beim Thalia nebenan oder wenn beim Einkaufen im Hintergrund Musik
von *weißen* Soulsängerinnen spielt – kulturelle Aneignung ist
einer der zahlreichen, wie Alice Hasters es nennt, »Mückenstiche«,[362] die in ihrer Häufung das Leben von Rassismus betroffener Menschen belasten.

An dieser Stelle ließe sich einwenden, Mückenstiche seien
zwar lästig, würden aber niemanden umbringen, ganz im Gegensatz zu »wirklichem« Rassismus. Doch das hieße, das Zusammenspiel der verschiedenen Dimensionen von Rassismus zu verkennen. Alltagsrassismus, struktureller und institutioneller Rassismus sind sich wechselseitig stützende und
verstärkende Dimensionen ein und desselben Problems und
bilden die Grundlage für Akte des direkten Rassismus, wie er
sich in Pöbeleien und potentiell tödlichen Übergriffen äußert.
Wer als *Weiße*r* Kinder als »Indianer« verkleidet, haufenweise Kleidung mit »Ethnomustern« im Schrank hat oder frei
von jedem Hintergedanken durchs Pergamonmuseum oder
das Humboldt Forum läuft, fügt anderen Menschen sicherlich

kein schweres Leid zu. Doch jede dieser Handlungen stärkt den Rassismus als Struktur, lässt ihn als Normalität erscheinen und hilft so, den Boden für Diskriminierung, Ausschluss und Gewalt zu ebnen.

Wie die *weiße* britische Feministin Laurie Penny bemerkt hat, macht die moderne Gesellschaft es uns jedoch schwer, strukturell zu denken, da sie allerorten ein Loblied auf die Freiheit des Individuums singt und dessen Verwobenheit mit den hinter Armut, Sexismus und Rassismus liegenden Strukturen verdeckt.[363] Die durch die Aufklärung ins Zentrum des Denkens gerückte Stellung des Individuums wirkt sich auch auf unsere Moral aus. In allen Büchern von von Rassismus betroffenen Menschen findet sich immer wieder eine Feststellung, und auch hier ist sie schon oft genannt worden: Auf den Vorwurf des Rassismus reagieren die meisten *Weißen*, indem sie ihn durch eine Betonung ihrer eigentlich guten Absichten zurückweisen. Nicht rassistisch sein zu wollen ist allerdings etwas anderes, als diesen Anspruch auch in die Tat umzusetzen. Dass vielen Menschen beides mehr oder weniger synonym erscheint, hat auch mit Abwehr zu tun, doch nicht ausschließlich. Es ist ebenfalls eine Konsequenz der Art und Weise, wie Moral in der westeuropäischen Kultur verstanden wird. Durch den immensen Einfluss Kants auf die Geistesgeschichte des Westens hat sich eine deontologische Moralauffassung durchgesetzt. Ihr kommt es nicht auf die Ziele oder Ergebnisse einer Handlung an, stattdessen stellt sie die »innere Form« des Handelns in den Mittelpunkt und erhebt diese zum Kriterium der moralischen Beurteilung.[364] Kants kategorischem Imperativ zufolge soll der Mensch so handeln, als ob die ihn dabei leitende »Maxime zugleich zum allgemeinen Gesetze (aller vernünftigen Wesen) dienen sollte«.[365] Entscheidend ist dem verbreiteten Gefühl für Moral also die Absicht einer Handlung, nicht aber deren Konsequenzen. Etwas gut zu meinen bedeutet aber noch lange nicht, es auch wirklich gut zu machen.

Deswegen spricht bereits die zuvor zitierte UN-Definition des Rassismusbegriffs von 1965 sowohl von den Zielen als auch den Folgen entsprechender Handlungen. Ganz in diesem Sinn hat die kanadische Journalistin Shivani Persad geschrieben, wer sich als *weiße* Person weiterhin Elemente der Schwarzen Kultur aneigne, solle den Slogan »Black Lives Matter« nicht in den Mund nehmen, da kulturelle Aneignung genau jenes System des Rassismus füttere, das für die in den USA verbreitete Polizeigewalt gegen Schwarze Menschen verantwortlich sei.[366] Eine antirassistische Haltung einzunehmen bedeutet aus diesem Grund nicht nur, auf den Vorwurf des Rassismus mit kritischer Selbstreflexion statt mit Trotz zu reagieren. Sie fordert von uns ebenso, über die gesellschaftlich etablierte Form des Moralverständnisses hinauszugehen, denn wie auch Ta-Nehisi Coates feststellte, sind gute Absichten mit Blick auf den gesellschaftlich etablierten Rassismus nicht mehr als ein »Passierschein durch die Geschichte«.[367] Der westlichen Menschen in Fleisch und Blut übergegangene kategorische Imperativ ist aus dieser Perspektive die Moral der Täter*innen.

Weißer Antirassismus

Wenn kulturelle Aneignung eine rassistische Praxis darstellt, muss der Kampf gegen sie ebenso ein Kampf gegen Rassismus sein wie der Kampf gegen Rassismus ein Kampf gegen kulturelle Aneignung. Es fragt sich aber, wer die Subjekte dieses Kampfes sind und in wessen Namen er ausgefochten wird. Der Kampf gegen Rassismus gilt der Beendigung jedweder Diskriminierung gegenüber rassifizierten Personen, die in den westlichen Gesellschaften allerdings in der Minderheit und deswegen auf die Unterstützung von *Weißen* als Angehörigen der Mehrheitsgesellschaft angewiesen sind. Doch können diese überhaupt verlässliche Bündnispartner*innen im Kampf gegen Rassismus sein? Schließlich waren sie es, die den Rassismus in seiner heutigen Form hervorgebracht und bis heute am Leben gehalten haben, um ihre Macht und Privilegien zu sichern. Auch wenn es heute viele *weiße* Menschen gibt, die Rassismus unerträglich finden und sich in aller Entschiedenheit dagegenstellen – in letzter Konsequenz unterscheidet sich ihre Position grundlegend von der rassifizierter Personen, da sie sich jederzeit entscheiden können, alles hinzuschmeißen, um in den Schoß der Dominanzkultur zurückzukehren. Solange *weißer* Antirassismus sich vor allem als selbstloses Eintreten für diskriminierte Minderheiten versteht, wird er mit dieser Form der Unzuverlässigkeit zu kämpfen haben. Aus diesem Grund muss *weißer* Antirassismus auf der Einsicht in die Fragilität eines Identitätsentwurfs beruhen, der auf rassistischem Ausschluss basiert, und von dem Ziel getragen sein, diesen zugunsten eines Neuentwurfs *weißer* Identität als einer Identität unter vielen zu überwinden.

Zwischen Allyship und Privileg

Politisch betrachtet stellt kulturelle Aneignung einen Eingriff in Kämpfe um Hegemonie dar, durch den subalternen Gruppen die Hoheit über ihre Repräsentationsformen genommen wird. Dadurch verlieren diese ihren Wert als Einheit stiftende Symbole, die es Gruppen ermöglichen, in emanzipatorischen Kämpfen ihre Identität zu repräsentieren und in gemeinsamen Bezugspunkten Zusammenhalt zu finden. Deren Positionen innerhalb politischer Kämpfe um Hegemonie können dadurch geschwächt und die Darstellung ihrer Ziele nach innen und außen wesentlich erschwert werden.

Aus kapitalismuskritischem Blickwinkel ist kulturelle Aneignung eine der zahlreichen den Kapitalismus tragenden Formen von Ausbeutung, da sie kulturelle Elemente in Waren verwandelt, ohne deren geistige Urheber*innen um Einverständnis zu ersuchen oder zumindest an den Gewinnen zu beteiligen. Sie ist aber auch Ausdruck der zusehends spürbar werdenden Tendenz des modernen Kapitalismus zur Aushöhlung von Bedeutungs- und Sinnstrukturen, indem sie Differenzen in Waren verwandelt und dadurch die Wertform mit ihrer zentralen Erscheinungsform gleichsetzt. Im Rahmen der Kommodifizierung der Kultur rückt dabei die Kultur von zu Anderen gemachten Gruppen in den Fokus, da von ihr das Versprechen des Besonderen ausgeht. Die Betroffenen können sich aufgrund ihrer Position innerhalb des gesellschaftlichen Machtgefüges oftmals schlechter gegen die Übernahme zentraler Elemente ihrer Kultur wehren. Infolgedessen sind sie vom Verlust an Sinn und Bedeutung im Zuge fortschreitender Ökonomisierung besonders betroffen und müssen entsprechend vehement gegen den Verlust von Identität kämpfen.

Kulturelle Aneignung weist ebenfalls starke Verflechtungen mit Rassismus auf. Sie basiert auf durch Rassismus geschaffenen Strukturen von Ungleichheit und einer damit einhergehenden hierarchischen Machtverteilung zwischen Dominanzgesellschaft und rassifizierten Personen. Dadurch stärkt sie strukturelle und institutionelle Formen des Rassismus und macht sich diese Strukturen gleichzeitig zunutze, um Zugriff auf sämtliche kulturellen Elemente in ihrer Reichweite zu beanspruchen und diese nach eigenem Ermessen zu benutzen und zu vernutzen. Kulturelle Aneignung ist eine Manifestaon des Rassismus, die den Betroffenen einerseits als permanente Form der Aggression direkten Schaden zufügt und ihnen auf der anderen Seite gleichzeitig den Aufbau politischen Widerstands erschwert, indem sie dessen aktuelle und potentielle Repräsentationsformen entwendet, in ihrer Bedeutung verändert oder in sinnlose Stereotype verwandelt.

Der Kampf gegen kulturelle Aneignung muss aus diesem Blickwinkel Teil eines Kampfes um Hegemonie sein, der mit dem Ziel einer Gesellschaft jenseits von Kapitalismus und Rassismus geführt wird. Das klingt aus heutiger Sicht zugegebenermaßen utopisch. Der Kapitalismus hat sich auf dieser Welt allerorten durchgesetzt und behauptet sich trotz aller Dysfunktionalität, und der Rassismus besitzt eine jahrhundertelange Geschichte, ist tief in den Strukturen verankert und prägt die Sozialisationsmuster der heute lebenden Menschen. Doch politische Veränderung ist aus hegemonietheoretischer Hinsicht immer möglich und die Zukunft keineswegs in Stein gemeißelt, weswegen Widerstand gegen Kapitalismus und Rassismus durchaus das Potential besitzt, in die Schaffung einer von Unterdrückung und Ausbeutung freien Gesellschaft zu münden. Doch an dieser Stelle erhebt sich eine Frage. Sicherlich können *weiße* Menschen entschieden gegen den Kapitalismus Stellung beziehen. Aber ist ihnen eine solche Opposition auch mit Blick auf den Rassismus möglich, dessen Urheber*innen und Profiteur*innen sie schließlich sind?

Auf dem 1967 in London abgehaltenen Kongress »Dialectics of Liberation« wurde Stokely Carmichael von einem *weißen* Teilnehmer gefragt, was *Weiße* denn tun könnten, wenn sie die um Befreiung kämpfenden Schwarzen Menschen in den USA unterstützen wollten. Die Antwort lautete: »Go home, kill father and mother, hang up yourself!«[368]

In dem ebenfalls 1967 erschienenen Buch *Black Power* positioniert sich Carmichael zusammen mit Hamilton nicht so extrem wie auf dem Kongress, formuliert aber ebenfalls große Skepsis mit Blick auf die Möglichkeit der Zusammenarbeit zwischen *weißen* und Schwarzen Menschen. Den Autoren zufolge gibt es mit Blick auf dieses Thema drei große Mythen, die es zu dekonstruieren gelte, um die Möglichkeit der Zusammenarbeit realistisch einzuschätzen.

Erstens würden die Interessen der Schwarzen Menschen in den USA nicht mit denen *weißer* Liberaler oder anderer für Reformen kämpfender Gruppen von *Weißen* übereinstimmen, da diese Gruppen die Gesellschaft im Großen und Ganzen akzeptieren und sich deshalb in letzter Konsequenz immer als unzuverlässig herausstellen würden.[369] Zweitens befänden sich Schwarze Menschen in einer weit kritischeren sozioökonomischen Lage als die mit ihnen potentiell koalierenden Gruppen *weißer* Menschen, weshalb eine Koalition die Schwarzen Menschen aufgrund der Konzessionen gegenüber den Interessen ihrer *weißen* Bündnispartner∗innen in ihrem Kampf bestenfalls minimal voranbringen würde oder für sie gar nachteilig wäre.[370] Drittens beruhe Politik nicht auf Moral oder Gewissen, sondern auf handfesten Interessen, weswegen die Solidarität der *Weißen* meistens dort ende, wo sie Konzessionen auf materieller Ebene hinnehmen müssten.[371] Die einzige Möglichkeit von Koalitionen liegt für die Autoren in kurzfristigen Bündnissen, die sich politisch eher unbedeutender Fragen annehmen, entsprechend eng definierte Ziele verfolgen und bei denen zudem jede Partei ihre Machtbasis wahren und einen für sie klar erkennbaren Vorteil verfolgen würde.

Ganz in diesem Sinne hat auch Huey Newton als Gründungsmitglied der Black Panther Party die Bündnisangebote der Kommunistischen Partei der USA unter Verweis auf die Tatsache zurückgewiesen, wie tief die Menschen durch den Rassismus voneinander getrennt und wie unterschiedlich die Interessen von *weißen* und Schwarzen Menschen seien.[372] Huey Newton unterschied zwar deutlich zwischen *weißen* Liberalen und *weißen* Revolutionär∗innen, betonte aber die Abstammung auch der Letzteren von Sklavenhalter∗innen und, da sie nicht wirklich unterdrückt würden, den abstrakten Charakter ihres Widerstands.[373] Auch er war zurückhaltend mit Blick auf die Möglichkeit von Bündnissen zwischen Schwarzen und *weißen* Menschen. Die Hauptaufgabe *weißer* Radikaler lag in Newtons Augen darin, die bestehende kapitalistischrassistische Ordnung zu bekämpfen und dadurch den Kampf Schwarzer Menschen und die weltweiten Entkolonialisierungsbestrebungen zu unterstützen.[374] Auf die Frage, ob *weiße* Radikale eine »White Panther Party« gründen sollten, entgegnete Huey Newton entsprechend, die Panther könnten den *Weißen* zwar sagen, worin ihre Verantwortung liege, doch alles darüber Hinausgehende müssten sie alleine machen.[375] Die Skepsis mit Blick auf die Frage möglicher Bündnisse brachten Carmichael und Hamilton auf den Punkt, indem sie schrieben, *Weiße* könnten so liberal sein, wie sie wollten, in einer rassistischen Gesellschaft sei es ihnen schlicht unmöglich, dem Einfluss ihres *Weißseins* auf sich selbst und auf Schwarze Menschen zu entkommen.[376]

Natürlich hat sich seit der Zeit der Bürgerrechtsbewegung und der Black Panther Party einiges geändert. Die Bereitschaft vieler *weißer* Menschen, sich mit Rassismus auseinanderzusetzen, ist deutlich gestiegen. Bücher wie Alice Hasters' *Was weiße Menschen nicht über Rassismus hören wollen aber wissen sollten* oder *Exit RACISM* von Tupoka Ogette sind *Spiegel*-Bestseller. Wie sich nicht nur an Büchern wie denen von Hasters, Ogette, Sow und anderen festmachen lässt, haben Schwarze Menschen und andere von Rassismus Betroffene heute eine deutlich lautere Stimme, durch die immer wieder auch Veränderungen eingeleitet werden.

Doch so wertvoll diese Veränderungen sind, ist die Gesellschaft nach wie vor tief von Rassismus durchzogen. Dass er heute in der Öffentlichkeit intensiv diskutiert wird, ist auf jeden Fall eine gute Sache, zeigt aber auch seine ungebrochene Macht. Solange Rassismus in den Strukturen und Institutionen ebenso steckt wie in den Köpfen der hier lebenden Menschen, stellt er nach wie vor eine Grenze dar, die *weiße* Menschen von rassifizierten Menschen trennt und ihnen unterschiedliche Blickwinkel auf die sie umgebende Welt aufnötigt.

Dies spiegelt sich auch in der aktuellen Debatte über den Begriff »Allyship« und die Frage, ob *weiße* Menschen Verbündete der Black-Lives-Matter-Bewegung sein können. Viele *weiße* Menschen haben sich in den USA und anderen Ländern mit der Bewegung solidarisiert und stoßen dabei seitens Schwarzer Aktivist•innen durchaus auf Entgegenkommen. Bei einem Blick auf die mit Allyship verbundenen Forderungen an potentielle *weiße* Unterstützer•innen wird aber auch eine gewisse Sorge um deren Haltung und Motivation deutlich. Wie der Schwarze Autor und Aktivist Aaron Grier betont, ist hier vor allem die Fähigkeit des aktiven Zuhörens wichtig, damit *Weiße* erst einmal die Situation der Menschen verstehen, die sie mit ihrem Handeln unterstützen wollen. Sonst laufen sie Gefahr, in die Geste des »whitesplaining« zu verfallen und Schwarze Menschen auch in deren eigenen Kämpfen zu bevormunden, denn bei Allyship müsse es um soziale Gerechtigkeit gehen, nicht um *weiße* Menschen auf einer Rettungsmission. Wichtiger als alles andere sei aber die Reflexion der eigenen Position als *Weiße•r* in der Gesellschaft und der damit verbundenen *weißen* Identität.[377] Ohne Reflexion ihrer Denk- und Verhaltensmuster sowie die Bereitschaft, das eine wie das andere grundlegend zu verändern, bleibt, wie der Schwarze Autor Joel Leon in einem Aufsatz zum Thema Allyship betont, der Versuch auf halber Strecke stecken und lässt die Frage zurück, ob es um ernsthaftes politisches Engagement oder das Ego der *weißen* Antirassist•innen geht.[378]

Der Graben ist also da, und solange *weiße* Menschen nicht die Bereitschaft zeigen, sich intensiv mit sich selbst auseinanderzusetzen, wird sich daran auch nichts ändern. Angesichts der geschilderten Veränderungen seit der Zeit Martin Luther Kings, Malcolm X' oder der Black Panther scheinen die Bedingungen dafür durchaus günstig. Allerdings ist seit der Jahrtausendwende auch der Trend eines Ansteigens von rechtsextremen Einstellungen in Krisenzeiten, einer wachsenden Polarisierung der Gesellschaft und einer zunehmenden Radikalisierung der Rechten zu beobachten.[379] Das Pendel kann jederzeit zurückschwingen.

Die Polarisierung der Gesellschaft bringt diametral entgegengesetzte Haltungen zur Frage des Rassismus mit sich. Wo die einen Hasters und Ogette zu Bestsellerautorinnen machen und so Bereitschaft zur Reflexion zeigen, verteidigen die anderen wütend ihre »Lebensart« und ihr »Recht« auf einen »selbstbestimmten« Umgang mit Sprache, der sich nicht von überkandidelter »politischer Korrektheit« leiten lässt und auf sprachliche Verletzung entsprechend wenig Rücksicht nimmt. Die Begründungen für diese Wut zeigen, wie stark Antirassismus heute mit Unfreiheit und Einschränkungen gleichgesetzt wird. Und es sind sicherlich auch viele Antirassist·innen mit Rücksicht auf das Wohlbefinden anderer Menschen zu solch einem Verzicht bereit, während die anderen ihn als »verblendetes Gutmenschentum« verdammen. Doch würden nicht auch *Weiße* von einer Welt ohne Rassismus profitieren?

Dass mit der Zugehörigkeit zur *weißen* Dominanzgesellschaft Privilegien einhergehen, ist nicht von der Hand zu weisen. Den meisten *weißen* Menschen ist die Existenz dieser Privilegien allerdings unbekannt, denn ein wesentlicher Teil dieser Privilegien besteht gerade darin, sie nicht als solche betrachten zu müssen und ihre Existenz geflissentlich ignorieren zu können.[380] Doch natürlich ändert Ignoranz nichts an ihrer Existenz und ihrer Funktion für das Leben *weißer* Menschen. *Weiße* Privilegien sind sowohl materieller als auch ideeller Natur, sie manifestieren sich in vielen Aspekten des Alltags und machen diesen für die einen wesentlich leichter und für die anderen deutlich schwerer. Um diese Asymmetrie zu beschreiben, hat sich in der Diskussion der Begriff »White Privilege« etabliert.[381]

Wie die *weiße* Feministin Peggy McIntosh in einem Aufsatz schreibt, zerfallen diese Privilegien bei genauer Betrachtung in zwei Gruppen: In solche, die prinzipiell jeder Mensch genießen könnte, ohne dass andere deswegen auf etwas verzichten müssten, und in solche, die zwingend auf Ausschluss und Unterdrückung anderer beruhen und deren Überwindung deswegen mit dem Verzicht einhergehen würde.[382] So ist z. B. durchaus eine Gesellschaft denkbar, in der niemand (nicht nur *weiße* Menschen) damit rechnen muss, in einer neuen Nachbarschaft wegen seiner oder ihrer *Race* auf Ablehnung zu stoßen. Doch Menschen in Diskussionen aufgrund ihrer *Race* ignorieren zu können, weil sie zu einer Minderheit gehören und deswegen stillschweigend übergangen werden können, stellt sicherlich kein universalisierbares Privileg dar. Bei der Diskussion um *weiße* Privilegien geht es also ebenso um die Universalität von Normen wie um die Infragestellung von Privilegien. Viele Privilegien kommen heute zwar ausschließlich *Weißen* zu, ließen sich aber auf alle Menschen unabhängig von *Race*, Kultur oder Herkunft ausdehnen.

Selbstachtung und Verzicht

Die große Frage ist, warum viele *weiße* Menschen offensichtlich nicht auf ihre Privilegien verzichten wollen und wie sich das ändern ließe. *Weiße* Privilegien kann man mit aller Entschiedenheit ablehnen, doch als *weißer* Mensch keineswegs einfach zurückgeben, da sie einem ungefragt von außen zugesprochen werden.[383] Ebenso wenig also, wie Schwarze Menschen und PoCs entscheiden können, aufgrund ihrer *Race* oder Herkunft morgen nicht mehr mit Vorurteilen konfrontiert zu werden, können *Weiße* individuell beschließen, in Zukunft keine *Weißen* mit entsprechenden Vorrechten mehr zu sein. Stokely Carmichael und Charles Hamilton zufolge sollten *Weiße* deswegen ihre Privilegien nutzen, um durch ihren Zugang zu Schlüsselstellen der Gesellschaft rassistische Begrifflichkeiten infrage zu stellen und erzieherisch auf andere *Weiße* einzuwirken.[384] Ganz in diesem Sinne gibt es in der Black-Lives-Matter-Bewegung heute Gruppen *weißer* Unterstützer·innen, die versuchen, ihre Vorrechte in den Dienst der Bewegung zu stellen, indem sie gezielt auf andere *Weiße* einwirken und sie auf die Wichtigkeit der Proteste hinweisen.[385] Auch abseits von politisch organisiertem Engagement können *Weiße* gegen Rassismus Position beziehen und ihre dominante Stellung nutzen, um Rassismus am Arbeitsplatz zu kritisieren oder in der U-Bahn bei rassistischen Diskriminierungen und Drohungen den Mund aufzumachen.

Antirassistische Positionierungen wie diese sind von großer Wichtigkeit, da sie diskriminierten Menschen Solidarität zuteil werden lassen, politische Proteste unterstützen und dadurch zum Abbau rassistischer Strukturen beitragen. Doch handelt es sich hier zugleich um eine Form des Antirassismus, die als »Antirassismus für Andere« bezeichnet werden könnte. Bestenfalls liegt die Hauptmotivation eines solchen Antirassismus für Andere in der moralischen Überzeugung, Rassismus müsse überwunden werden, weil er eine nicht hinzunehmende moralische Verletzung anderer Menschen darstelle. Schlimmstenfalls speist er sich aus einem in der diffusen Motivation zu helfen wurzelnden Paternalismus, dem es vor allem um die moralische Reinheit der eigenen Person geht. Das eine wie das andere stellt eine mehr als fragile Grundlage antirassistischen Denkens und Handelns dar, schließlich lässt sich moralisch so ziemlich alles begründen und die Reinheit des Gewissens auch anders herstellen.

In der bereits erwähnten Diskussion um Allyship wird deswegen der Standpunkt vertreten, um wirklich gegen Rassismus zu kämpfen, müssten *Weiße* sich nicht nur an Protesten beteiligen und antirassistische Positionen vertreten, sondern sich einer tiefgreifenden »Deprogrammierung« unterziehen, um die Möglichkeitsbedingungen ihres *Weißseins* sowie deren Verflechtung mit Rassismus zu begreifen.[386] Die Critical Whiteness Studies haben gezeigt, dass *Weißsein* ebenso wie Gender eine von Macht- und Normenstrukturen getragene Konstruktion und damit perspektivisch offen für Veränderung ist. Auf den ersten Blick wird die Sache dadurch noch komplizierter. Ebenso wenig wie die meisten Menschen gerne auf Privilegien verzichten, sind sie bereit, das, was gestern als normal galt, heute als Problem zu definieren und ihre bislang stabile Identität plötzlich als krisenhaft zu begreifen.

Laurie Penny hat eine ähnliche Frage mit Blick auf die Geschlechterproblematik analysiert. In ihrem Aufsatz *Die Befreiung der Männer* beschreibt sie, wie Männer unter dem Patriarchat leiden und immer weiter in die Misere ihrer Männlichkeit verstrickt werden. Durch die modernen Vorstellungen von Männlichkeit gerieten Männer in einen Zustand »ängstlicher Verzweiflung«, da sie an sich selbst vorbeileben würden, was sie in Einsamkeit und Isolation stürze und ihnen gleichzeitig die Fähigkeit nehme, ihren Emotionen Ausdruck zu verleihen. Zur Kompensation ihrer Ohnmacht würden sie ihre Frustration deswegen letztlich an Frauen auslassen. Männlichkeit sei nicht in der Krise, sondern stelle selbst eine Krise dar.[387] Ziel des Feminismus müsse daher nicht nur die Emanzipation der Frauen sein, sondern die Überwindung geschlechtsspezifischer Schablonen überhaupt,[388] wodurch schließlich auch Männer ihren »geschlechtsspezifischen Schmerz« überwinden und Frauen zu ihrem eigenen Wohl endlich auf Augenhöhe begegnen würden.[389]

Dieser Argumentation zufolge sind die mit männlicher Geschlechtsidentität einhergehenden Privilegien mehr als zweifelhaft. Man mag als Mann innerhalb des Patriarchats die Möglichkeit haben, Frauen zu beschimpfen, sich ihnen gegenüber übergriffig zu verhalten oder einfach im Stillen von ihrer strukturellen Benachteiligung zu profitieren. Doch all das hat massive Rückwirkungen auf die eigene Identität. Zum einen wird diese dadurch in hohem Maße zerbrechlich und droht in sich zusammenzustürzen, sobald Frauen nicht mehr bereit sind, die ihnen zugedachten Rollen zu spielen. Zum anderen schneidet sie Männer von lebendigen Kontakten zu Frauen und damit von glücklichen Beziehungen ab, seien dies Freundschaften, Liebesverhältnisse oder sexuelle Affären.

Männliche Privilegien von sich zu weisen ist, mit Penny betrachtet, keineswegs ein Verzicht, sondern ein mit immensen Gewinnen einhergehender Akt der Selbstbefreiung. Ihre Argumentation lässt sich auf *weiße* Privilegien übertragen. Toni Morrison hat dies in einem Fernsehinterview auf den Punkt gebracht:

»Wenn du nur dann groß sein kannst, wenn jemand anderes auf den Knien liegt, dann hast du ein ernsthaftes Problem. Und mein Gefühl ist, dass *weiße* Menschen ein sehr, sehr ernsthaftes Problem haben. Und sie sollten anfangen, darüber nachzudenken, was sie dagegen unternehmen können. Lasst mich da aus dem Spiel.«[390]

Morrison weist hier darauf hin, dass Rassismus ein Problem von *weißen* und nicht von Schwarzen Menschen ist. Zum einen deshalb, weil *weiße* Menschen ihn in seiner heutigen

Form erst ins Leben gerufen haben und sich also auch dafür zuständig fühlen sollten, ihn zu bekämpfen. Zum anderen, da eine auf rassistischer Ausschließung beruhende Identität (wie Männlichkeit bei Penny) eine in sich krisenhafte Identität ist, die nicht auf eigenen Füßen steht und nur so lange stabil sein kann, wie der ausgeschlossene Andere sich nicht zu wehren beginnt oder ihr Funktionieren allgemein infrage gestellt wird. Diese Dimension des Rassismus können *Weiße* nur für sich selbst lösen.

Dass es sich beim Rassismus um eine schwerwiegende Identitätsproblematik handeln könnte, wurde bereits durch die in den 50er Jahren des letzten Jahrhunderts veröffentlichten »Studies in Prejudice« suggeriert. Die insgesamt fünf Bände dieser sehr breit angelegten Studie zur Entstehung von Vorurteilen sind heute nahezu in Vergessenheit geraten. Doch das aus Adornos Beiträgen hervorgegangene Buch *Studien zum autoritären Charakter* ist zu Berühmtheit gelangt und stellt bis heute eines seiner wichtigsten Werke dar. Der autoritäre Charakter zeichnet sich Adorno zufolge durch die doppelte Bereitschaft zur Unterordnung nach oben und Machtausübung nach unten aus, die ihn für das Funktionieren in auf Rassismus beruhenden sozialen Ordnungen prädestiniert, und wurzelt in einer unaufhörlich nach Kompensation verlangenden Ich-Schwäche.[391] Diese unter der Kraftmeierei des autoritären Charakters liegende Schwäche des Ich prägt das komplette Leben der betroffenen Menschen, die Adorno zufolge weitgehend die Fähigkeit eingebüßt haben, lebendige Beziehungen zu Menschen und Dingen einzugehen, und zu Gefangenen ihrer eigenen Schwäche geworden sind.[392]

Ausgehend von Gedanken wie diesen tauchte in der Entwicklung der modernen Psychologie immer wieder die Frage auf, ob Rassismus nicht auch eine behandlungswürdige Persönlichkeitsstörung sei. So drängte Ende der 60er Jahre eine Gruppe Schwarzer Psychiater·innen die American Psychological Association (APA), Rassismus als ein in den USA zentrales Problem psychischer Gesundheit anzuerkennen und in seinen extremen Ausprägungen in das Diagnostic and Statistical Manual of Mental Disorders (DSM) aufzunehmen. Die APA erkannte die Problematik des Rassismus an, wies das Anliegen aber bezeichnenderweise mit dem Argument zurück: Um als psychische Krankheit anerkannt zu werden, müsse Rassismus eine Normabweichung darstellen. Noch anlässlich der Erstellung der aktuellen fünften Version des DSM erwog die APA die Aufnahme der Diagnose »Pathological Bias«, entschied sich schließlich aber gegen einen derartigen Schritt.[393] Dabei hatte eine Studie der Universität Oxford 2012 sogar einen Zusammenhang zwischen der Einnahme von Betablockern (in diesem Fall das auch zur Blutdrucksenkung verwendete Medikament Propranolol) und dem Abschneiden in Tests zur Quantifizierung von unbewusstem Rassismus nachgewiesen.[394] Solche Studien sind zwar mit großer Skepsis zu betrachten, weil sie Rassismus in ein individuelles psychisches Problem zu verwandeln und dadurch dessen strukturelle und institutionelle Grundlagen zu verdecken drohen. Doch sie verdeutlichen auch den Zusammenhang zwischen Rassismus und einer unaufhörlich von der Bedrohung ihres Zusammenbruchs heimgesuchten Identität.

Besser als durch psychiatrische Studien lässt sich dieser Zusammenhang durch einen Blick auf die sozialen Grundlagen der Konstitution *weißer* Identität verstehen. Der wohl bekannteste Versuch in der europäischen Philosophie, das Band zwischen dem Subjekt und den Anderen zu verstehen, besteht in der Hegelschen Erörterung des bereits mit Blick auf Identität diskutierten Begriffs der Anerkennung. Hegels Grundgedanke nimmt bereits Grundgedanken der heutigen Soziologie vorweg. Die Wahrheit über uns selbst liegt immer auch in unserem Gegenüber, das uns von außen betrachtet und dessen Blick wir nicht entgehen können. Wollen wir als Menschen also zu uns selbst gelangen, so führt der Weg dorthin über die Figur des Anderen, in dessen Augen ein Teil der Wahrheit über uns selbst liegt. Ohne die Anerkennung des Anderen ist das Subjekt dazu verurteilt, einen wesentlichen Teil seiner selbst zu verfehlen und ein verzerrtes Selbstverhältnis zu unterhalten, weswegen ein Subjekt ohne Anerkennung für Hegel nicht denkbar ist.[395]

Wo das Subjekt sich in Kants Aufklärungsgedanken durch Vernunft, Rationalität und Autonomie auszeichnet, ist es Hegel zufolge essentiell an andere Menschen gebunden und steht immer schon in einer Beziehung zu ihnen. Da es, um zu sich selbst zu gelangen, die Anerkennung des Anderen braucht, kann es diesen in seinem Streben nach sich selbst nicht einfach übergehen, denn das würde ihn als Quelle der Anerkennung zerstören und das Subjekt für immer von sich selbst abschneiden. Mit Hegel wird also eine in ethischer Hinsicht sehr weitreichende Perspektive aufgemacht: Andere zu verletzen bedeutet in letzter Konsequenz, sich selbst zu verletzen, da ein Teil von uns stets im Anderen zu Hause ist. Wird der Andere durch Zwang zum Objekt gemacht, dem die Anerkennung abgepresst wird, sinkt zugleich deren Bedeutung, denn Anerkennung kann nur freiwillig gegeben werden und setzt deshalb zwei einander auf gleicher Höhe begegnende Subjekte voraus.[396] Aus dieser Perspektive eröffnen sich mit Blick auf Unterdrückungsverhältnisse wie Sexismus oder Rassismus Perspektiven, die danach zu fragen erlauben, was die Täter*innen sich durch ihre Denk- und Handlungsmuster selbst antun und warum deren Überwindung in ihrem eigenen Interesse liegt.

In diesem Sinne hat Toni Morrison in ihrem berühmten Essay *Im Dunkeln spielen* von 1992 für eine Erweiterung der Rassismusforschung mit Blick auf die Frage plädiert, welchen Einfluss Rassismus auf Täter*innen habe.[397] Sie analysiert dies anhand literarischer Beispiele: Welche Rolle spielen Schwarze Menschen in der kanonisierten US-amerikanischen Literatur, also bei *weißen* Autoren wie Poe, Hemingway, Faulkner und anderen? In der Literaturwissenschaft ihres Landes herrscht, so Morrison, die Überzeugung vor, der Literaturkanon sei von der 400 Jahre währenden Präsenz Schwarzer Menschen in den USA weder geformt noch beeinflusst worden und habe stets den Ort »weißer männlicher Ansichten, weißer männlicher Genies und weißer männlicher Stärke« dargestellt.[398] Wie sie im Laufe ihres Essays ausführt, sind Schwarze Menschen in den von ihr analysierten Werken jedoch im Gegenteil stets präsent und dienen auf versteckte

Weise der Inszenierung *weißer* Identität. Morrisons Gedankengang mündet in den Schluss, die zwischen den Zeilen liegende Funktion der Schwarzen Präsenz in der US-amerikanischen Literatur sei die »Bühne und Arena« für die Herstellung der *weißen* amerikanischen Identität gewesen.[399]

Weiße Menschen können sich aufgrund ihrer Dominanz und der Kraft ihrer rassistischen Definitionsmacht also durchaus als Vertreter·innen des Universellen darstellen (zumindest mit Blick auf *Race*), so tun, als würden sie keine *Race* besitzen, und darauf basierend andere Menschen zur Normabweichung deklarieren. Doch bei näherem Hinsehen erweist diese Unabhängigkeit sich als Fiktion, da sie auf der verschwiegenen Präsenz der Ausgeschlossenen basiert und deshalb ein Verhältnis essentieller Abhängigkeit darstellt.

Die von zahlreichen BIPoCs beschriebene Erfahrung, Rassismus *Weißen* gegenüber kaum ansprechen zu können, weil diese augenblicklich mit Abwehr oder Beschuldigungen reagieren, findet in dem von Morrison beschriebenen Abhängigkeitsverhältnis ihre Grundlage. Wie Birgit Rommelspacher bemerkt hat, fällt es *Weißen* offenkundig schwer, sich als Mitglieder einer Dominanzkultur zu begreifen, weshalb sie Schwierigkeiten hätten, sich mit ihrem *Weißsein* zu identifizieren, und die Kategorie als nicht weiter relevant betrachteten.[400] Aussagen wie »Für mich gibt es keine Hautfarben« oder »Wir sind doch alle Menschen« fungieren entsprechend als Abwehrstrategien gegen die Verstrickung der eigenen Identität in den gesellschaftlich verbreiteten Rassismus. Natürlich ist das Ziel antirassistischen Engagements die Schaffung einer Welt, in der Kategorien wie *Race* keine Rolle mehr spielen und es egal ist, ob Menschen *weiß* oder Schwarz sind. Doch solange wir noch nicht an diesem Punkt angekommen sind, stellen Äußerungen wie die eben angeführten eine Form von Realitätsverweigerung dar und nehmen der Rassismuskritik zentrale Kategorien der Analyse. Würde die Abhängigkeit *weißer* Identität von der Diskriminierung Anderer eingestanden, bliebe nur die Einsicht in die mangelnde Autonomie dieser Identität und die daraus resultierende Aufgabe einer Neudefinition des eigenen Selbst mitsamt seiner vertrauten Denk- und Handlungsmuster. Die Erkenntnis der hohen Verletzlichkeit hinter der vermeintlichen Stärke *weißer* Identität würde das Subjekt ins Mark seines etablierten Selbstverständnisses treffen.

Diese spezifische Form der »White Fragility« geht über die Abwehr des Rassismusvorwurfs hinaus. Denn beim Rassismus handelt es sich, wie Stuart Hall betont, um einen binären Diskurs, innerhalb dessen die ausgeschlossene Gruppe das Gegenteil der Eigenschaften verkörpert, welche die Identitätsgemeinschaft für sich beansprucht.[401] Durch diese doppelte Bewegung aus Aneignung und Projektion konsolidiert sich die Identität der dominanten auf Kosten der diskriminierten Gruppe, die zur Verkörperung des »Anderen« stilisiert wird. Wie dies im Alltagsleben funktioniert, hat Hall anschaulich beschrieben:

»Das heißt also, weil wir rational sind, müssen sie irrational sein, weil wir kultiviert sind, müssen sie primitiv sein, wir haben gelernt, Triebverzicht zu leisten, sie sind Opfer unendlicher Lust und Begierde, wir sind durch den Geist beherrscht, sie können ihren Körper bewegen, wir denken, sie tanzen usw.«[402]

Eine solche Zuschreibung von Identität mag den Anderen bis zur Unsichtbarkeit diskriminieren, doch kann das Subjekt dieser Zuschreibung sich selbst trotz allem nur in Beziehung zu ihm verstehen und bleibt dadurch essentiell an ihn gebunden. Aus diesem Grund sieht Hall im Rassismus vor allem die Leugnung der Tatsache, im Leben konstitutiv abhängig von Anderen zu sein, unabhängig von deren *Race* oder Geschlecht, weshalb *weiße* Europäer·innen lernen müssten, sich als eine ethnische Gruppe unter vielen zu begreifen.[403]

Im Rassismus zu verharren bedeutet, in einer Identität stecken zu bleiben, die auf Abwehr, Verdrängung und Verleugnung beruhe, und aufgrund der permanenten Wiederkehr des ausgeschlossenen Anderen unablässig von Ängsten und Aggression heimgesucht zu werden. Auf kulturelle Aneignung zu verzichten, sich keine Cornrows zu flechten, den »Native-

Look« auf der Stange zu lassen, nicht ungefragt im Namen anderer zu sprechen und nach der Herkunft von kulturellen Artefakten zu fragen – das alles sollte keine wohlwollende Geste gegenüber sogenannten Minderheiten sein, um deren Kultur und Leben in paternalistischer »White Saviour«-Manier zu retten. Das würde der Serie rassistischer Dehumanisierungen nur eine weitere hinzufügen. Stattdessen sollte, ganz im Gegenteil, solches Handeln auf die Motivation zurückgehen, gegen Rassismus in all seinen Formen Position zu beziehen in dem Bewusstsein, dass er stets darauf hinausläuft, sich selbst ins Fleisch zu schneiden und zu korrumpieren.

Aus dieser Sicht fordert der Kampf gegen Rassismus von *weißen* Menschen keineswegs nur Verzicht. Sich der Widersprüchlichkeit der eigenen Identität bewusst zu werden, die Wahrnehmung nicht universalisierbarer »Privilegien« so weit wie möglich zurückzuweisen, die eigene Identität aus ihrer Verstrickung in rassistische Strukturen heraus neu zu definieren und sich in allen Aspekten um eine antirassistische Haltung zu bemühen, stellt vielmehr den Anfang des Versuchs dar, sich von einer durch Zerbrechlichkeit und Schwäche charakterisierten Identität freizumachen, die unter ihren verleugneten Aspekten leidet und kompensatorisch auf andere einschlägt. *Weißer* Antirassismus ist ein Schritt auf dem Weg zu einer Identität, die ihre Würde in der Verbundenheit mit anderen findet, und gerade deshalb kein Akt der Selbstlosigkeit. Nur so können wir uns von dem freimachen, was Toni Morrison die »parasitäre Natur weißer Freiheit« genannt hat.[404] Kurz gesagt: Antirassismus ist eine Frage der Selbstachtung. Ohne diesen Aspekt bleibt er bei einem moralischen Engagement stehen, das zurückgenommen werden kann, wenn es brenzlig wird und in seinem Verhältnis zu von Rassismus betroffenen Personen zwischen demonstrativer Unterwerfung und Paternalismus schwankt. Wo antirassistisches Engagement hingegen lebendige Beziehungen ermöglicht, dem eigenen Selbst Autonomie und Stabilität verleiht und die Perspektive eines gemeinsamen Kampfes erfahrbar werden lässt, wird niemand mehr hinter das Erreichte zurücktreten wollen.

Was bleibt?

An dieser Stelle gelangt die Argumentation vorerst an ihr Ende, auch wenn es sicherlich noch vieles gibt, was gesagt werden könnte und vielleicht sogar müsste. Doch das hier ist sicherlich nicht das letzte Buch über kulturelle Aneignung. Die Diskussion hat glücklicherweise begonnen, sich aus der Nische herauszuarbeiten, in der sie lange Zeit geführt wurde, und erobert mehr und mehr die breite Öffentlichkeit. Es mehren sich kritische Stimmen, und die verborgenen Strukturen von Ausbeutung und Rassismus werden mehr und mehr infrage gestellt. Doch was bleibt nun von der in diesem Buch entwickelten Argumentation? In meinen Augen vor allem drei Punkte:

Erstens: Die Kritik kultureller Aneignung ist ein integraler Teil der Kritik des Kapitalismus und des Rassismus, ebenso wie die damit verbundenen politischen Kämpfe aufs Engste miteinander verflochten sind. Sicherlich ist nicht jede Form von Rassismus kulturelle Aneignung und auch der Kapitalismus lebt nicht nur von der Verwertung kultureller Artefakte. Doch ist kulturelle Aneignung ihrerseits immer mit diesen beiden Themen verbunden und kann deswegen nicht ohne sie analysiert werden. Die Rolle des Rassismus ist in der öffentlichen Diskussion kultureller Aneignung durchaus ein wesentlicher Faktor der Auseinandersetzung. Doch der Kapitalismus fällt in der Kritik oft unter den Tisch und sollte deswegen stärker mitgedacht werden, gerade weil eine Welt jenseits des Verwertungsprinzips im Moment in weiter Ferne zu liegen scheint.

Der zweite Punkt folgt aus der in diesem Buch erarbeiteten Definition kultureller Aneignung. Anders als die meisten Definitionen basiert sie nicht auf der Unterscheidung zwischen Kulturen, sondern nimmt Bezug auf um Hegemonie kämpfende politische Gruppen und Gemeinschaften. Dadurch kann das zu Anfang des Buches geschilderte Problem des Kulturessentialismus umgangen und zugleich am für die Kritik an Rassismus und Kapitalismus wichtigen Begriff der kulturellen Aneignung festgehalten werden. Nimmt man diese Definition ernst, wird die Diskussion über kulturelle Aneignung allerdings keineswegs leichter, sondern ganz im Gegenteil wesentlich komplexer – allerdings in guter und produktiver Weise. Aussagen wie: »Die Inder mögen es nicht, wenn *weiße* Menschen sich Bindis auf die Stirn kleben« oder »Für Menschen aus Polynesien ist es kränkend, wenn ihre Tätowiermotive im Westen übernommen werden« ergeben vor dem Hintergrund der hier gegebenen Definition nur sehr eingeschränkt Sinn, da sie von Kollektiven ausgehen, die es in dieser Weise nicht gibt. Die hier genannten Menschen sind keineswegs einer Meinung, fühlen sich aufgrund ihrer Herkunft keineswegs zwingend miteinander verbunden und zerfallen stattdessen in zahlreiche Communitys, die sich durch Kategorien wie Herkunft, Kultur oder Sprache nur unzureichend bezeichnen lassen.

Das macht die Kritik kultureller Aneignung nicht überflüssig. Doch soll sie treffend formuliert werden, muss sie vom ernsthaften Versuch getragen sein, sich in die zur Disposition stehenden Zusammenhänge einzudenken, die daran beteiligten Gruppen und Machtverhältnisse zu verstehen. Das ist im Zweifelsfall nicht leicht und kann einiges an intellektuellem Aufwand erfordern. Wichtig für die Kritik kultureller Aneignung ist deswegen auch die Bereitschaft, das eigene Urteil zunächst einmal auszusetzen, um sich als Erstes einen Überblick über die Situation, die Beteiligten und ihre Standpunkte zu verschaffen und vor allem: erst einmal den Betroffenen zuzuhören. Bis dahin sollte man sowohl von dem zur Frage stehenden Verhalten Abstand nehmen als auch auf lautstarke Kritik verzichten. Die Kritik kultureller Aneignung ist zu wichtig und sollte nicht nur darin bestehen, dass Menschen bei Facebook, Twitter oder Instagram in Zweizeilern mit dem Finger aufeinander zeigen. Das gilt insbesondere für *weiße* Menschen. Kein *weißer* Mensch im globalen Norden kann von sich sagen, über Rassismus und kulturelle Aneignung schon immer Bescheid gewusst zu haben. Stattdessen ist das ein so langsamer wie schmerzlicher Prozess der Lernens, bei dem wir einander helfen sollten, anstatt übereinander herzufallen. Wenn wir das nicht berücksichtigen, verwandeln wir die Diskussion in ein Mittel zur sozialen Distinktion und entziehen ihr damit ihr kritisches und produktives Potential.

Der dritte Punkt steht in Zusammenhang mit der heute so lauten Klage über Identitätspolitik, politische Korrektheit und Cancel Culture. Der Kritik kultureller Aneignung wird oft vorgeworfen, sie würde Nichtigkeiten unnötig aufblähen und darüber die eigentlich wichtigen Themen verdrängen. Warum unterhalten wir uns darüber, wer sich alles Cornrows macht, wenn gleichzeitig auf den Straßen Racial Profiling praktiziert wird, BIPoCs im Bildungssystem stark benachteiligt sind und das Verwertungsprinzip noch den letzten Winkel des gesellschaftlichen und privaten Lebens in Beschlag nimmt? Im Laufe des Buches ist die Antwort auf diese Frage hoffentlich klar geworden: Die kleinen Dinge sind nur ein Teilaspekt kultureller Aneignung. Sie besteht ebenso aus großen politischen Fragen wie der Restitution kolonialen Raubgutes oder der Frage, wer wen wie repräsentieren darf und wessen Repräsentation öffentlich zählt. Doch auch die unscheinbaren Fragen aus Bereichen wie Mode oder Musik sind keineswegs trivial. Schließlich steckt insbesondere beim Rassismus der Teufel im Detail, in all jenen vermeintlich unschuldigen Handlungen und Wahrnehmungsmustern, bei denen wir uns nichts Böses denken, die aber sämtlich an der Aufrechterhaltung der strukturellen Basis des gesellschaftlichen Rassismus beteiligt sind.

Die Zeit der Unschuld ist definitiv vorbei. Nichts kann heute noch als selbstverständlich und als sicheres Terrain gelten. Die Auseinandersetzung über Rassismus steht in der Mitte der öffentlichen Wahrnehmung und BIPoCs erheben laut ihre Stimmen, die nicht mehr überhört und ignoriert werden können. Das mag einigen nicht gefallen. Zu ändern ist es nicht. Wir müssen alles infrage stellen, denn Kapitalismus und Rassismus durchziehen unser Leben auch dort, wo wir es am wenigsten vermuten würden: in unserer alltäglichen Sprache, in unseren Vorstellungen von Mode und in unserem Kleiderschrank und unserer Playlist bei Spotify. Nur wenn wir die Bereitschaft aufbringen, Gewissheiten zu hinterfragen, können wir unseren Kopf aus der – um es mit einer Formulierung von Marx zu sagen – ganzen alten Scheiße ziehen, die uns daran hindert, einen klaren Blick auf uns, die Anderen und die uns umgebende Welt zu werfen.

Danksagung

Am Ende steht immer nur ein Name drauf, aber Bücher werden nur selten von einem Menschen allein geschrieben. Ich danke meiner Familie, meinen Freund·innen, Kolleg·innen und Studierenden, mit denen ich immer wieder über dieses Buch und die darin erörterten Themen diskutiert habe. Mein Dank gilt vor allem auch meinen Lektorinnen Katharina Picandet und Katharina Bünger, ohne deren engagierte Arbeit das Buch nicht das geworden wäre, was es nunmehr ist.

Anmerkungen

Einleitung

1 Noah Sow: Deutschland Schwarz Weiß. Norderstedt: Books on Demand 2018

2 Hengameh Yaghoobifarah: »Fusion Revisited: Karneval der Kulturlosen«. https://missy-magazine.de/blog/2016/07/05/fusion-revisited-karneval-der-kulturlosen 2016 (Stand: 05.05.2020)

3 Vgl. Birgit Rommelspacher: Dominanzkultur. O. O.: Orlanda Frauenverlag GmbH 1998

4 Vgl. Ash Sarkar: »Why we need to pause before claiming cultural appropriation«. https://www.theguardian.com/commentisfree/2019/apr/29/cultural-appropriation-racial-oppression-exploitation-colonialism 2019 (Stand 20.12.2020)

5 Kenneth Coutts-Smith: »Some general observations on the problem of cultural colonialism«. In: Susan Hiller (Hg.): The Myth of Primitivism. London: Routledge 2006, S. 14–31, hier S. 27

6 Ebd., S. 23

7 Ebd., S. 29

8 Ebd., S. 28

9 Maisha Z. Johnson: »What's Wrong with Cultural Appropriation? These 9 Answers Reveal Its Harm«. https://everydayfeminism.com/2015/06/cultural-appropriation-wrong/ 2015 (Stand: 27.02.2020)

10 Kent Ono, Derek Buescher: »Deciphering Pocahontas: Unpackaging the Commodification of a Native American Woman«. In: Critical Studies in Media Communication 18/2001, H. 1, S. 23–43

11 Greg Tate: »Introduction: Nigs R Us, or how Blackfolks Became Fetisch Objects«. In: Greg Tate (Hg.): Everything but the Burden. What White People are Taking from Black Culture. New York: Harlem Moon 2003, S. 1–15, hier S. 4

12 Ebd., S. 9

13 James O. Young: Cultural Appropriation and the Arts. West Sussex: Wiley-Blackwell 2010

14 James O. Young: »The Ethics of Cultural Appropriation«.

https://dalspace.library.dal.ca/bitstream/handle/10222/63438/
dalrev_vol80_iss3_pp301_316.pdf?sequence=1 2000 (Stand:
01.01.2021)

15   Kwame Anthony Appiah: Identitäten. Die Fiktionen der Zugehörigkeit. München: Hanser 2019, S. 285

16   Albert Memmi: Rassismus. Europäische Verlagsanstalt: Hamburg
1992. Das Zitat entstammt der deutschen Ausgabe. Da diese seit
langer Zeit vergriffen ist, wird im Folgenden aus der englischen
Ausgabe zitiert: Albert Memmi: Racism. Minneapolis: University of
Minnesota Press 2000, S. 100

17   Lothar Krappmann: Soziologische Dimensionen der Identität.
Stuttgart: Klett-Cotta 2016, S. 207

Kita und Kolonialismus

18   Elbkinder: »Stellungnahme Berichterstattung Verkleidung an Fasching«. https://www.elbkinder-kitas.de/de/ueber_uns/aktuelles/
pressemitteilungen/stellungnahme_z_berichterstattung_zu_verklei
dung_an_fasching.html 2019 (Stand: 25.02.2020)

19   Mike Schlink: »Politisch korrekter Fasching: Hamburger Kita
verbietet Indianer-Kostüme!« https://www.mopo.de/hamburg/
poli tisch-korrekter-fasching-hamburger-kita-verbietet-indianer-
kostueme-32163248 2019 (Stand: 21.02.2020)

20   o. N.: »Kindergarten verbietet zu Fasching Indianer-Kostüm«.
https://www.heute.at/s/kindergarten-verbietet-zu-fasching-
indianer-kostum-41397837 2019 (Stand: 25.02.2020)

21   o. N.: »Warum sich Kinder in einer Hamburger Kita nicht mehr als
Indianer verkleiden sollen«. https://www.lvz.de/Nachrichten/
Panorama/Warum-sich-Kinder-in-einer-Hamburger-Kita-nicht-
mehr-als-Indianer-verkleiden-sollen 2019 (Stand: 25.02.2020)

22   Jens Blankennagel: »Kostüm-Verbot für Kinder: Indianer auf dem
Index«. https://archiv.berliner-zeitung.de/berlin/kostuem-verbot-
fuer-kinder-indianer-auf-dem-index-32178768 2019 (Stand:
25.02.2020)

23   AfD-Fraktion Hamburg: »Hamburger Kita verbietet Indianer-Kos-
tüme/Nockemann: ›Politische Korrektheit ist politisches Narrentum‹«. https://afd-fraktion-hamburg.de/2019/03/06/hamburger-
kita-verbietet-indianer-kostueme-nockemann-politische-korrekt
heit-ist-politisches-narrentum/ 2019 (Stand: 25.02.2020)

24   o. N.: »Kein Faschings-Scherz: Hamburger Kindergarten verbietet
Indianer-Verkleidung«. https://www.freiewelt.net/nachricht/kein-
faschings-scherz-hamburger-kindergarten-verbietet-indianer-
verkleidung-10077238/ 2019 (Stand: 25.02.2020)

25 Alexander Wallasch: »Umerziehung ganzjährig: Indianerkostüme verboten – zu stereotyp«. https://www.tichyseinblick.de/daili-essentials/karneval-an-hamburger-kita-indianerkostueme-verboten-zu-stereotyp/ 2019 (Stand: 27.02.2020)

26 Theodor Ziemßen: »Lob der allgemeinen Verunsicherung«. https://www.spiegel.de/panorama/indianer-kostuem-darf-mein-sohn-das-noch-tragen-a-1256879.html 2019 (Stand: 25.02.2020)

27 Blankennagel: »Kostüm-Verbot für Kinder: Indianer auf dem Index«

28 Thomas Laschyk: »Pseudo-Debatte zum ›Indianer-Kostüm‹: niemand hat ein Verbot gefordert«. https://www.volksverpetzer.de/analyse/indianer-kostuem/ 2019 (Stand: 25.02.2020)

29 AfD-Fraktion Hamburg: »Hamburger Kita verbietet Indianer-Kostüme/Nockemann: ›Politische Korrektheit ist politisches Narrentum‹«

30 Wallasch: »Umerziehung ganzjährig: Indianerkostüme verboten – zu stereotyp«

31 KiDs aktuell: »Fasching vorurteilsbewusst feiern. Anregungen für eine diskriminierungssensible Praxis«. https://kids.kinderwelten.net/de/50%20Publikationen/KiDs%20aktuell/kids-2016-01_fasching.pdf?download 2016 (Stand: 27.02.2020)

32 NDR: »Indianer-Kostüme: ›Es geht nicht um Verbote‹«. https://www.ndr.de/nachrichten/info/Indianer-Kostueme-Es-geht-uns-nicht-um-Verbote,kinderfasching100.html 2019 (Stand: 27.02.2020)

33 Tyrone White: »Ich bin ›echter‹ Indigener und finde eure Indianer-Kostüme nicht witzig«. https://www.vice.com/de/article/zma8ze/liebe-deutsche-indianer-kostume-an-karneval-sind-nicht-lustig 2019 (Stand: 15.06.2021)

34 Schlink: »Politisch korrekter Fasching: Hamburger Kita verbietet Indianer-Kostüme!«

35 Vgl. Rommelspacher: Dominanzkultur

36 Jürgen Osterhammel, Jan C. Jansen: Kolonialismus: Geschichte, Formen, Folgen. O.O.: C. H. Beck 2017, S. 20

37 Edward Said: Orientalismus. Frankfurt am Main: Fischer 2009, S. 54

38 Horst Gründer, Hermann Hiery: »Zur Einführung«. In: Horst Gründer, Hermann Hiery (Hg.): Die Deutschen und ihre Kolonien. Berlin: be.bra 2018, S. 9–24, hier S. 10

39 Ebd., S. 20

40 Winfried Speitkamp: »Die deutschen Kolonien in Afrika«. In: Horst
    Gründer, Hermann Hiery (Hg.): Die Deutschen und ihre Kolonien.
    Berlin: be.bra 2018, S. 65–88, hier S. 74

41 Winfried Speitkamp: Deutsche Kolonialgeschichte. Stuttgart:
    Reclam 2014, S. 123

42 Ebd., S. 127

43 Ebd., S. 134

44 Speitkamp: »Die deutschen Kolonien in Afrika«, S. 86f

45 Horst Gründer: »Tsingtau – eine deutsche Musterkolonie in
    China?« In: Horst Gründer, Hermann Hiery (Hg.): Die Deutschen
    und ihre Kolonien. Berlin: be.bra 2018, S. 123–143, hier S. 139ff

46 Immanuel Kant: »Physische Geographie«, S. 316.
    https://korpora.zim.uni-duisburg-essen.de/kant/aa09/316.html
    (Stand: 03.03.2020)

47 Rudyard Kipling: »Die Bürde des weißen Mannes«.
    http://www.hermann-mueckler.com/pdf/RKipling-Engl-Deut.pdf
    (Stand: 03.03.2020)

48 Caitlin Rosenthal: Accounting for Slavery. Harvard: Harvard Uni-
    versity Press 2018, S. 193

49 Hannah Arendt: Elemente und Ursprünge totaler Herrschaft. Mün-
    chen: Piper 2017, S. 445ff

50 Speitkamp: Deutsche Kolonialgeschichte, S. 183

51 Horst Gründer, Hermann Hiery (Hg.): Die Deutschen und ihre Kolo-
    nien. Berlin: be.bra verlag 2018, S. 326

52 Speitkamp: Deutsche Kolonialgeschichte, S. 173

53 Corinna Bochmann, Walter Staufer: »Vom ›Negerkönig‹ zum ›Süd-
    seekönig‹ zum... ? – politische Korrektheit in Kinderbüchern«.
    https://www.bundespruefstelle.de/resource/blob/132698/891b85
    691f11c98a8d1c9e1a47f517c2/2013-02-vom-negerkoenig-zum-
    suedseekoenig-data.pdf 2013 (Stand: 08.03.2020)

54 Rommelspacher: Dominanzkultur, S. 40

55 Gert Pickel, Katrin Reimer-Gordinskaya, Oliver Decker: »DER BER-
    LIN-MONITOR 2019. Vernetzte Solidarität – Fragmentierte Demo-
    kratie«, S. 115. http://berlin-monitor.de/wp-content/uploads/2019
    /08/Berlin-Monitor-2019-Bericht-Stand-1119.pdf (Stand:
    10.03.2020)

56 Wilhelm Heitmeyer: Deutsche Zustände Folge 10. Frankfurt am
    Main: Suhrkamp 2011

57 Oliver Decker, Elmar Brähler: Autoritäre Dynamiken. Alte Ressenti-
    ments – neue Radikalität. Leipziger Autoritarismus-Studie 2018.
    Gießen: Psychosozial Verlag 2020, S. 43

58 Ebd., S. 66

59 Ebd., S. 165

Zwischen den Extremen

61 Maisha Z. Johnson: »What's Wrong with Cultural Appropriation?
    These 9 Answers Reveal Its Harm«. Die Passage lautet im Original:
    »In short: Cultural appropriation is when somebody adopts aspects
    of a culture that's not their own. But that's only the most basic
    definition. A deeper understanding of cultural appropriation also
    refers to a particular power dynamic in which members of a domi-
    nant culture take elements from a culture of people who have been
    systematically oppressed by that dominant group.« (Übersetzung
    ins Deutsche von Lars Distelhorst).

61 Der Begriff Antiziganismus ist heute umstritten, da er das Z-Wort
    reproduziert. Als Alternative wird vor allem der Begriff Antiroma-
    ismus ins Spiel gebracht. Ich benutze an dieser Stelle den Begriff
    des Antiziganismus, da dies dem Begriffsgebrauch des Zentralrats
    deutscher Sinti und Roma entspricht.

62 Susan Scafidi: Who Owns Culture? Appropriation and Authenti-
    city in American Law. New Brunswick: Rutgers University Press
    2005

63 Ebd., S. 9

64 Katie J. M. Baker: »A Much-Needed Primer on Cultural
    Appropriation«. https://jezebel.com/a-much-needed-primer-on-
    cultural-appropriation-30768539 2012 (Stand: 20.03.2020). Die
    Passage entstammt einem Artikel über kulturelle Aneignung, in
    dem Scafidi umfangreich zu Wort kommt und lautet im Original:
    »Taking intellectual property, traditional knowledge, cultural ex-
    pressions, or artifacts from someone else's culture without per-
    mission. [...] This can include unauthorized use of another culture's
    dance, dress, music, language, folklore, cuisine, traditional medicine,
    religious symbols, etc. It's most likely to be harmful when the
    source community is a minority group that has been oppressed
    or exploited in other ways or when the object of appropriation is
    particularly sensitive, e.g. sacred objects.« (Übersetzung ins Deut-
    sche von Lars Distelhorst).

65 Scafidi: Who Owns Culture?, S. 9

66 Noah Sow: »Kulturelle Aneignung«. In: Susan Arndt, Nadja Ofua-
    tey-Alazard (Hg.): Wie Rassismus aus Wörtern spricht. (K)Erben

des Kolonialismus im Wissensarchiv deutsche Sprache. Ein kritisches Nachschlagewerk. Münster: Unrast 2015, S. 417-420, hier S. 417

67   Ebd., S. 418

68   Deborah Krieg: »Alles nur geklaut? WTF ist eigentlich Cultural Appropriation?« In: Eva Berendsen, Saba-Nur Cheema, Meron Mendel (Hg.): Trigger Warnung. Identitätspolitik zwischen Abwehr, Abschottung und Allianzen. Berlin: Verbrecher Verlag 2019, S. 105-115, hier S. 107

69   Sarkar: »Why we need to pause before claiming cultural appropriation«

70   Erich Hatala Matthes: »Cultural Appropriation and Oppression«. https://www.academia.edu/38763059/Cultural_Appropriation _and_Oppression_Philosophical_Studies 2019, S. 5 (Stand: 20.12.2020)

71   C. Thi Nguyen, Matthew Strohl: »Cultural Appropriation and the Intimacy of Groups«. https://www.academia.edu/37275595/ Cultural_Appropriation_and_the_Intimacy_of_Groups 2019, S. 2 (Stand: 20.12.2020)

72   Ebd., S. 15

73   Ebd., S. 16

74   Matthes: »Cultural Appropriation and Oppression«, S. 9

75   Ebd., S. 6

76   Erich Hatala Matthes: »Cultural Appropriation Without Cultural Essentialism?« In: Social Theory and Practice 42/2016, H. 2, S. 343-366, hier S. 363f

77   Gustav Schwab: Die schönsten Sagen des klassischen Altertums. Stuttgart: Reclam 1986, S. 798-800

78   James O. Young: »Profound Offense and Cultural Appropriation«. In: The Journal of Aesthetics and Art Criticism 63/2005, H. 2, S. 135-146, hier S. 136

79   Judith Butler: Das Unbehagen der Geschlechter. Frankfurt am Main: Suhrkamp 1991

80   Marcus Latton: »Jedem Stamm seine Bräuche«. In: Jungle World, H. 2016/35

81   Vgl. Emily S. Lee: »The Epistemology of the Question of Authenticity, in Place of Strategic Essentialism«. In: Hypatia 26/2011, H. 2, S. 258-279, hier S. 263

82   Matthes: »Cultural Appropriation Without Cultural Essentialism?«, S. 361

83 Vgl. Lee: »The Epistemology of the Question of Authenticity, in Place of Strategic Essentialism«, S. 264

84 Gayatri Chakravorty Spivak: Other Asias. New Jersey: John Wiley & Sons 2007, S. 260

85 Yaghoobifarah: »Fusion Revisited: Karneval der Kulturlosen«

86 Hengameh Yaghoobifarah: Ich war auf der Fusion und alles, was ich bekam, war ein blutiges Herz. Berlin: SuKulTur 2018

87 Ebd., S. 8

88 Ebd., S. 7

89 Ebd., S. 9

90 Ebd.

91 Ebd., S. 14

92 Ebd., S. 16

93 Robin DiAngelo: White Fragility. Boston: Beacon Press 2018. Das Buch ist mittlerweile auch auf Deutsch erschienen: Robin DiAngelo: Wir müssen über Rassismus sprechen: Was es bedeutet, in unserer Gesellschaft weiß zu sein. Hamburg: Hoffmann und Campe 2020

94 Anna Böcker, Lalon Sander: »Dreiste Umkehrung«. https://taz.de/Ueber-Rassismus-reden/!5365005/ 2016 (Stand: 21.12.2020)

95 Latton: »Jedem Stamm seine Bräuche«

96 Yaghoobifarah: Ich war auf der Fusion und alles, was ich bekam, war ein blutiges Herz, S. 15

97 Johann Gottfried Herder: Auch eine Philosophie der Geschichte zur Bildung der Menschheit. Stuttgart: Reclam 1990, S. 35

98 Ebd., S. 36

99 Wie zu erwarten, gleich aufgegriffen von sezession.de: Thor von Waldstein: »Volk – ein deutscher Begriff«. https://sezession.de/62507/volk-ein-deutscher-begriff 2019 (Stand: 05.08.2020)

100 Henning Eichberg: »Johann Gottfried Herder – Das Volk ist der Weg«. https://wir-selbst.com/2020/03/24/johann-gottfried-herder-das-volk-ist-der-weg/ 1995 (Stand: 05.08.2020)

101 Martin Lichtmesz: »Volklichkeit, Ethnopluralismus, Eichberg«. In: Sezession 85/2018, H. 85, S. 5–9, hier S. 7-8

102 Micha Brumlik: »Das alte Denken der neuen Rechten«. https://www.blaetter.de/ausgabe/2016/maerz/das-alte-denken-der-neuen-rechten 2016 (Stand: 05.08.2020); Roland Eckert:

»Kulturelle Homogenität und aggressive Intoleranz. Eine Kritik der neuen Rechten«. https://www.bpb.de/apuz/32421/kulturelle-homogenitaet-und-aggressive-intoleranz-eine-kritik-der-neuen-rechten?p=all 2010 (Stand: 05.08.2020)

103 Böcker/Sander: »Dreiste Umkehrung«

104 Gudrun Hentges, Gürcan Kökgiran, Kristina Nottbohm: »Die Identitäre Bewegung Deutschland (IBD) – Bewegung oder virtuelles Phänomen? (Onlineversion)«. In: Forschungsjournal Soziale Bewegungen 2014, H. 3, S. 1–26, hier S. 11

105 Lionel Shriver: »Lionel Shriver's full speech: ›I hope the concept of cultural appropriation is a passing fad‹«. https://www.theguardian.com/commentisfree/2016/sep/13/lionel-shrivers-full-speech-i-hope-the-concept-of-cultural-appropriation-is-a-passing-fad 2016 (Stand: 05.11.2020)

106 Kalfus Ken: »The bankruptcy of liberal America: ›The Mandibles‹ by Lionel Shriver«. https://www.washingtonpost.com/entertainment/books/the-bankruptcy-of-liberal-america-the-mandibles-by-lionel-shriver/2016/06/20/67f1a6f4-3322-11e6-8ff7-7b6c1998b7a0_story.html 2016 (Stand: 01.09.2021)

107 Shriver: »Lionel Shriver's full speech: ›I hope the concept of cultural appropriation is a passing fad‹«

108 Ebd.

109 Slavoj Žižek: Die Tücke des Subjekts. Frankfurt am Main: Suhrkamp 2001, 280f

110 Francis Fukuyama: Identität. Wie der Verlust der Würde unsere Demokratie gefährdet: Hamburg. Hoffmann und Campe 2019, S.141ff

111 Mark Lilla: »Identitätspolitik ist keine Politik.« https://www.nzz.ch/feuilleton/mark-lilla-ueber-die-krise-des-linksliberalismus-identitaetspolitik-ist-keine-politik-ld.130695 2016 (Stand: 23.03.2021)

112 Ta-Nehisi Coates: »The Cancellation of Colin Kaepernick.« https://www.nytimes.com/2019/11/22/opinion/colin-kaepernick-nfl.html 2019 (Stand: 08.03.2021)

113 James O. Young: »Art, Authenticity and Appropriation«. In: Frontiers of Philosophy in China 3/2006, S. 455–476, hier S. 458f

114 Josef Joffe: »Wem gehört's«. https://www.zeit.de/2017/02/kulturelle-aneignung-identitaet-nordkorea-zeitgeist 2017 (Stand: 14.05.2020)

115 Boris Pofalla: »Die dürfen das doch nicht«. https://www.faz.net/

aktuell/feuilleton/pop/warum-stars-kulturelle-aneignung-vorgeworfen-wird-15191197.html 2017 (Stand: 14.05.2020)

116 Wolfgang Welsch: »Transculturality – the Puzzling Form of Cultures Today«, S. 3. http://www.westreadseast.info/PDF/Readings/Welsch_Transculturality.pdf 1999 (Stand: 14.05.2020)

117 Wolfgang Welsch: Transkulturalität. Realität – Geschichte – Aufgabe. Wien: new academic press 2017, S. 12ff

118 Ebd., S. 20f

119 Richard A. Rogers: »From Cultural Exchange to Transculturation: A Review and Reconceptualization of Cultural Appropriation«. In: Communication Theory 16/2006, S. 474–503, hier S. 492

120 Ursula Renz: »Kultur ohne Aneignung gibt es nicht«. https://www.deutschlandfunkkultur.de/philosophin-ursula-renz-kultur-ohne-aneignung-gibt-es-nicht.2162.de.html?dram:article_id=450260 2019 (Stand: 14.05.2020)

121 Ursula Renz: Was denn bitte ist kulturelle Identität? Basel: Schwabe 2019, S. 93ff

122 Renz: »Kultur ohne Aneignung gibt es nicht«

123 François Jullien: Es gibt keine kulturelle Identität. Berlin: Suhrkamp 2017, S. 47

124 Ebd., S. 38ff

125 Ebd., S. 53ff

126 Simone de Beauvoir: Das andere Geschlecht. Sitte und Sexus der Frau. Reinbek bei Hamburg: Rowohlt 2020, S. 11

127 Axel Honneth: Unsichtbarkeit. Frankfurt am Main: Suhrkamp 2003, S. 10–15

128 Jullien: Es gibt keine kulturelle Identität, S. 95

129 Wolfgang Welsch: Was ist eigentlich Transkulturalität?. http://www.alicedittmar.de/wp-content/uploads/2017/03/Wolfgang-Welsch-Was-ist-eigentlich-Transkulturalitaet-2009.pdf 2009 (Stand: 14.05.2020)

130 Herbert Marcuse: Schriften Band 8. Springe: zu Klampen 2004, S. 136ff

Dimensionen der Aneignung

131 Said: Orientalismus, S. 99ff

132 Bénédicte Savoy: Die Provenienz der Kultur. Berlin: Matthes & Seitz 2018, S. 29

133 Ebd., S. 29ff

134 H. Glenn Penny: Im Schatten Humboldts. Eine tragische Geschichte der deutschen Ethnologie. München: C. H. Beck 2019, S. 138

135 Der Begriff steht in Anführungszeichen, da er die Fiktion einer homogenen Gemeinschaft von Menschen nährt, die sich durch gleiche Abstammung, gleiche Kultur, Sprache und Wertvorstellungen auszeichnet. Spätestens durch seine Verwendung im Nationalsozialismus kann er nicht mehr in unkritischer Weise gebraucht werden, da er als begriffliches Instrumentarium des Holocaust fungierte. Zumal wird der Begriff des Volks, wie in den vorhergegangenen Kapiteln deutlich geworden ist, in Diskursen der neuen Rechten gegen den Begriff der Staatsangehörigkeit in Stellung gebracht, um Menschen mit Migrationsgeschichte ihr Recht auf Zugehörigkeit abzusprechen.

136 H. Glenn Penny: Im Schatten Humboldts. Eine tragische Geschichte der deutschen Ethnologie. S. 16f

137 Zit. nach: Bénédicte Savoy, Felwine Sarr: Zurückgeben. Über die Restitution afrikanischer Kulturgüter. Berlin: Matthes & Seitz 2019, S. 28

138 Said: Orientalismus, S. 20

139 Rebekka Habermas: »Restitutionsdebatten, koloniale Aphasie und die Frage, was Europa ausmacht«. In: APuZ 40–42/2019, S. 17–22, hier S. 20

140 Penny: Im Schatten Humboldts., S. 10

141 »No Humboldt 21! Offener Brief an die Bundeskanzlerin Dr. Angela Merkel«. https://www.no-humboldt21.de/offener-brief-zur-rueckgabe-von-afrikanischen-kulturobjekten-und-menschlichen-gebeinen/ 2017 (Stand: 06.09.2020)

142 Thierry Cruvellier: »Alain Godonou: ›We need an international convention to return african art‹«. https://www.justiceinfo.net/en/justiceinfo-comment-and-debate/in-depth-interviews/40576-alain-godonou-we-need-an-international-convention-to-return-african-art.html 2019 (Stand: 06.10.2020)

143 Habermas: »Restitutionsdebatten, koloniale Aphasie und die Frage, was Europa ausmacht«, S. 22

144 Savoy/Sarr: Zurückgeben, S. 37

145 Emmanuel Macron: »Discours de Ouagadougou«. Kommentiert von Clemens Wildt. https://translanth.hypotheses.org/ueber/macron 2017 (Stand: 06.09.2020)

146 Claudia Schwartz: »Ich sehe das übrigens nicht so, dass wir nur behalten dürfen, was die Länder nicht zurückhaben wollen«: Hermann Parzinger über koloniale Raubkunst. https://www.nzz.ch/feuilleton/hermann-parzinger-nicht-alles-was-im-kolonialen-kontext-steht-muss-zurueckgegeben-werden-ld.1498300 2019 (Stand: 06.09.2020)

147 Cruvellier: »Alain Godonou: ›We need an international convention to return African art‹«

148 Kwame Opoku: »Humboldt Forum And Selective Amnesia: Research Instead Of Restitution Of African Artefacts«. https://www.modernghana.com/news/824314/humboldt-forum-and-selective-amnesia-research.html 2019 (Stand: 06.10.2020)

149 Schwartz: »Interview mit Hermann Parzinger über koloniale Raubkunst«

150 Kultusministerkonferenz: »Erste Eckpunkte zum Umgang mit Sammlungsgut aus kolonialen Kontexten«, S. 6-7. https://www.kmk.org/fileadmin/pdf/PresseUndAktuelles/2019/2 019-03-25_Erste-Eckpunkte-Sammlungsgut-koloniale-Kontexte_final.pdf 2019 (Stand: 06.09.2020)

151 Ebd., S. 7

152 Deutscher Museumsbund: »Leitfaden Umgang mit Sammlungsgut aus kolonialen Kontexten«, S. 112. https://www.museumsbund.de/publikationen/leitfaden-zum-umgang-mit-sammlungsgut-aus-kolonialen-kontexten/ 2019 (Stand: 06.09.2020)

153 Ebd., S. 116

154 Kwame Opoku: »Germany's Answer To Macron On Restitution Of African Artefacts: Guidelines For Handling Colonial Artefacts?« https://www.modernghana.com/news/855718/germanys-answer-to-macron-on-restitution-of-afric.html 2018 (Stand: 06.09.2020)

155 »No Humboldt 21! Kolonialrecht statt Wiedergutmachung? Der neue Leitfaden des Museumsbundes warnt seine Mitglieder vor eigenmächtigen Rückgabeangeboten für koloniales Raubgut«. https://www.museumsbund.de/wp-content/uploads/2018/06/2018-05-15-pm-no-humboldt-21.pdf 2018 (Stand: 06.09.2020)

156 Schwartz: »Interview mit Hermann Parzinger über koloniale Raubkunst«

157 Penny: Im Schatten Humboldts, S. 256ff

158 Christiane Peitz: »Kunsthistorikerin Savoy: ›Da herrscht totale Sklerose‹«. https://www.tagesspiegel.de/kultur/streit-ums-

humboldt-forum-kunsthistorikerin-savoy-da-herrscht-totale-sklerose/20092228.html 2017 (Stand: 06.11.2020)

159 Kwame Opoku: »Talking About Benin Artefacts Is Not Enough: Return The Looted Treasures!« https://www.modernghana.com/news/993750/talking-about-benin-artefacts-is-not-enough-retur.html 2017 (Stand: 06.10.2020)

160 Abgeordnetenhaus Berlin: »Kleine Anfrage der Abgeordneten Clara Herrmann (Grüne). (Postkoloniale) Auseinandersetzung mit dem Humboldt Forum«. https://www.clara-herrmann.net/sites/default/files/AnfrageKolonialisierung.pdf 2013 (Stand: 06.11.2020)

161 Opoku: »Talking About Benin Artefacts Is Not Enough: Return The Looted Treasures!«

162 Schwartz: »Interview mit Hermann Parzinger über koloniale Raubkunst«

163 o.N.: Humboldt Forum überarbeitet Ausstellung mit Raubkunst aus Nigeria. https://www.zeit.de/kultur/kunst/2021-03/berlin-humboldt-forum-benin-bronzen-ueberarbeitung-praesentation-rueckgabe 2021 (Stand 26.03.2021)

164 Annabelle Steffes-Halmer: »Benin-Bronzen: Rückgabe ab 2022«. https://www.dw.com/de/benin-bronzen-raubkunst-nigeria-restitution-2022/a-57383823 2021 (Stand: 06.07.2021)

165 Deutscher Museumsbund: »Leitfaden Umgang mit Sammlungsgut aus kolonialen Kontexten«, S.159ff. https://www.museumsbund.de/publikationen/leitfaden-zum-umgang-mit-sammlungsgut-aus-kolonialen-kontexten/ 2021 (Stand: 06.07.2021)

166 Micha Brumlik: »Kindeswohl und advokatorische Ethik«. In: Ethik Journal 2/2013, S. 1-14, hier S. 6

167 Wolfgang Fritz Haug: »Falsches Bewußtsein«. In: Wolfgang Fritz Haug, Frigga Haug, Peter Jehle (Hg.): Historisch-kritisches Wörterbuch des Marxismus – Band 4. Berlin: Argument 1998, S. 78-92, hier S. 79

168 Friedrich Engels: »Engels an Mehring in Berlin«. In: Institut für Marxismus-Leninismus beim ZK der SED (Hg.): Marx Engels Werke – Band 39. Berlin: Dietz 1968, S. 96-100, hier S. 97

169 Haug: »Falsches Bewußtsein«, S. 82

170 Herbert Marcuse: Der eindimensionale Mensch. Berlin: Sammlung Luchterhand 1974, S. 25

171 Terry Eagleton: Ideologie. Eine Einführung. Stuttgart: Metzler 2000, S. 238

172 Said: Orientalismus

173 Karl Marx: »Der achtzehnte Brumaire des Louis Bonaparte«. In: Institut für Marxismus-Leninismus beim ZK der SED (Hg.): Marx Engels Werke – Band 8. Berlin: Dietz 1975, S. 111–208, hier S. 198

174 Vgl. z.B. Said: Orientalismus, S. 131, 153, 287

175 Ebd., S. 10

176 Ebd., S. 345

177 Chandra Talpade Mohanty: »Under Western Eyes: Feminist Scholarship and Colonial Discourses«. In: Feminist Review 30/1988, S. 61–88, hier S. 68

178 Ebd., S. 80

179 Said: Orientalismus, S. 234

180 Harold Glidden: »The Arab Mind«. In: The American Journal of Psychiatry 128/1972, S. 984–988, hier S. 984

181 Ebd., S. 986

182 Gayatri Chakravorty Spivak: Can the Subaltern Speak? Postkolonialität und subalterne Artikulation. Wien: Turia + Kant 2008, S. 42

183 Spivak: Other Asias, S. 80ff

184 Birgit Rommelspacher: »Kopftuchgründe«. https://taz.de/!739544/ 2003 (Stand: 25.06.2020)

185 Christine Zinner: »Warum wir ein Kopftuchverbot für Mädchen brauchen«. https://www.cicero.de/innenpolitik/kopftuch-debatte-warum-wir-ein-kopftuchverbot-fur-madchen-brauchen 2019 (Stand: 25.06.2020)

186 Anabel Schunke: »Barbie trägt jetzt Kopftuch«. https://www.tichyseinblick.de/meinungen/barbie-traegt-jetzt-kopftuch/ 2017 (Stand: 25.06.2020)

187 Klaus-Jürgen Gadamer: »Burka und das muslimische Kopftuch«. https://www.tichyseinblick.de/kolumnen/aus-aller-welt/burka-und-das-muslimische-kopftuch/ 2016 (Stand: 25.06.2020)

188 Stuart Hall: Ideologie. Identität. Repräsentation. Ausgewählte Schriften 4. Hamburg: Argument 2004, S. 113

189 Judith Butler: Kritik der ethischen Gewalt. Frankfurt: Suhrkamp 2003, S. 59

190 Karl Marx: »Das Kapital. Kritik der politischen Ökonomie«. In: Institut für Marxismus-Leninismus beim ZK der SED (Hg.): Marx Engels Werke – Band 23. Berlin: Dietz 1989

191 Ebd., S. 49

192 Ebd., S. 49ff

193 Jean Baudrillard: For a Critique of the Political Economy of the Sign. Ohne Ort: Telos Press 1981, S. 131

194 Max Horkheimer: Zur Kritik der instrumentellen Vernunft. Frankfurt am Main: Fischer 2007, S. 51

195 Tate: »Introduction: Nigs R Us, or how Blackfolks Became Fetish Objects«, S. 3

196 Brigid Delany: »The yoga industry is booming – but does it make you a better person?« https://www.theguardian.com/ lifeandstyle/2017/sep/17/yoga-better-person-lifestyle-exercise 2017 (Stand: 07.01.2020)

197 Britt Kramwig, Anne Britt Flemmen: »Turbulent indigenous objects: Controversies around cultural appropriation and recognition of difference«. In: Journal of Material Culture 24/2019, H. 1, S. 64–82

198 Ebd., S. 68-71

199 Ebd., S. 77

200 Hall: Ideologie, S. 143f

201 Adrienne Keene: »Engaging Indigeneity and Avoiding Appropriation: An Interview with Adrienne Keene«. In: The English Journal 2016, H. 106, S. 55–57, hier S. 56

202 Georg Wilhelm Friedrich Hegel: »Jenaer Realphilosophie. Die Vorlesungen von 1805/06. Philosophie des Geistes«. In: Gerhard Göhler (Hg.): Frühe politische Systeme. Frankfurt am Main: Ullstein 1974, S. 201–291, hier S. 226ff

203 Jean-Paul Sartre: Das Sein und das Nichts. Versuch einer phänomenologischen Ontologie. Reinbek bei Hamburg: Rowohlt 1994, S. 457ff

204 Julie Valk: »The ›Kimono Wednesday‹ Protests: Identity Politics and How the Kimono Became More Than Japanese«. In: Asian Ethnology 74/2015, H. 2, S. 379–399, hier S. 382

205 Ebd., S. 380 und S.392

206 Immanuel Kant: Grundlegung zur Metaphysik der Sitten. Frankfurt am Main: Suhrkamp 2017, S. 61

207 Pier Paolo Pasolini: Freibeuterschriften. Die Zerstörung der Kultur des Einzelnen durch die Konsumgesellschaft. Berlin: Wagenbach 2011, S. 49

208 Kramwig/Flemmen: »Turbulent indigenous objects, S. 71

209 Valk: »The ›Kimono Wednesday‹ Protests«, S. 394

Identität und Hegemonie

210 Katharina Liebsch: »Identität und Habitus«. In: Hermann Korte, Bernhard Schäfers (Hg.): Einführung in Hauptbegriffe der Soziologie. Wiesbaden: VS Verlag für Sozialwissenschaft 2010, S. 69–87, hier S. 75

211 George Herbert Mead: Geist, Identität und Gesellschaft aus der Sicht des Sozialbehaviorismus. Frankfurt am Main: Suhrkamp 1973

212 Krappmann: Soziologische Dimensionen der Identität, S. 7

213 Ebd., S. 207

214 Ebd., S. 52

215 Ebd., S. 59

216 Axel Honneth: Kampf um Anerkennung. Frankfurt am Main: Suhrkamp 2003

217 Axel Honneth, Nancy Fraser: Umverteilung oder Anerkennung. Eine politisch-philosophische Kontroverse. Frankfurt am Main: Suhrkamp 2003

218 Erving Goffman: Stigma. Über Techniken zur Bewältigung beschädigter Identität. Frankfurt am Main: Suhrkamp 2014, S. 13

219 Ebd., S. 16

220 Ebd., S. 149

221 Judith Butler: Undoing Gender. New York: Routledge 2003, S. 218

222 Ernesto Laclau, Chantal Mouffe: Hegemonie und radikale Demokratie. Zur Dekonstruktion des Marxismus. Wien: Passagen 2000

223 Shriver: »Lionel Shriver's full speech: ›I hope the concept of cultural appropriation is a passing fad‹«

224 Yassmin Abdel-Magied: »As Lionel Shriver made light of identity, I had no choice but to walk out on her«. https://www.theguardian.com/commentisfree/2016/sep/10/as-lionel-shriver-made-light-of-identity-i-had-no-choice-but-to-walk-out-on-her 2016 (Stand: 16.05.2020)

225 Kübra Gümüşay: Sprache und Sein. Berlin: Hanser 2020, S. 63ff

226 Michel Foucault: Der Wille zum Wissen. Sexualität und Wahrheit 1. Frankfurt am Main: Suhrkamp 1999, S. 117

227 Butler: Das Unbehagen der Geschlechter

228 Ebd., Kap. 1

229 Kwame Anthony Appiah: »The Politics of Identity«. In: Daedalus 135/2006, H. 4, S. 15–22, hier S. 20

230 Chimamanda Ngozi Adichie: »Worüber wir jetzt reden müssen«. In: Blätter für deutsche und internationale Politik 2017, H. 1, S. 52-55, hier S. 54

231 Antke Engel: Wider die Eindeutigkeit: Sexualität und Geschlecht im Fokus queerer Politik der Repräsentation. Frankfurt am Main: Campus 2002

232 Lorena Muñoz-Alonso: Dana Schutz's Painting of Emmett Till at Whitney Biennial Sparks Protest. https://news.artnet.com/art-world/dana-schutz-painting-emmett-till-whitney-biennial-protest-897929 2017 (Stand: 22.3.2021)

233 Ebd.

234 Oliver Basciano: »Whitney Biennial: Emmett Till casket painting by white artist sparks anger«. https://www.theguardian.com/artanddesign/2017/mar/21/whitney-biennial-emmett-till-painting-dana-schutz 2017 (Stand: 08.10.2020)

235 Ebd.

236 Kimberlé Crenshaw: »Mapping the Margins: Intersectionality, Identity Politics, and Violence against Women of Color«. In: Stanford Law Review 43/1991, H. 6, S. 1241-1299

237 Appiah: Identitäten, S. 42-43

238 Kwame Anthony Appiah: »Go Ahead, Speak for Yourself«. https://www.nytimes.com/2018/08/10/opinion/sunday/speak-for-yourself.html 2018 (Stand: 08.11.2020)

239 Hengameh Yaghoobifarah, Stefanie Lohaus: »›Wir machen Identitätspolitik aus Notwehr‹. Auf eine Lemonade beim Missy Magazine«. In: Eva Berendsen, Saba-Nur Cheema, Meron Mendel (Hg.): Trigger Warnung , S. 191-207, hier S. 192

240 Ebd., S. 195f

241 Appiah: »The Politics of Identity«, S. 19

242 Beauvoir: Das andere Geschlecht, S. 334

243 Stuart Hall: Rassismus und kulturelle Identität, S. 196

244 Ebd.

245 Ebd., S. 211

246 Ebd., S. 18

247 Judith Butler: Körper von Gewicht. Frankfurt am Main: Suhrkamp 1997, S. 310ff

248 Hall: Rassismus und kulturelle Identität, S. 79

249 Tupoka Ogette: exit RACISM. Rassismuskritisch denken lernen. Münster: Unrast 2019, S. 77

250 Hall: Rassismus und kulturelle Identität, S. 81

251 Ebd., S. 23

252 Hans-Jürgen Bieling: »Die politische Theorie des Neo-Marxismus: Antonio Gramsci«. In: André Brodocz, Gary S. Schaal (Hg.): Politische Theorien der Gegenwart 1. Eine Einführung. Opladen: Leske + Budrich 2002, S. 438–470, hier S. 443

253 Ebd., S. 449

254 Laclau/Mouffe: Hegemonie und radikale Demokratie. Zur Dekonstruktion des Marxismus, S. 105

255 Ernesto Laclau: Emanzipation und Differenz. Wien: Turia und Kant 2002, S. 43

256 Stuart Hall: Ideologie, Kultur, Rassismus. Ausgewählte Schriften 1. Hamburg: Argument 2012, S. 88

257 Laclau: Emanzipation und Differenz, S. 65ff

258 Hall: Rassismus und kulturelle Identität, S. 79

259 Ernesto Laclau: New Reflections on the Revolutions of Our Time. London: Verso 1990, S. 35

260 Ebd., S. 61

261 Ernesto Laclau, Zac Lilian: »Minding the Gap: The Subject of Politics«. In: Ernesto Laclau (Hg.): The Making of Political Identities. London: Verso 1994, S. 11–40

262 Sarkar: »Why we need to pause before claiming cultural appropriation«

263 Malcolm X: Malcolm X. Die Autobiographie. Bremen: Agipa Press & Harold Kater 1992, S. 69

264 Vgl. Alice Hasters: Was weiße Menschen nicht über Rassismus hören wollen aber wissen sollten. München: hanserblau 2020, S. 121

265 Yaghoobifarah: Ich war auf der Fusion und alles, was ich bekam, war ein blutiges Herz, S. 8

266 Sow: »Kulturelle Aneignung«

267 Ebd., S. 419

268 Noah Sow: »Transkulturelle Adoptionen«. In: Susan Arndt, Nadja Ofuatey-Alazard (Hg.): Wie Rassismus aus Wörtern spricht, S. 551ff

269 Noah Sow: »Britische ›Soul‹musik a-k-a. Duffy«. In: Susan Arndt,

Nadja Ofuatey-Alazard (Hg.): Wie Rassismus aus Wörtern spricht, S. 553f

Kulturelle Aneignung und Kapitalismus

270 Johnson: »What's Wrong with Cultural Appropriation? These 9 Answers Reveal Its Harm«

271 Huey P. Newton, »Huey Newton Talks to the Movement About the Black Panther Party, Cultural Nationalism, SNCC, Liberals and White Revolutionaries«. http://freedomarchives.org/Documents/ Finder/DOC40_scans/40.Movement.August.1968.pdf 1968 (Stand: 09.11.2020), S. 8. Die Passage bedeutet ins Deutsche übersetzt: »Wir glauben, die Kultur allein wird uns nicht befreien. Da werden wir stärkeres Zeug brauchen.« (Übersetzung ins Deutsche von Lars Distelhorst)

272 Marx: »Das Kapital. Kritik der politischen Ökonomie«, S. 169

273 Wendy Brown: »Der totale Homo oeconomicus. Wie der Neoliberalismus den Souverän abschafft«. In: Blätter für deutsche und internationale Politik 2015, H. 12, S. 69–83

274 Marx: »Das Kapital. Kritik der politischen Ökonomie«, S. 49

275 Gernot Böhme: Ästhetischer Kapitalismus. O. O.: Suhrkamp 2016, S. 28

276 Wolfgang Fritz Haug: Kritik der Warenästhetik. Gefolgt von Warenästhetik im High-Tech-Kapitalismus. Frankfurt am Main: Suhrkamp 2009, S.42

277 Haug: »Kapital«, S. 127

278 Guillaume Paoli: Die lange Nacht der Metamorphose: Über die Gentrifizierung der Kultur. Berlin: Matthes & Seitz 2017

279 Theodor W. Adorno, Max Horkheimer: Dialektik der Aufklärung. Frankfurt: Fischer 1996, S. 145

280 Steffen Mau: Das metrische Wir. Über die Quantifizierung des Sozialen. Berlin: Suhrkamp 2018, S. 25

281 Wendy Nelson Espeland, Mitchell L. Stevens: »A Sociology of Quantification?« In: European Journal of Sociology / Archives Européennes de Sociologie / Europäisches Archiv für Soziologie 49/2008, H. 3, S. 401–436, hier S. 408

282 Wendy Nelson Espeland: »Commensuration and Cognition«. In: Karen A. Cerulo (Hg.): Culture in Mind: Toward a Sociology of Culture and Cognition. New York: Routledge 2002, S. 63–88, hier S. 75f

283 Mau: Das metrische Wir, S. 32

284 Espeland: »Commensuration and Cognition«, S. 78

285 Ebd., S. 146

286 Ebd., S. 56ff

287 Michael Heinrich: Kritik der politischen Ökonomie. Eine Einführung. Stuttgart: Schmetterling 2005, S. 84

288 Distelhorst: Kritik des Postfaktischen. Der Kapitalismus und seine Spätfolgen. Paderborn: Fink 2019

289 Ono/Buescher: »Deciphering Pocahontas: Unpackaging the Commodification of a Native American Woman«, S. 28–32

290 Ebd., S. 35

291 Baudrillard: For a Critique of the Political Economy of the Sign, S. 135

292 Marx: »Das Kapital. Kritik der politischen Ökonomie«, S. 59

293 Hartmut Rosa: Beschleunigung und Entfremdung. Berlin: Suhrkamp 2018, S. 24f

294 Ebd., S. 23

295 Fredric Jameson: The Cultural Turn. Selected Writings on the Postmodern. London: Verso 1998, S. 60

296 Richard Sennett: Der flexible Mensch. München: btb 2000, erstes Kapitel

297 Ebd., S. 26ff

298 Rosa: Beschleunigung und Entfremdung, S. 63

299 Erich Fromm: Den Menschen verstehen. Psychoanalyse und Ethik. München: dtv 2005, S. 62–63

300 Ebd., S. 64

301 Sigmund Freud: Studienausgabe Band III. Psychologie des Unbewußten. Frankfurt am Main: Fischer 1994, S. 52

302 Stefanie Duttweiler: »Beratung«. In: Ulrich Bröckling, Susanne Krasmann, Lemke Thomas (Hg.): Enzyklopädie Philosophie. Frankfurt am Main: Suhrkamp 2004, S. 23–30, hier S. 23

303 Heinz Kohut: Die Zukunft der Psychoanalyse. Berlin: Suhrkamp 2016, S. 210

304 Ebd., S. 154

305 Ebd., S. 235–236

306 Alexander Mitscherlich, Margarete Mitscherlich: Die Unfähigkeit zu trauern. München: Piper 2007, S. 265

307 Theodor W. Adorno: Minima Moralia. Reflexionen aus dem beschädigten Leben. Berlin: Suhrkamp 2016, S. 73

308 Toni Morrison: Die Herkunft der Anderen. Hamburg: Rowohlt 2018, S. 95

309 Ulrich Bröckling: »Kreativität«. In: Ulrich Bröckling, Susanne Krasman, Thomas Lemke (Hg.): Glossar der Gegenwart. Frankfurt am Main: Suhrkamp 2004, S. 139–144, hier S. 143

310 Hengameh Yaghoobifarah/Stefanie Lohaus: »›Wir machen Identitätspolitik aus Notwehr‹. Auf eine Lemonade beim Missy Magazine«, S. 195f

Rassistische Begehrlichkeiten

311 Yaghoobifarah: »Fusion Revisited: Karneval der Kulturlosen«

312 Shivani Persad: »You Can't Say Black Lives Matter if You're Still Appropriating Black Culture«. https://www.cosmopolitan.com/politics/a33470990/black-lives-matter-cultural-appropriation/ 2020 (Stand: 11.06.2020)

313 Bundesministerium für Justiz und Verbraucherschutz: »Das Internationale Übereinkommen der Vereinten Nationen zur Beseitigung jeder Form von Rassendiskriminierung (ICERD) vom 21. Dezember 1965«, S. 28. http://www.bmjv.de/SharedDocs/Publikationen/DE/ICERD.pdf?_blob=publicationFile&v=4 (Stand: 11.06.2020)

314 Ta-Nehisi Coates: Zwischen mir und der Welt. Frankfurt am Main: Fischer 2020, S. 14

315 Universität Jena: »Jenaer Erklärung«. https://www.uni-jena.de/190910_JenaerErklaerung 2019 (Stand: 11.06.2020)

316 Sow: Deutschland Schwarz Weiß, S. 84–85

317 Wulf Dietmar Hund: »Rassismus«. In: Hans Jörg Sandkühler (Hg.): Enzyklopädie Philosophie. Hamburg: Meiner 2010, S. 2191–2200, hier S. 2191

318 Wulf Dietmar Hund: Rassismus. Bielefeld: transcript 2007, S. 12

319 Die Frage der Übersetzung der Definition ist vielschichtig. Das französische Original lautet: »Le racisme est la dévalorisation profitable d'une différence ou, plus techniquement, le racisme est la valorisation, généralisée et définitive, de différences réelles ou imaginaires, au profit de l'accusateur et au détriment de sa victime, afin de légitimer une agression.« Die inzwischen vergriffene deutsche (und auch die englische) Übersetzung übergehen den ersten Teil-

satz nahezu, indem sie den Begriff der Entwertung (dévalorisation) ignorieren. Eine alternative Übersetzung aus dem Französischen könnte lauten: »Der Rassismus ist die gewinnbringende Entwertung eines Unterschieds [eines Unterscheidungsmerkmals], oder, technischer, der Rassismus ist die verallgemeinerte und abschließende Wertung tatsächlicher oder erdachter [vermeintlicher] Unterschiede zum Wohl des Anklägers und zum Schaden seines Opfers zur Rechtfertigung einer Aggression.« Für den Hinweis mit Blick auf die Frage der Übersetzung und die alternative deutsche Übersetzung danke ich Jörg Theis.

320 Memmi: Racism, S. 100

321 Coates: Zwischen mir und der Welt, S. 17

322 Maurice Merleau-Ponty: Humanismus und Terror 2. Frankfurt am Main: Suhrkamp 1966, S. 15

323 Reni Eddo-Lodge: Warum ich nicht länger mit Weißen über Hautfarbe spreche. Stuttgart: Tropen 2019, S. 100

324 Sow: Deutschland Schwarz Weiß, S. 86

325 DiAngelo: White Fragility, S. 19ff

326 Ebd., S. 34

327 Eddo-Lodge: Warum ich nicht länger mit Weißen über Hautfarbe spreche, S. 101f

328 DiAngelo: White Fragility, S. 28

329 Stokely Carmichael, Charles V. Hamilton: Black Power. Frankfurt am Main: Fischer 1969

330 Ebd., S. 12

331 JBHE Foundation: »The Man Who Coined the Words ›Institutional Racism‹«. In: The Journal of Blacks in Higher Education 1999, H. 23, S. 39

332 Carmichael/Hamilton: Black Power, S. 51

333 Ebd., S. 28

334 Ebd., S. 13

335 Ebd., S. 54f

336 Ebd., S. 121

337 Coates: Zwischen mir und der Welt, S. 112

338 Ibram X. Kendi: How to be an Antiracist. London: Bodley Head 2019, S. 18 (Das Buch ist mittlerweile auch auf Deutsch erschienen: Ibram X. Kendi: How to be an Antiracist. München: btb 2020). Im Folgenden wird aus der englischen Originalausgabe zitiert.

339 Sow: »Britische ›Soul‹musik a-k-a. Duffy«

340 Memmi: Racism, S. 100

341 DiAngelo: White Fragility, S. 119

342 Stuart Hall: »Rassismus als ideologischer Diskurs«. In: Das Argument 1989, H. 178, S. 913–922, hier S. 915f

343 Hasters: Was weiße Menschen nicht über Rassismus hören wollen aber wissen sollten, S. 15

344 Kendi: How to be an Antiracist, S. 138

345 Ebd., S. 128

346 Ebd., S. 125ff

347 Decker/Brähler: Autoritäre Dynamiken. Alte Ressentiments – neue Radikalität. Leipziger Autoritarismus-Studie 2018, S. 57

348 Birgit Rommelspacher: »Rechtsextremismus und Dominanzkultur«. http://www.diss-duisburg.de/Internetbibliothek/Buecher/Herrenvolk/K4.htm 1992 (Stand: 24.11.2020)

349 Knut Bergmann, Matthias Diermeier, Judith Niehues: »Die AfD: Eine Partei der sich ausgeliefert fühlenden Durchschnittsverdiener?« In: Zeitschrift für Parlamentsfragen 48/2017, H. 1, S. 57–75, hier S. 61f

350 Said: Orientalismus, S. 234

351 Sow: Deutschland Schwarz Weiß

352 Ernst Engelke, Stefan Borrmann, Christian Spatscheck: Theorien Sozialer Arbeit. Freiburg: Lambertus 2009, S. 436

353 Kenneth Binyavanga Wainaina: »Afrika – und wie Sie darüber schreiben sollten. Eine ironische Anleitung«. In: Susan Arndt, Nadja Ofuatey-Alazard (Hg.): Wie Rassismus aus Wörtern spricht, S. 197–200

354 Susan Arndt: Rassismus. Die 101 wichtigsten Fragen. München: C.H. Beck 2020, S. 95f

355 Memmi: Racism, S. 112

356 Ogette: exit RACISM, S. 55

357 Derald Wing Sue: »Racial Microaggressions in Everyday Life«. https://www.psychologytoday.com/us/blog/microaggressions-in-everyday-life/201010/racial-microaggressions-in-everyday-life 2010 (Stand: 26.11.2020)

358 DiAngelo: White Fragility, S. 119

359 Eddo-Lodge: Warum ich nicht länger mit Weißen über Hautfarbe spreche, S. 111

360 Sue: »Racial Microaggressions in Everyday Life«

361 Ebd.

362 Hasters: Was weiße Menschen nicht über Rassismus hören wollen aber wissen sollten, S. 17

363 Laurie Penny: »Feminismus: Die Befreiung der Männer«. In: Blätter für deutsche und internationale Politik 2015, H. 6, S. 81–90, hier S. 89

364 Brumlik: »Kindeswohl und advokatorische Ethik«, S. 5

365 Kant: Grundlegung zur Metaphysik der Sitten, S. 72

366 Shivani Persad: »You Can't Say Black Lives Matter if You're Still Appropriating Black Culture«

367 Coates: Zwischen mir und der Welt, S. 40

Weißer Antirassismus

368 Oliver Demmy: Die Wut des Panthers. Die Geschichte der Black Panther Party. Schwarzer Widerstand in den USA. Münster: Unrast 2004, S. 10. Die Passage bedeutet ins Deutsche übersetzt: »Geh' nach Hause, töte Vater und Mutter, häng dich auf!« (Übersetzung ins Deutsche von Lars Distelhorst)

369 Carmichael/Hamilton: Black Power, S. 57ff

370 Ebd., S. 62ff

371 Ebd., S. 70ff

372 Huey Newton: To Die for the People. San Francisco: City Lights 2009, S. 177

373 Newton: »Huey Newton Talks to the Movement About the Black Panther Party, Cultural Nationalism, SNCC, Liberals and White Revolutionaries«, S. 8

374 Ebd., S. 9

375 Newton: »Huey Newton Talks to the Movement About the Black Panther Party, Cultural Nationalism, SNCC, Liberals and White Revolutionaries«, S. 11

376 Carmichael/Hamilton: Black Power, S. 58

377 Aaron Grier: Allyship Made Easy. Understanding the First Steps for Taking Action in Social Justice Against Racism (E-Book). O.O.: The Vegan Millennial LLC 2020, Kap. 2

378 Joel Leon: »An Ally's Manifesto«. In: Our Human Family (Hg.):

Fieldnotes on Allyship: Achieving Equality Together (E-Book). Orlando: Our Human Family 2020, Kapitel 17

379 Decker/Brähler: Autoritäre Dynamiken. Alte Ressentiments – neue Radikalität. Leipziger Autoritarismus-Studie 2018, S. 79f

380 Linda Martin Alcoff:»What Should White People Do?« In: Hypatia 13/1998, H. 3, S. 6–26, hier S. 8

381 Der Begriff wurde von der *weißen* Feministin Peggy McIntosh entwickelt. In einem ihrer Aufsätze gibt die Autorin zahlreiche Beispiele dafür, worin diese Privilegien im Einzelnen bestehen: Peggy McIntosh :»White Privilege: Unpacking the Invisible Knapsack«. https://convention.myacpa.org/houston2018/wp-content/uploads/2017/11/UnpackingTheKnapsack.pdf 1988 (Stand: 12.03.2020)

382 Ebd.

383 Alcoff:»What Should White People Do?«, S. 17

384 Carmichael/Hamilton: Black Power, S. 75

385 Alex Tom u. a.:»Black Lives Matter Allies in Change«. In: Race, Poverty & the Environment 20/2015, H. 2, S. 26–32, hier S. 29f

386 Joel:»An Ally's Manifesto«

387 Penny:»Feminismus: Die Befreiung der Männer«, S. 83

388 Ebd., S. 81

389 Ebd., S. 88

390 Toni Morrison:»Toni Morrison's powerful words on racism«. https://www.youtube.com/watch?v=15MMmgwl1V4&t=1s (Stand: 12.08.2020). Die Passage lautet im Original:»If you can only be tall, because somebody is on their knees, then you have a serious problem. And my feeling is, white people have a very very serious problem and they should start thinking about what they can do about it. Take me out of it.« (Übersetzung ins Deutsche von Lars Distelhorst)

391 Theodor W. Adorno: Soziologische Schriften II. Zweite Hälfte. Frankfurt am Main: Suhrkamp 1975, S. 368

392 Ebd., S. 369

393 James M. Thomas:»Medicalizing Racism«. In: Contexts 13/2014, H. 4, S. 24–29, hier S. 26f

394 Ebd., S. 28

395 Georg Wilhelm Friedrich Hegel: Phänomenologie des Geistes. Frankfurt am Main: Suhrkamp 1986, S. 145ff

396 Rommelspacher: Dominanzkultur, S. 15

397 Toni Morrison: Im Dunkeln spielen. Weiße Kultur und literarische Imagination. Reinbek bei Hamburg: Rowohlt 1995, S. 33

398 Ebd., S. 25

399 Ebd., S. 72

400 Rommelspacher: Dominanzkultur, S. 185

401 Hall: »Rassismus als ideologischer Diskurs«, S. 919

402 Ebd.

403 Ebd., S. 921

404 Morrison: Im Dunkeln spielen, S. 87

Literatur

ABDEL-MAGIED, YASSMIN: »As Lionel Shriver made light of identity, I had no choice but to walk out on her«. https://www.theguardian.com/commentisfree/2016/sep/10/as-lionel-shriver-made-light-of-identity-i-had-no-choice-but-to-walk-out-on-her 2016 (Stand: 05.12.2020)

ABGEORDNETENHAUS BERLIN: »Kleine Anfrage der Abgeordneten Clara Herrmann (Grüne). (Postkoloniale) Auseinandersetzung mit dem Humboldt Forum«. https://www.clara-herrmann.net/sites/default/files/AnfrageKolonialisierung.pdf 2013 (Stand: 06.11.2020)

ADICHE, CHIMAMANDA NGOZI: »Worüber wir jetzt reden müssen«. In: *Blätter für deutsche und internationale Politik* 2017, H. 1, S. 52–55

ADORNO, THEODOR W.; HORKHEIMER, MAX: *Dialektik der Aufklärung*. O.O.: Fischer 1996

ADORNO, THEODOR W.: *Minima Moralia. Reflexionen aus dem beschädigten Leben*. Berlin: Suhrkamp 2016

—: *Soziologische Schriften II. Zweite Hälfte*. Frankfurt am Main: Suhrkamp 1975

AFD-FRAKTION HAMBURG: »Hamburger Kita verbietet Indianer-Kostüme/ Nockemann: »Politische Korrektheit ist politisches Narrentum«. https://afd-fraktion-hamburg.de/2019/03/06/hamburger-kita-verbietet-indianer-kostueme-nockemann-politische-korrektheit-ist-politisches-narrentum/ 2019 (Stand: 25.02.2020)

ALCOFF, LINDA MARTIN: »What Should White People Do?« In: *Hypatia* 13/1998, H. 3, S. 6–26

APPIAH, KWAME ANTHONY: »Go Ahead, Speak for Yourself«. https://www.nytimes.com/2018/08/10/opinion/sunday/speak-for-yourself.html 2018 (Stand: 08.11.2020)

—   : *Identitäten. Die Fiktionen der Zugehörigkeit*. München: Hanser 2019

—   : »The Politics of Identity«. In: Daedalus 135/2006, H. 4, S. 15–22

ARENDT, HANNAH: *Elemente und Ursprünge totaler Herrschaft*. München: Piper 2017

ARNDT, SUSAN: *Rassismus. Die 101 wichtigsten Fragen*. München: C. H. Beck 2020

BAKER, KATIE J. M.: »A Much-Needed Primer on Cultural Appropriation«. https://jezebel.com/a-much-needed-primer-on-cultural-appropriation-30768539 2012 (Stand: 20.03.2020)

BASCIANO, OLIVER: »Whitney Biennial: Emmett Till casket painting by white artist sparks anger«. https://www.theguardian.com/artanddesign/2017/mar/21/whitney-biennial-emmett-till-painting-dana-schutz 2017 (Stand: 08.10.2020)

BAUDRILLARD, JEAN: *For a Critique of the Political Economy of the Sign*. O.O.: Telos Press 1981

BEAUVOIR, SIMONE DE: *Das andere Geschlecht. Sitte und Sexus der Frau*. Reinbek bei Hamburg: Rowohlt 2020

BERGMANN, KNUT; DIERMEIER, MATTHIAS; NIEHUES, JUDITH: »Die AfD: Eine Partei der sich ausgeliefert fühlenden Durchschnittsverdiener?« In: *Zeitschrift für Parlamentsfragen* 48/2017, H. 1, S. 57–75

BIELING, HANS-JÜRGEN: »Die politische Theorie des Neo-Marxismus: Antonio Gramsci«. In: Brodocz, André; Schaal, Gary S. (Hg.): Politische Theorien der Gegenwart 1. Eine Einführung. Opladen: Leske + Budrich 2002, S. 438–470

BLANKENNAGEL, JENS: »Kostüm-Verbot für Kinder: Indianer auf dem Index«. https://archiv.berliner-zeitung.de/berlin/kostuem-verbot-fuer-kinder-indianer-auf-dem-index-32178768 2019 (Stand: 25.02.2020)

BOCHMANN, CORINNA; STAUFER, WALTER: »Vom ›Negerkönig‹ zum ›Südseekönig‹ zum... ? - politische Korrekt-

heit in Kinderbüchern«. https://www.bundespruef
stelle.de/blob/132698/891b85691f11c98a8d1c9e1a47f
517c2/2013-02-vom-negerkoenig-zum-suedseekoenig-
data.pdf 2013 (Stand: 08.03.2020)

BÖCKER, ANNA; SANDER, LALON: »Dreiste Umkehrung«.
https://taz.de/Ueber-Rassismus-reden/!5365005&
SuchRahmen=Print/ 2016 (Stand: 12.03.2020)

BÖHME, GERNOT: *Ästhetischer Kapitalismus*. Berlin: Suhrkamp 2016

BRÖCKLING, ULRICH: »Kreativität«. In: Bröckling, Ulrich;
Krasmann, Susanne; Lemke, Thomas (Hg.): *Glossar
der Gegenwart*. Frankfurt am Main: Suhrkamp 2004,
S. 139–144

BROWN, WENDY: »Der totale Homo oeconomicus. Wie der
Neoliberalismus den Souverän abschafft«. In: *Blätter
für deutsche und internationale Politik* 2015, H. 12,
S. 69-83

BRUMLIK, MICHA: »Das alte Denken der neuen Rechten«.
https://www.blaetter.de/ausgabe/2016/maerz/das-
alte-denken-der-neuen-rechten 2016 (Stand:
05.08.2020)

— : »Kindeswohl und advokatorische Ethik«. In: *Ethik
Journal* 2/2013, S. 1-14

BUNDESMINISTERIUM FÜR JUSTIZ UND VERBRAUCHER-
SCHUTZ: »Das Internationale Übereinkommen der
Vereinten Nationen zur Beseitigung jeder Form von
Rassendiskriminierung (ICERD) vom 21. Dezember
1965«. http://www.bmjv.de/SharedDocs/Publikatio
nen/DE/ICERD.pdf?_blob=publicationFile&v=4
(Stand: 11.06.2020)

BUTLER, JUDITH: *Das Unbehagen der Geschlechter*. Frankfurt am Main: Suhrkamp 1991

— : *Körper von Gewicht*. Frankfurt am Main: Suhrkamp
1997

— : *Kritik der ethischen Gewalt*. Frankfurt am Main:
Suhrkamp 2003

— : *Undoing Gender*. New York: Routledge 2003

CARMICHAEL, STOKELY; HAMILTON, CHARLES V.: *Black Power*. Frankfurt am Main: Fischer 1969

COATES, TA-NEHISI: *Zwischen mir und der Welt*. Frankfurt am Main: Fischer 2020

—   : The Cancellation of Colin Kaepernick. https://www.nytimes.com/2019/11/22/opinion/colin-kaepernick-nfl.html 2019 (Stand: 08.03.2021)

COUTTS-SMITH, KENNETH: »Some general observations on the problem of cultural colonialism«. In: Susan Hiller (Hg.): *The Myth of Primitivism*. London: Routledge 2006, S. 14-31

CRENSHAW, KIMBERLÉ: »Mapping the Margins: Intersectionality, Identity Politics, and Violence against Women of Color«. In: *Stanford Law Review* 43/1991, H. 6, S. 1241-1299

CRUVELLIER, THIERRY: »Alain Godonou: ›We need an international convention to return african art‹«. https://www.justiceinfo.net/en/justiceinfo-comment-and-debate/in-depth-interviews/40576-alain-godonou-we-need-an-international-convention-to-return-african-art.html 2019 (Stand: 06.10.2020)

DECKER, OLIVER; BRÄHLER, ELMAR: *Autoritäre Dynamiken. Alte Ressentiments - neue Radikalität. Leipziger Autoritarismus-Studie 2018*. Gießen: Psychosozial Verlag 2020

DELANY, BRIGID: »The yoga industry is booming - but does it make you a better person?« https://www.theguardian.com/lifeandstyle/2017/sep/17/yoga-better-person-lifestyle-exercise 2017 (Stand: 07.01.2020)

DEMMY, OLIVER: *Die Wut des Panthers. Die Geschichte der Black Panther Party. Schwarzer Widerstand in den USA*. Münster: Unrast 2004

DIANGELO, ROBIN: *White Fragility*. Boston: Beacon Press 2018. (Deutsch: DiAngelo, Robin: *Wir müssen über Rassismus sprechen: Was es bedeutet, in unserer Ge-*

sellschaft weiß zu sein. Hamburg: Hoffmann und Campe 2020)

DISTELHORST, LARS: *Kritik des Postfaktischen. Der Kapitalismus und seine Spätfolgen.* Paderborn: Fink 2019

DUTTWEILER, STEFANIE: »Beratung«. In: Bröckling, Ulrich; Krasmann, Susanne; Lemke, Thomas (Hg.): *Enzyklopädie Philosophie.* Frankfurt am Main: Suhrkamp 2004, S. 23-30

EAGLETON, TERRY: *Ideologie. Eine Einführung.* Stuttgart: Metzler 2000

ECKERT, ROLAND: »Kulturelle Homogenität und aggressive Intoleranz. Eine Kritik der neuen Rechten«. https://www.bpb.de/apuz/32421/kulturelle-homogenitaet-und-aggressive-intoleranz-eine-kritik-der-neuen-rechten?p=all 2010 (Stand: 05.08.2020)

EDDO-LODGE, RENI: *Warum ich nicht länger mit Weißen über Hautfarbe spreche.* Stuttgart: Tropen 2019.

EICHBERG, HENNING: »Johann Gottfried Herder – Das Volk ist der Weg«. https://wir-selbst.com/2020/03/24/johann-gottfried-herder-das-volk-ist-der-weg/ 1995 (Stand: 05.08.2020)

ELBKINDER: »Stellungnahme Berichterstattung Verkleidung an Fasching«. https://www.elbkinder-kitas.de/de/ueber_uns/aktuelles/pressemitteilungen/stellungnahme_z_berichterstattung_zu_verkleidung_an_fasching.html 2019 (Stand: 25.02.2020)

ENGEL, ANTKE: *Wider die Eindeutigkeit: Sexualität und Geschlecht im Fokus queerer Politik der Repräsentation.* Frankfurt am Main: Campus 2002

ENGELKE, ERNST; BORRMANN, SEFANT; SPATSCHECK, CHRISTIAN: *Theorien Sozialer Arbeit.* Freiburg: Lambertus 2009

ENGELS, FRIEDRICH: »Engels an Mehring in Berlin«. In: Institut für Marxismus-Leninismus beim ZK der SED (Hg.): *Marx Engels Werke – Band 39.* Berlin: Dietz 1968, S. 96-100

ESPELAND, WENDY NELSON: »Commensuration and Cognition«. In: Cerulo, Karen A. (Hg.): *Culture in Mind: Toward a Sociology of Culture and Cognition*. New York: Routledge 2002, S. 63-88

ESPELAND, WENDY NELSON; STEVENS, MITCHELL L.: »A Sociology of Quantification?« In: *European Journal of Sociology/Archives Européennes de Sociologie/Europäisches Archiv für Soziologie* 49/2008, H. 3, S. 401-436

FOUCAULT, MICHEL: *Der Wille zum Wissen*. Sexualität und Wahrheit 1. Frankfurt am Main: Suhrkamp 1999.

FREUD, SIGMUND: *Studienausgabe Band III. Psychologie des Unbewußten*. Frankfurt am Main: Fischer 1994.

FROMM, ERICH: *Den Menschen verstehen. Psychoanalyse und Ethik*. München: dtv 2005

FUKUYAMA, FRANCIS: *Identität. Wie der Verlust der Würde unsere Demokratie gefährdet*. Hamburg: Hoffmann und Campe 2019

GADAMER, KLAUS-JÜRGEN: »Burka und das muslimische Kopftuch«. https://www.tichyseinblick.de/kolumnen/aus-aller-welt/burka-und-das-muslimische-kopftuch/ 2016 (Stand: 25.06.2020)

GLIDDEN, ANTHONY: »The Arab Mind«. In: *The American Journal of Psychiatry* 128/1972, S. 984-988.

GOFFMAN, ERVING: *Stigma. Über Techniken zur Bewältigung beschädigter Identität*. Frankfurt am Main: Suhrkamp 2014.

GRIER, AARON: *Allyship Made Easy. Understanding the First Steps for Taking Action in Social Justice Against Racism (E-Book)*. O.O.: The Vegan Millennial LLC 2020.

GRÜNDER, HORST; HIERY, HERMANN (HG.): *Die Deutschen und ihre Kolonien*. Berlin: be.bra verlag 2018.

— : »Zur Einführung«. In: Gründer, Horst; Hiery, Hermann (Hg.): *Die Deutschen und ihre Kolonien*. Berlin: be.bra verlag 2018, S. 9-24.

— : »Tsingtau – eine deutsche Musterkolonie in China?« In: Gründer, Horst; Hiery, Hermann (Hg.): *Die Deutschen und ihre Kolonien*. Berlin: be.bra verlag 2018, S. 123–143

GÜMÜŞAY, KÜBRA: *Sprache und Sein*. Berlin: Hanser 2020

HABERMAS, REBEKKA: »Restitutionsdebatten, koloniale Aphasie und die Frage, was Europa ausmacht«. In: *APuZ* 40–42/2019, S. 17–22

HALL, STUART: *Ideologie, Kultur, Rassismus. Ausgewählte Schriften 1*. Hamburg: Argument 2012

— : *Ideologie. Identität. Repräsentation. Ausgewählte Schriften 4*. Hamburg: Argument 2004

— : »Rassismus als ideologischer Diskurs«. In: *Das Argument* 1989, H. 178, S. 913–922

— : *Rassismus und kulturelle Identität. Ausgewählte Schriften 2*. Hamburg: Argument 2012

HASTERS, ALICE: *Was weiße Menschen nicht über Rassismus hören wollen aber wissen sollten*. München: hanserblau 2020

HAUG, WOLFGANG FRITZ: »Falsches Bewußtsein«. In: Haug, Wolfgang Fritz; Haug, Frigga; Jehle, Peter (Hg.): *Historisch-Kritisches Wörterbuch des Marxismus – Band 4*. Berlin: Argument 1998, S. 78–92

— : »Kapital«. In: Haug, Wolfgang Fritz (Hg.): *Historisch-Kritisches Wörterbuch des Marxismus – Band 7/1*. Berlin: Argument 2007, S. 1–25

— : *Kritik der Warenästhetik. Gefolgt von Warenästhetik im High-Tech-Kapitalismus*. Frankfurt am Main: Suhrkamp 2009

HEGEL, GEORG WILHELM FRIEDRICH: »Jenaer Realphilosophie. Die Vorlesungen von 1805/06. Philosophie des Geistes«. In: Göhler, Gerhard (Hg.): *Frühe politische Systeme*. Frankfurt am Main: Ullstein 1974, S. 201–291

— : *Phänomenologie des Geistes*. Frankfurt am Main: Suhrkamp 1986

HEINRICH, MICHAEL: *Kritik der politischen Ökonomie. Eine Einführung*. Stuttgart: Schmetterling 2005

HEITMEYER, WILHELM: *Deutsche Zustände Folge 10*. Frankfurt am Main: Suhrkamp 2011

HENTGES, GUDRUN; KÖKGIRAN, GÜRCAN; NOTTBOHM, KRISTINA: »Die Identitäre Bewegung Deutschland (IBD) – Bewegung oder virtuelles Phänomen? (Onlineversion)«. In: *Forschungsjournal Soziale Bewegungen* 2014, H. 3, S. 1-26

HERDER, JOHANN GOTTFRIED: *Auch eine Philosophie der Geschichte zur Bildung der Menschheit*. Stuttgart: Reclam 1990

HONNETH, AXEL; FRASER, NANCY: *Umverteilung oder Anerkennung. Eine politisch-philosophische Kontroverse*. Frankfurt am Main: Suhrkamp 2003

HONNETH, AXEL: *Kampf um Anerkennung*. Frankfurt am Main: Suhrkamp 2003

— : *Unsichtbarkeit*. Frankfurt am Main: Suhrkamp 2003

HORKHEIMER, MAX: *Zur Kritik der instrumentellen Vernunft*. Frankfurt am Main: Fischer 2007

HUND, WULF DIETMAR: *Rassismus*. Bielefeld: transcript 2007

— : »Rassismus«. In: Sandkühler, Hans Jörg (Hg.): *Enzyklopädie Philosophie*. Hamburg: Meiner 2010, S. 2191-2200

JAMESON, FREDRIC: *The Cultural Turn. Selected Writings on the Postmodern*. London: Verso 1998

JOFFE, JOSEF: »Wem gehört's?« https://www.zeit.de/2017/02/kulturelle-aneignung-identitaet-nordkorea-zeit geist 2017 (Stand: 14.05.2020)

JOHNSON, MAISHA Z.: »What's Wrong with Cultural Appropriation? These 9 Answers Reveal Its Harm«. https://everydayfeminism.com/2015/06/cultural-appropriation-wrong/2015 (Stand: 27.02.2020)

JULLIEN, FRANÇOIS: *Es gibt keine kulturelle Identität*. Berlin: Suhrkamp 2017

KANT, IMMANUEL: *Grundlegung zur Metaphysik der Sitten*. Frankfurt am Main: Suhrkamp 2017

—   : »Physische Geographie«. https://korpora.zim.uni
-duisburg-essen.de/kant/aa09/316.html (Stand:
03.03.2020).

KEENE, ADRIENNE: »Engaging Indigeneity and Avoiding Appropriation: An Interview with Adrienne Keene«. In:
The English Journal 2016, H. 106, S. 55–57.

KEN, KALFUS: »The bankruptcy of liberal America: ›The
Mandibles‹, by Lionel Shriver«. https://www.washing
tonpost.com/entertainment/books/the-bankruptcy-
of-liberal-america-the-mandibles-by-lionel-
shriver/2016/06/20/67f1a6f4-3322-11e6-8ff7-
7b6c1998b7a0_story.html 2016 (Stand: 01.09.2021).

KENDI, IBRAM X.: *How to be an Antiracist.* London: Bodley
Head 2019. (Deutsch: Kendi, Ibram X.: *How to be an
Antiracist.* München: btb 2020)

KIDS AKTUELL: »Fasching vorurteilsbewusst feiern. Anregungen für eine diskriminierungssensible Praxis«.
https://kids.kinderwelten.net/de/50%20Publikatio
nen/KiDs%20aktuell/kids-2016-01_fasching.pdf?
download 2016 (Stand: 27.02.2020)

KIPLING, RUDYARD: »Die Bürde des weißen Mannes«.
http://www.hermann-mueckler.com/pdf/RKipling-
Engl-Deut.pdf (Stand: 03.03.2020)

KMK: »Erste Eckpunkte zum Umgang mit Sammlungsgut
aus kolonialen Kontexten«. https://www.kmk.org/
fileadmin/pdf/PresseUndAktuelles/2019/2019-03-
25_Erste-Eckpunkte-Sammlungsgut-koloniale-Kon
texte_final.pdf 2019 (Stand: 06.09.2020)

KOHUT, HEINZ: *Die Zukunft der Psychoanalyse.* Berlin:
Suhrkamp 2016

KRAMWIG, BRITT; FLEMMEN, ANNE BRITT: »Turbulent indigenous objects: Controversies around cultural appropriation and recognition of difference«. In: *Journal of
Material Culture* 24/2019, H. 1, S. 64–82

KRAPPMANN, LOTHAR: *Soziologische Dimensionen der
Identität.* Stuttgart: Klett-Cotta 2016

KRIEG, DEBORAH: »Alles nur geklaut? WTF ist eigentlich Cultural Appropriation?« In: Berendsen, Eva; Cheema, Saba-Nur; Mendel, Meron (Hg.): *Trigger Warnung. Identitätspolitik zwischen Abwehr, Abschottung und Allianzen*. Berlin: Verbrecher 2019, S. 105–115

LACLAU, ERNESTO: *Emanzipation und Differenz*. Wien: Turia und Kant 2002

— : *New Reflections on the Revolutions of Our Time*. London: Verso 1990

LACLAU, ERNESTO; LILIAN, ZAC: »Minding the Gap: The Subject of Politics«. In: Laclau, Ernesto (Hg.): *The Making of Political Identities*. London: Verso 1994, S. 11–40

LACLAU, ERNESTO; MOUFFE, CHANTAL: *Hegemonie und radikale Demokratie. Zur Dekonstruktion des Marxismus*. Wien: Passagen 2000

LASCHYK, THOMAS: »Pseudo-Debatte zum Indianer-Kostüm: Niemand hat ein Verbot gefordert.« https://www.volksverpetzer.de/analyse/indianer-kostuem/2019 (Stand: 25.02.2020)

LATTON, MARCUS: »Jedem Stamm seine Bräuche«. In: *Jungle World* 35/2016, H. 2016/35

LEE, EMILY S.: »The Epistemology of the Question of Authenticity, in Place of Strategic Essentialism«. In: *Hypatia* 26/2011, H. 2, S. 258–279

LENIN, WLADIMIR ILJITSCH: *Ausgewählte Werke. Band III*. Berlin: Dietz 1970

LEON, JOEL: »An Ally's Manifesto«. In: Our Human Family (Hg.): *Fieldnotes on Allyship: Achieving Equality Together* (E-Book). Orlando: Our Human Family 2020, Kapitel 17

LICHTMESZ, MARTIN: »Volklichkeit, Ethnopluralismus, Eichberg«. In: *Sezession* 85/2018, S. 5–9

LIEBSCH, KATHARINA: »Identität und Habitus«. In: Korte, Hermann; Schäfers, Bernhard (Hg.): *Einführung in Hauptbegriffe der Soziologie*. Wiesbaden: VS Verlag für Sozialwissenschaft 2010, S. 69–87

LILLA, MARK: »Identitätspolitik ist keine Politik«.
https://www.nzz.ch/feuilleton/mark-lilla-ueber-die-
krise-des-linksliberalismus-identitaetspolitik-ist-kei
ne-politik-ld.130695 2016 (Stand: 23.03.2021)

LUXEMBURG, ROSA: *Gesammelte Werke. Band 5.* Berlin:
Dietz 1990

MACRON, EMMANUEL: »Discours de Ouagadougou. Kommentiert von Clemens Wildt«. https://translanth.hypothe
ses.org/ueber/macron 2017 (Stand: 06.09.2020)

MARCUSE, HERBERT: *Der eindimensionale Mensch.* Berlin:
Sammlung Luchterhand 1974

— : *Schriften Band 8.* Springe: zuKlampen 2004

MARX, KARL: »Das Kapital. Kritik der politischen Öko-
nomie«. In: Institut für Marxismus-Leninismus beim
ZK der SED (Hg.): *Marx Engels Werke – Band 23.*
Berlin: Dietz 1989

— : »Der achtzehnte Brumaire des Louis Bonaparte«. In:
Institut für Marxismus-Leninismus beim ZK der SED
(Hg.): *Marx Engels Werke – Band 8.* Berlin: Dietz
1975, S. 111–208

MATTHES, ERICH HATALA: »Cultural Appropriation and Oppression«. https://www.academia.edu/ 38763059/
Cultural_Appropriation_and_Oppression_Philosophi
cal_Studies 2019, S. 5. (Stand: 20.12.2020)

— : »Cultural Appropriation Without Cultural Essentialism?« In: *Social Theory and Practice* 42/2016, H. 2,
S. 343–366

MAU; STEFFEN: *Das metrische Wir. Über die Quantifizierung des Sozialen.* O.O.: Suhrkamp 2018

McINTOSH, PEGGY: »White Privilege: Unpacking the Invisible Knapsack«. https://convention.myacpa.org/
houston2018/wp-content/uploads/ 2017/11/Unpack
ingTheKnapsack.pdf 1988 (Stand: 12.03.2020)

MEAD, GEORGE HERBERT: *Geist, Identität und Gesellschaft
aus der Sicht des Sozialbehaviorismus.* Frankfurt am
Main: Suhrkamp 1973

MEMMI, ALBERT: *Racism*. Minneapolis: University of Minnesota Press 2000

MERLEAU-PONTY, MAURICE: *Humanismus und Terror 2.* Frankfurt am Main: Suhrkamp 1966

MITSCHERLICH, ALEXANDER; MITSCHERLICH, MARGARETE: *Die Unfähigkeit zu trauern*. München: Piper 2007

MOHANTY, CHANDRA TALPADE: »Under Western Eyes: Feminist Scholarship and Colonial Discourses«. In: *Feminist Review* 30/1988, S. 61–88

MORRISON, TONI: *Im Dunkeln spielen. Weiße Kultur und literarische Imagination*. Reinbek bei Hamburg: Rowohlt 1995

— : *Die Herkunft der Anderen*. Hamburg: Rowohlt 2018

— : »Toni Morrison's powerful words on racism«. https://www.youtube.com/watch?v=15MMmgwllV4&t=1s (Stand: 12.08.2020)

MUÑOZ-ALONSO, LORENA: »Dana Schutz's Painting of Emmett Till at Whitney Biennial Sparks Protest«. https://news.artnet.com/art-world/dana-schutz-painting-emmett-till-whitney-biennial-protest-897929 Alonso 2017 (Stand: 22.3.2021)

DEUTSCHER MUSEUMSBUND: »Leitfaden Umgang mit Sammlungsgut aus kolonialen Kontexten«. https://www.museumsbund.de/publikationen/leitfaden-zum-umgang-mit-sammlungsgut-aus-kolonialen-kontexten/ 2019 (Stand: 06.09.2020)

DEUTSCHER MUSEUMSBUND: »Leitfaden Umgang mit Sammlungsgut aus kolonialen Kontexten«. https://www.museumsbund.de/publikationen/leitfaden-zum-umgang-mit-sammlungsgut-aus-kolonialen-kontexten/ 2021 (Stand: 06.07.2021)

NEWTON, HUEY P.: »Huey Newton Talks to the Movement About the Black Panther Party, Cultural Nationalism, SNCC, Liberals and White Revolutionaries«. http://freedomarchives.org/Documents/Finder/DOC40_scans/40.Movement.August.1968.pdf 1968 (Stand: 09.11.2020)

—   : *To Die for the People*. San Francisco: City Lights 2009

NGUYEN, C. THI; STROHL, MATTHEW: »Cultural Appropriation and the Intimacy of Groups«. https://www.acade mia.edu/37275595/Cultural_Appropriation_and_the_ Intimacy_of_Groups 2019, S. 5. (Stand: 20.12.2020)

NO HUMBOLDT 21!: »Kolonialrecht statt Wiedergutmachung? Der neue »Leitfaden« des Museumsbundes warnt seine Mitglieder vor eigenmächtigen Rückgabeangeboten für koloniales Raubgut«. https://www .museumsbund.de/wp-content/uploads/2018/06/ 2018-05-15-pm-no-humboldt-21.pdf 2018 (Stand: 06.09.2020)

—   : »Offener Brief an die Bundeskanzlerin Dr. Angela Merkel«. https://www.no-humboldt21.de/offener-brief-zur-rueckgabe-von-afrikanischen-kulturobjekten-und-menschlichen-gebeinen/2017 (Stand: 06.09.2020)

OGETTE, TUPOKA: *exit RACISM. Rassismuskritisch denken lernen*. Münster: Unrast 2019

o. N.: »The Man Who Coined the Words ›Institutional Racism‹«. In: *The Journal of Blacks in Higher Education* 1999, H. 23, S. 39

o. N.: »Indianer-Kostüme: ›Es geht nicht um Verbote‹«. https://www.ndr.de/nachrichten/info/Indianer-Kostueme-Es-geht-uns-nicht-um-Verbote,kinder-fasching100.html 2019 (Stand: 27.02.2020)

o. N.: »Kindergarten verbietet zu Fasching Indianer-Kostüm«. https://www.heute.at/s/kindergarten-verbietet-zu-fasching-indianer-kostum-41397037 2019 (Stand: 25.02.2020)

o. N.: »Warum sich Kinder in einer Hamburger Kita nicht mehr als Indianer verkleiden sollen«. https://www .lvz.de/ Nachrichten/Panorama/Warum-sich-Kinder-in-einer-Hamburger-Kita-nicht-mehr-als-Indianer-verkleiden-sollen 2019 (Stand: 25.02.2020)

o. N.: Humboldt Forum überarbeitet Ausstellung mit Raubkunst aus Nigeria. https://www.zeit.de/kultur/kunst/

2021-03/berlin-humboldt-forum-benin-bronzen-ueberarbeitung-praesentation-rueckgabe 2021 (Stand 26.03.2021)

O. N.: »Kein Faschings-Scherz: Hamburger Kindergarten verbietet Indianer-Verkleidung«. https://www.freie welt.net/nachricht/kein-faschingsscherz-hamburger-kindergarten-verbietet-indianer-verkleidung-10077238/ 2019 (Stand: 25.02.2020)

ONO, KENT A.; BUESCHER, DEREK T.: »Deciphering Pocahontas: Unpackaging the Commodification of a Native American Woman«. In: *Critical Studies in Media Communication* 18/2001, H. 1, S. 23–43.

OPOKU, KWAME: »Germany's Answer To Macron On Restitution Of African Artefacts: Guidelines For Handling Colonial Artefacts?« https://www.modernghana.com/news/855718/germanys-answer-to-macron-on-restitution-of-afric.html 2018 (Stand: 06.09.2020)

— : »Humboldt Forum And Selective Amnesia: Research Instead Of Restitution Of African Artefacts«. https://www.modernghana.com/news/824314/humboldt-forum-and-selective-amnesia-research.html 2019 (Stand: 06.10.2020)

— : »Talking About Benin Artefacts Is Not Enough: Return The Looted Treasures!« https://www.modernghana.com/news/993750/talking-about-benin-artefacts-is-not-enough-retur.html 2017 (Stand: 06.10.2020)

OSTERHAMMEL, JÜRGEN; JANSEN, JAN C.: *Kolonialismus: Geschichte, Formen, Folgen.* München: C. H. Beck 2017

PAOLI, GUILLAUME: *Die lange Nacht der Metamorphose: Über die Gentrifizierung der Kultur.* Berlin: Matthes & Seitz 2017

PASOLINI, PIER PAOLO: *Freibeuterschriften. Die Zerstörung der Kultur des Einzelnen durch die Konsumgesellschaft.* Berlin: Wagenbach 2011

PEITZ, CHRISTIANE: »Kunsthistorikerin Savoy: ›Da herrscht

totale Sklerose‹«. https://www.tagesspiegel.de/
kultur/streit-ums-humboldt-forum-kunsthistorikerin-
savoy-da-herrscht-totale-sklerose/20092228.html
2017 (Stand: 06.11.2020)

PENNY, H. GLENN: *Im Schatten Humboldts. Eine tragische
Geschichte der deutschen Ethnologie.* München: C. H.
Beck 2019

PENNY, LAURIE: »Feminismus: Die Befreiung der Männer«.
In: *Blätter für deutsche und internationale Politik*
2015, H. 6, S. 81–90

PERSAD, SHIVANI: »You Can't Say Black Lives Matter if
You're Still Appropriating Black Culture«.
https://www.cosmopolitan.com/politics/a33470990/
black-lives-matter-cultural-appropriation/2020
(Stand: 11.06.2020)

PICKEL, GERT; REIMER-GORDINSKAYA, KATRIN; DECKER,
OLIVER: »Der Berlin-Monitor 2019. Vernetzte Solidarität – Fragmentierte Demokratie«. http://berlin-mo
nitor.de/wp-content/uploads/2019/08/Berlin-Moni
tor-2019-Bericht-Stand-1119.pdf (Stand: 10.03.2020)

POFALLA, BORIS: »Die dürfen das doch nicht«. https://www
.faz.net/aktuell/feuilleton/pop/warum-stars-kulturelle-
aneignung-vorgeworfen-wird-15191197.html 2017
(Stand: 05.07.2020)

RENZ, URSULA: »Kultur ohne Aneignung gibt es nicht«.
https://www.deutschlandfunkkultur.de/philosophin-
ursula-renz-kultur-ohne-aneignung-gibt-es-
nicht 2162.de.html?dram:article_id=450260 2019
(Stand: 05.07.2020)

— : *Was denn bitte ist kulturelle Identität?* Basel:
Schwabe 2019

ROGERS, RICHARD A.: »From Cultural Exchange to Transculturation: A Review and Reconceptualization of Cultural Appropriation«. In: *Communication Theory*
16/2006, S. 474–503

ROMMELSPACHER, BIRGIT: *Dominanzkultur.* Berlin: Orlanda
Frauenverlag 1998

— : »Kopftuchgründe«. https://taz.de/!739544/ 2003
(Stand: 25.06.2020)

— : »Rechtsextremismus und Dominanzkultur«.
http://www.diss-duisburg.de/Internetbibliothek/
Buecher/Herrenvolk/K4.htm 1992 (Stand: 11.12.2020)

ROSA, HARTMUT: Beschleunigung und Entfremdung. Berlin:
Suhrkamp 2018

ROSENTHAL, CAITLIN: *Accounting for Slavery*. Harvard:
Harvard University Press 2018

SAID, EDWARD: *Orientalismus*. Frankfurt am Main: Fischer
2009

SARKAR, ASH: »Why we need to pause before claiming cultural appropriation«. https://www.theguardian.com/
commentisfree/2019/apr/29/cultural-appropriation-
racial-oppression-exploitation-colonialism. 2019
(Stand 20.12.2020)

SARTRE, JEAN-PAUL: *Das Sein und das Nichts. Versuch einer phänomenologischen Ontologie*. Reinbek bei
Hamburg: Rowohlt 1994

SAVOY, BÉNÉDICTE: *Die Provenienz der Kultur*. Berlin: Matthes & Seitz 2018

SAVOY, BÉNÉDICTE; SARR, FELWINE: *Zurückgeben. Über die
Restitution afrikanischer Kulturgüter*. Berlin: Matthes & Seitz 2019.

SCAFIDI, SUSAN: *Who Owns Culture? Appropriation and
Authenticity in American Law*. New Brunswick: Rut-
gers University Press 2005

SCHLINK, MIKE: »Politisch korrekter Fasching: Hamburger
Kita verbietet Indianer-Kostüme!« https://www.mopo
.de/hamburg/politisch-korrekter-fasching-hamburger-
kita-verbietet-indianer-kostueme-32163248 2019
(Stand: 21.02.2020)

SCHUNKE, ANABEL: »Barbie trägt jetzt Kopftuch«.
https://www.tichyseinblick.de/meinungen/barbie-
traegt-jetzt-kopftuch/ 2017 (Stand: 25.06.2020)

SCHWAB, GUSTAV: *Die schönsten Sagen des klassischen
Altertums*. Stuttgart: Reclam 1986

SCHWARTZ, CLAUDIA: »Ich sehe das übrigens nicht so, dass wir nur behalten dürfen, was die Länder nicht zurückhaben wollen«: Hermann Parzinger über koloniale Raubkunst. https://www.nzz.ch/feuilleton/hermann-parzinger-nicht-alles-was-im-kolonialen-kontext-steht-muss-zurueckgegeben-werden-ld.1498300 2019 (Stand: 06.09.2020)

SENNETT, RICHARD: *Der flexible Mensch*. München: btb 2000

SHRIVER, LIONEL: »Lionel Shriver's full speech: ›I hope the concept of cultural appropriation is a passing fad‹«. https://www.theguardian.com/commentisfree/2016/sep/13/lionel-shrivers-full-speech-i-hope-the-concept-of-cultural-appropriation-is-a-passing-fad 2016 (Stand: 05.10.2020)

SOW, NOAH: *Deutschland Schwarz Weiß*. Norderstedt: Books on Demand 2018

—   : »Britische ›Soul‹musik‹ a-k-a. Duffy«. In: Arndt, Susan; Ofuatey-Alazard, Nadja (Hg.): *Wie Rassismus aus Wörtern spricht. (K)erben des Kolonialismus im Wissensarchiv deutscher Sprache. Ein kritisches Nachschlagewerk*. Münster: Unrast 2015, S. 253–255

—   : »Kulturelle Aneignung«. In: Arndt, Susan; Ofuatey-Alazard, Nadja (Hg.): *Wie Rassismus aus Wörtern spricht. (K)erben des Kolonialismus im Wissensarchiv deutscher Sprache. Ein kritisches Nachschlagewerk*. Münster: Unrast 2015, S. 417–420

—   : »Transkulturelle Adoptionen«. In: Arndt, Susan; Ofuatey-Alazard, Nadja (Hg.): *Wie Rassismus aus Wörtern spricht. (K)erben des Kolonialismus im Wissensarchiv deutscher Sprache. Ein kritisches Nachschlagewerk*. Münster: Unrast 2015, S. 551–552

SPEITKAMP, WINFRIED: *Deutsche Kolonialgeschichte*. Stuttgart: Reclam 2014

—   : »Die deutschen Kolonien in Afrika«. In: Gründer, Horst; Hiery, Hermann (Hg.): *Die Deutschen und ihre Kolonien*. Berlin: be.bra 2018, S. 65–88

SPIVAK, GAYATRI CHAKRAVORTY: *Can the Subaltern Speak? Postkolonialität und subalterne Artikulation.* Wien: Turia + Kant 2008

— : *Other Asias.* New Jersey: John Wiley & Sons 2007.

STEFFES-HALMER, ANNABELLE: »Benin-Bronzen: Rückgabe ab 2022«. https://www.dw.com/de/benin-bronzen-raubkunst-nigeria-restitution-2022/a-57383823 2021 (Stand: 06.07.2021)

SUE, DERALD WING: »Racial Microaggressions in Everyday Life«. https://www.psychologytoday.com/us/blog/microaggressions-in-everyday-life/201010/racial-microaggressions-in-everyday-life 2010 (Stand: 26.11.2020)

TATE, GREG: »Introduction: Nigs R Us, or how Blackfolks Became Fetish Objects«. In: Greg Tate (Hg.): *Everything but the Burden. What White People are Taking from Black Culture.* New York: Harlem Moon 2003, S. 1-15.

THOMAS, JAMES M.: »Medicalizing Racism«. In: *Contexts* 13/2014, H. 4, S. 24-29

TOM, ALEX; CLARKE, MARGI; SHEKAR, PREETI u. a.: »Black Lives Matter Allies in Change«. In: *Race, Poverty & the Environment* 20/2015, H. 2, S. 26-32

UNIVERSITÄT JENA: »Jenaer Erklärung«. https://www.uni-jena.de/190910_JenaerErklaerung 2019 (Stand: 11.06.2020)

VALK, JULIE: »The ›Kimono Wednesday‹ Protests: Identity Politics and How the Kimono Became More Than Japanese«. In: *Asian Ethnology* 74/2015, H. 2, S. 379-399

WAINAINA, KENNETH BINYAVANGA: »Afrika – und wie sie darüber schreiben sollten. Eine ironische Anleitung«. In: Arndt, Susan; Ofuatey-Alazard, Nadja (Hg.): *Wie Rassismus aus Wörtern spricht. (K)Erben des Kolonialismus im Wissensarchiv deutscher Sprache. Ein kritisches Nachschlagewerk.* Münster: Unrast 2015, S.197-200

Waldstein, Thor von: »Volk – ein deutscher Begriff«. https://sezession.de/62507/volk-ein-deutscher-begriff 2019 (Stand: 05.08.2020)

Wallasch, Alexander: »Umerziehung ganzjährig: Indianerkostüme verboten – zu stereotyp«. https://www.tichyseinblick.de/daili-es-sentials/karneval-an-hamburger-kita-indianerkostueme-verboten-zu-stereotyp/2019 (Stand: 27.02.2020)

Welsch, Wolfgang: »Transculturality – the Puzzling Form of Cultures Today«. http://www.westreadseast.info/PDF/Readings/Welsch_Transculturality.pdf 1999 (Stand: 05.07.2020).

— : *Transkulturalität. Realität – Geschichte – Aufgabe.* Wien: new academic press 2017.

— : *Was ist eigentlich Transkulturalität.* http://www.alicedittmar.de/wp-content/uploads/2017/03/Wolfgang-Welsch-Was-ist-eigentlich-Transkulturalitaet-2009.pdf 2009 (Stand: 09.03.2021)

White, Tyrone: »Ich bin ›echter‹ Indigener und finde eure Indianer-Kostüme nicht witzig«. https://www.vice.com/de/article/zma8ze/liebe-deutsche-indianer-kostueme-an-karneval-sind-nicht-lustig 2019 (Stand: 15.06.2021)

Yaghoobifarah, Hengameh: »Fusion Revisited: Karneval der Kulturlosen«. https://missy-magazine.de/blog/2016/07/05/fusion-revisited-karneval-der-kulturlosen 2016 (Stand: 05.05.2020)

— : *Ich war auf der Fusion und alles, was ich bekam, war ein blutiges Herz.* Berlin: SuKulTur 2018

Yaghoobifarah, Hengameh; Lohaus, Stefanie: »›Wir machen Identitätspolitik aus Notwehr‹. Auf eine Lemonade beim Missy Magazine«. In: Berendsen, Eva; Cheema, Saba-Nur; Mendel, Meron (Hg.): *Trigger Warnung. Identitätspolitik zwischen Abwehr, Abschottung und Allianzen.* Berlin: Verbrecher Verlag 2019, S. 191–207

Young, James O.: »Art, Authenticity and Appropriation«.
      In: *Frontiers of Philosophy in China* 3/2006, S. 455–
      476
—   : *Cultural Appropriation and the Arts*. West Sussex:
      Wiley-Blackwell 2010
—   : »Profound Offense and Cultural Appropriation«. In:
      The Journal of Aesthetics and Art Criticism
      63/2005, H. 2, S. 135–146
—   : »The Ethics of Cultural Appropriation«.
      https://dalspace.library.dal.ca/bitstream/handle/10222
      /63438/dalrev_vol80_iss3_pp301_316.pdf?sequence=
      1 2000 (Stand: 01.01.2021)
X, Malcolm: *Malcolm X. Die Autobiographie*. Bremen:
      Agipa Press & Harold Kater 1992
Ziemssen, Theodor: »Lob der allgemeinen Verunsicherung«.
      https://www.spiegel.de/panorama/indianer-kostuem-
      darf-mein-sohn-das-noch-tragen-a-1256879.html
      2019 (Stand: 25.02.2020)
Zinner, Christine: »Warum wir ein Kopftuchverbot für
      Mädchen brauchen«. https://www.cicero.de/innen
      politik/kopftuch-debatte-warum-wir-ein-kopftuch-
      verbot-fur-madchen-brauchen. 2019 (Stand:
      25.06.2020)
Žižek, Slavoj: *Die Tücke des Subjekts*. Frankfurt am Main:
      Suhrkamp 2001